大学生
铅球教学理论与训练方法

郑 委 ◎著

中国广播影视出版社

图书在版编目（CIP）数据

大学生铅球教学理论与训练方法 / 郑委著. -- 北京：中国广播影视出版社, 2024.6. -- ISBN 978-7-5043-9238-1

Ⅰ. G824.1

中国国家版本馆 CIP 数据核字第 2024RA4526 号

大学生铅球教学理论与训练方法
郑　委　著

责任编辑	王　波
责任校对	张　哲
装帧设计	中北传媒

出版发行　中国广播影视出版社
电　　话　010-86093580　010-86093583
社　　址　北京市西城区真武庙二条9号
邮政编码　100045
网　　址　www.crtp.com.cn
电子邮箱　crtp8@sina.com

经　　销　全国各地新华书店
印　　刷　三河市龙大印装有限公司

开　　本　710毫米×1000毫米　　1/16
字　　数　248（千）字
印　　张　18.75
版　　次　2024年9月第1版　2024年9月第1次印刷

书　　号　ISBN 978-7-5043-9238-1
定　　价　98.00元

（版权所有　翻印必究·印装有误　负责调换）

前　言

铅球运动有着悠久的历史，投掷类运动最早可追溯至远古时期人类用石块狩猎动物。而现代铅球运动经历了一百多年的发展变革，如今已经达到了非常完善的程度。铅球的技术和运动形式是在不断演变和发展的。在现代高校铅球比赛中，需要具备适当的器材和场地等条件，才能确保运动员的安全和比赛的公正性。同时，铅球运动带来的好处也是显而易见的，如增强体质、增强身体协调性、提高运动水平等。高校大学生掌握正确的铅球技术和方法，不仅有助于强身健体，而且对其他项目技能的学习也有重要的启发作用。

铅球项目对大学生来说，具有锻炼身体和陶冶情操的作用。但目前大学生的铅球水平普遍不高，这需要从教学和训练两个方面对其提供指导，为提高大学生铅球水平指明科学有效的途径。在教学方面，高校体育老师和铅球教练需要具备扎实的教学理论和实践经验，要根据大学生的实际情况和特点，制订科学的教学方法和训练计划，并及时进行调整和优化。同时，还需要注重大学生的心理素质，帮助大学生克服困难和挑战，提高其竞技水平和综合素质。在训练方面，大学生需要通过多种方法来提高自己的技能和素质，要掌握正确的铅球技术动作和姿势，诸如蹬地、转体、推球、出手等，同时进行系统的力量训练和专项训练，以提高身体素质和技术水平，还要制订科学的训练计划和竞赛策略，以应对各种情况和挑战。

本书旨在为大学生铅球教学与训练提供系统而全面的指导，以帮助体育老师、铅球教练以及大学生更好地掌握铅球运动的技能和技术，提高老师和教练的教学能力和学生的竞技水平。本书内容涵盖了大学生铅球运动的各个方面，系统地研究了大学生铅球教学与训练的相关理论和方法。第一，概述铅球运动的发展历史、规则和价值；第二，详细分析铅球技术动作的要素和训练方法；第三，探讨大学生铅球教学的理论基础和教学方法；第四，重点阐述大学生铅球训练的训练内容、力量训练方法、比赛技术战术和各种铅球运动的相关训练方法；第五，探讨大学生铅球教学与训练中存在的问题与解决问题的相关对策。本书的编写汇聚了笔者多年从事铅球教学和研究的实践经验和心得体会，同时也借鉴了国内外相关研究成果。

铅球运动是一项需要长期坚持、刻苦训练的运动项目，需要高校体育老师和铅球教练不断深入研究，开发创新方法，也需要大学生在训练中不断磨炼自己的投掷技巧和增强体育素质。笔者希望读者通过本书可以比较系统和深入地了解大学生铅球教学与训练的理论知识和实践方法，为大学生铅球教学提供有价值的参考。

希望本书能对铅球运动的教学与训练产生积极的影响，对大学生铅球教学和训练工作起到积极的推动作用。笔者衷心地感谢所有为本书编写和出版作出贡献的人员和机构。由于笔者水平有限，书中论述若存在不足之处，欢迎广大读者批评指正。

郑 委
2023 年 10 月 10 日

目 录

上 篇 铅球运动基本概述与教学理论探析 ……………………… **001**

第一章 铅球运动概述 …………………………………………… **003**

  第一节 铅球技术的演变 …………………………………… 003

  第二节 铅球运动的发展趋势 ……………………………… 010

  第三节 铅球运动的硬件与设施 …………………………… 017

  第四节 铅球运动对身心的积极意义与注意事项 ………… 020

第二章 铅球运动技术分析 ……………………………………… **024**

  第一节 铅球运动技术的基本要素分析 …………………… 024

  第二节 铅球运动中技术动作的特点 ……………………… 030

  第三节 铅球运动的技术动作分析 ………………………… 038

  第四节 铅球运动的训练方法研究 ………………………… 057

第三章 大学生铅球运动教学理论探析 ………………………… **068**

  第一节 大学生铅球教学国内外研究综述 ………………… 068

  第二节 大学生铅球教学与训练的学科依据 ……………… 072

第三节　大学生铅球教学的特点 …………………………………… 078

   第四节　大学生铅球教学计划的一般原则 …………………………… 080

   第五节　大学生铅球教学的教学方法 ………………………………… 083

   第六节　大学生铅球教学的教学手段 ………………………………… 087

下　篇　大学生铅球运动的训练方法探析 ………………………… 091

第四章　大学生铅球运动的训练内容 ……………………………… 093

   第一节　铅球训练的基本原理 ………………………………………… 093

   第二节　铅球运动的力量训练 ………………………………………… 101

   第三节　大学生铅球运动的技术训练 ………………………………… 107

   第四节　大学生铅球运动的柔韧性训练 ……………………………… 111

   第五节　大学生铅球运动的协调性训练 ……………………………… 115

   第六节　大学生铅球运动力传导的爆发性训练 ……………………… 118

   第七节　心理素质训练 ………………………………………………… 122

   第八节　大学生铅球训练的比赛策略训练 …………………………… 124

   第九节　大学生铅球训练内容的阶段性计划 ………………………… 127

第五章　大学生铅球运动的专项训练 ……………………………… 130

   第一节　上肢专项力量训练方法 ……………………………………… 130

   第二节　躯干专项力量训练方法 ……………………………………… 137

   第三节　核心专项力量训练方法 ……………………………………… 142

   第四节　髋关节专项力量训练方法 …………………………………… 148

   第五节　下肢专项力量训练方法 ……………………………………… 151

   第六节　专项力量训练注意事项 ……………………………………… 154

第七节　推铅球专项技术训练方法⋯⋯⋯⋯⋯⋯⋯⋯⋯⋯ 159

第六章　大学生铅球比赛技术战术⋯⋯⋯⋯⋯⋯⋯⋯⋯⋯⋯ 162

第一节　大学生铅球比赛技术分析⋯⋯⋯⋯⋯⋯⋯⋯⋯⋯ 162

第二节　大学生铅球比赛的赛前战术分析⋯⋯⋯⋯⋯⋯⋯ 166

第三节　大学生铅球比赛的心理素质⋯⋯⋯⋯⋯⋯⋯⋯⋯ 169

第七章　原地推铅球的训练方法⋯⋯⋯⋯⋯⋯⋯⋯⋯⋯⋯⋯⋯ 172

第一节　原地推铅球技术要领讲解⋯⋯⋯⋯⋯⋯⋯⋯⋯⋯ 172

第二节　原地推铅球的训练方法⋯⋯⋯⋯⋯⋯⋯⋯⋯⋯⋯ 175

第三节　原地推铅球的身体力量素质训练⋯⋯⋯⋯⋯⋯⋯ 184

第四节　原地推铅球最后用力时的技巧特点⋯⋯⋯⋯⋯⋯ 187

第五节　原地推铅球常见错误与纠正方法⋯⋯⋯⋯⋯⋯⋯ 191

第八章　侧向滑步推铅球的训练方法⋯⋯⋯⋯⋯⋯⋯⋯⋯⋯⋯ 200

第一节　侧向滑步推铅球动作要领与技术要点⋯⋯⋯⋯⋯ 200

第二节　侧向滑步结束后最后用力的训练方法⋯⋯⋯⋯⋯ 209

第三节　侧向滑步推铅球的技术练习方法⋯⋯⋯⋯⋯⋯⋯ 214

第四节　侧向滑步推铅球视频分析教学训练⋯⋯⋯⋯⋯⋯ 217

第九章　背向滑步推铅球的训练方法⋯⋯⋯⋯⋯⋯⋯⋯⋯⋯⋯ 223

第一节　背向滑步推铅球动作要领与技术要点⋯⋯⋯⋯⋯ 224

第二节　背向滑步推铅球发力顺序训练方法⋯⋯⋯⋯⋯⋯ 231

第三节　背向滑步推铅球的技术练习方法⋯⋯⋯⋯⋯⋯⋯ 234

第四节　背向滑步推铅球视频分析教学训练⋯⋯⋯⋯⋯⋯ 239

第十章　大学生铅球教学与铅球训练中存在的问题与对策…… **244**

第一节　大学生铅球教学中存在的问题及原因分析………… **244**
第二节　大学生铅球训练中存在的问题及原因分析………… **253**
第三节　大学生铅球教学与铅球训练问题的解决对策……… **261**

参考文献………………………………………………………… **285**

附录　铅球比赛规则…………………………………………… **288**

上 篇

铅球运动基本概述与教学理论探析

第一章　铅球运动概述

铅球运动是现代田径运动的投掷类项目之一。铅球运动对增强体质，特别是训练四肢力量和躯干力量有明显的促进作用。铅球运动的起源可以追溯到远古时期人类用石块狩猎动物的活动，而现代铅球运动始于 14 世纪 40 年代欧洲炮兵闲暇期间投掷炮弹的游戏和比赛，之后逐渐形成体育运动项目。1896 年，铅球在第一届现代奥运会上成为投掷比赛正式项目。铅球运动的技术和运动形式也在不断演变和发展。铅球运动需要具备适当的器材和场地等条件，以确保运动员的安全和比赛的公正性，同时铅球运动也具有观赏性和竞技性。

第一节　铅球技术的演变

推铅球在历史上曾采取过按运动员体重分级比赛的方法，但后来经过实践证明，推铅球距离的远近，并不是完全取决于运动员的体重，运动技巧与发力方式同样对推铅球距离的远近有着决定性作用。最初的推铅球比赛可采用原地投掷和助跑投掷，后来为了限制运动员的助跑距离，规定推铅球要在一个方形场内进行，后来又改为在直径 2.135 米的圆圈内进行投掷，落地区的角度也在多次改变后，规定为现在的 40 度。

1896 年第一届现代奥运会就把男子推铅球运动列为正式比赛项目，当年最好成绩是 11.22 米。1948 年第十四届奥运会上，把女子推铅球列为正式比赛项目，最好成绩是 13.75 米。[①] 随着田径运动的实践和体育科学的发展，推铅球的技术也在不断地改进和完善。

一、现代铅球运动技术发展的六个阶段

现代铅球运动发展至今，其技术的发展大体上可分为六个阶段，这是一个不断创新和探索的过程。现代铅球运动员在力量、爆发力、协调性和技术上都有更高的水平，世界纪录也在不断被刷新。无论是技术形式的变化，还是运动员对技术认识的加深，铅球运动的进步离不开广大运动员、教练和科研人员的努力。

（一）第一阶段：垫步推球法

铅球运动在 1896 年第一届现代奥运会之前，采用的是"垫步推球法"，也称为"跳步推球法"。即运动员在助跑时要进行一系列垫步（跳步），然后使用一只手臂将铅球推出去。这种技术由于助跑速度慢，最后用力的距离短，铅球出手时的初速度慢，导致推铅球的最终距离比较近。垫步推球法的关键是在助跑期间利用垫步（跳步）的动作来积累能量，从而在推铅球时产生更大的力量。垫步推球的助跑速度较慢，垫步的距离也相对较短，这意味着在铅球出手前，运动员积累的能量相对较少。此外，垫步推球法在推铅球时使用的是单臂力量，相比于双臂推球技术来说，推力也相对较小。由于这些缺点，垫步推球法的运动效果不是很理想。随着时间的推移，运动员们逐渐意识到这种技术的不足之处，开始探索新的技术方法。

[①] CCTV 体育频道：《推铅球运动简介》，http://www.cctv.com/sports/relation/040809/9.html，访问日期：2023 年 10 月 10 日。

（二）第二阶段：半侧向滑步推球法

从 1986 年开始到 1910 年，此阶段采用的是"半侧向滑步推球法"。半侧向滑步推球法中的"半侧向"，指的是运动员在进行推球动作时，身体略微向着一个方向倾斜，以便更好地利用身体的力量来推铅球。半侧向滑步推球法较之垫步推球法，减少了身体重心的起伏，加快了滑步助跑的速度，加大了推铅球工作肌群的预紧张程度，加长了最后用力的工作距离和球出手时的初速度，可以让投掷者更好地利用身体重心的移动来产生更大的推力和更好的推球效果。这种推铅球技术动作使得投掷者能够以更快的速度和更大的力量推出铅球，从而创造出更好的成绩，这对于现代推铅球技术的发展起到了很大的推动作用，也让当时的运动员们创造了更好的成绩。

（三）第三阶段：侧向滑步推球法

1920 年左右，铅球运动出现了"侧向滑步推球法"，这种推球方法相对于之前的半侧向滑步推球法又是一次技术上的创新和改进。侧向滑步推球法的动作为（以右手推铅球为例）：预备动作，右手持球，身体左侧对着投掷方向，身体方向与投掷方向保持一致。以左大腿向投掷方向摆出，同时右腿蹬离地面，右脚沿地面滑至投掷圈的中心部位，左脚迅即着地。这一系列动作形成了滑步的过程，右腿蹬离地面是为了获得更大的推力，而左脚着地是为了保持身体平衡。接着，右脚快速蹬转，使右髋向投掷方向转动，并侧向抬起上体，这一动作使得身体的方向与推铅球的方向更加一致，同时增加了推铅球的力量。当上体左侧移至与地面垂直瞬间，两腿迅速蹬伸，左臂在体侧制动，同时挺右胸、送右肩，最后以右臂迅速将球推出。上体左侧移至与地面垂直的瞬间是推铅球的发力点，两腿的蹬伸增加了推铅球的力量，左臂的制动和右臂的迅速推出是为了保持身体的平衡并将力量最大化地施加到铅球上。球离手后，即降低身体重心并交换两腿，维持身体平衡。侧向滑步推球法多为初学者所采用。

（四）第四阶段：背向滑步推球法

现代铅球技术变革是在 20 世纪 50 年代成为事实的。1953 年至 1973 年，是"背向滑步推球法"出现并发展至鼎盛的时期。背向滑步推球法的特点是，准备动作、滑步动作和最后用力前的姿势均为背对着投掷方向，滑步过程中目光始终注视前下方（推球反方向）约 3 米处，躯干与地面几乎平行，支撑腿弯曲较大。这种技术是由美国运动员帕里·奥布莱恩（Parry Obrien）[1]创造的，与之前的侧向滑步推球技术方法相比，有着更多的创新和改进。相较于侧向滑步推球技术，背向滑步推球技术有更快的滑步速度和更长的运行距离。在滑步过程中，右脚内扣 45 度并与推球方向成 135 度角，这样充分拉长了推球工作肌群，有利于发挥肌肉爆发收缩的最高功率，提高铅球出手时的速度。背向滑步推球法的出现，为铅球运动带来了更多的变化，也让运动员取得了更好的成绩。

（五）第五阶段：背向滑步转体推球法

1973 年，美国运动员阿尔·费尔巴哈（Al Feuerbach）利用转动力矩的力学原理创造了背向滑步转体推球法，这种技术是在传统背向滑步推球法的基础上创造的。背向滑步转体推球法的特点是，在滑步过程中右脚内扣 90 度，

---

[1] 1953 年，奥布莱恩以 18 米的成绩第一次打破了世界纪录，成为世界上第一个突破"18 米大关"的运动员。1956 年 9 月 3 日，奥布莱恩以 19.06 米的成绩再创世界纪录，成为有史以来第一个突破"19 米大关"的运动员。

左脚与投掷方向成 90 度角，重心相对高些，身体"扭紧"程度比传统背向滑步推球法大，力争利用转体动作创造较大的铅球出手初速度。1973 年，费尔巴哈利用背向滑步转体推球法创造了铅球运动 21.82 米的世界纪录。

（六）第六阶段：铅球运动技术"百花齐放"

20 世纪 70 年代中期至今，铅球运动技术呈现出"百花齐放"的态势。先后出现了以美国运动员费尔巴哈为代表的背向滑步转体推铅球技术，并创造了 21.82 米的世界纪录；以苏联运动员巴雷什尼科夫和美国职业运动员奥特菲尔德为代表的背向旋转推铅球技术，分别以 22.00 米和 22.82 米创造了世界纪录和世界最好的成绩；以德国运动员蒂默曼为代表的背向滑步"短长节奏"推铅球技术，创造了 23.06 米的世界纪录。这些推铅球技术更有利于发挥最后用力前的预先水平速度，加长最后用力工作的距离，动员更多的肌群参与工作，从而达到提高铅球出手初速度的目的。[①]

铅球的技术变革经历了漫长的道路。翻开铅球世界纪录的变迁史，会看到有许多运动员，他们对提高纪录都作出过应有的贡献，特别是他们在技术方面变革的贡献，应给予高度的评价。

综上所述，铅球运动技术的变革，从垫步推球法开始，到后来的半侧向滑步推球法、侧向滑步推球法，直至现在的背向滑步推球法、背向滑步转体推球法等，这些技术变革所追求的主要有以下几点：第一，无论是从侧向到背向，还是从背向到转体，技术变革的核心都在追求尽量加长铅球在手中运行的距离，使其获得较大的出手初速度。第二，铅球运动技术变革还追求尽量加长最后用力的工作距离。运动员需要在推铅球的过程中保持良好的平衡

[①] 百度文库：《推铅球技术及其发展概述》，https://wenku.baidu.com/view/4f567a71cd1755270722192e453610661fd95a4c.html?_wkts_=1696750953100，访问日期：2023 年 10 月 10 日。

和稳定性，以便在最后用力的时候能够充分发挥自己的力量，将铅球推出更远的距离。第三，技术变革还追求能够使更多的肌群参与推铅球的工作，并为这些肌肉工作创造良好的条件。运动员需要在推铅球的过程中，将力量均匀地分配给各个肌肉群，使其能够充分发挥作用，提高推铅球的效率。

二、我国铅球运动技术的发展

铅球是我国田径运动中较早开展的项目之一。早在1910年的全国运动会[①]上，男子铅球就被列为正式比赛项目。但是受限于当时铅球运动的技术动作，男子铅球项目全国纪录仅为13.26米。

中华人民共和国成立后，铅球运动得到了快速的发展，尤其体现在改革开放后。在20世纪80年代后期到90年代初期，我国铅球运动迎来了快速发展的黄金时期，尤其是女子铅球项目的成绩达到了高峰。1988年，我国有四位女选手突破20米大关，其中河北运动员李梅素以21.76米的成绩，创造了全国和亚洲纪录，当年排世界第二，成为铅球界的佼佼者。李梅素还以21.06米的成绩夺得了第24届汉城奥运会的铜牌，成为我国铅球运动历史上的一位杰出代表。此后，黄志红连续夺得1989年第五届田径世界杯冠军、1991年第三届世界田径锦标赛冠军、1992年巴塞罗那奥运会亚军以及1993年第四届田径锦标赛冠军。她为我国铅球运动赢得了多项荣誉，写下了辉煌的篇章。2012年，巩立姣、李玲、刘相蓉三位选手进入伦敦奥运会女子铅球决赛，巩立姣以20.22米摘取铜牌，李玲、刘相蓉分别取得第四名和第六名的好成绩。2023年全国田径冠军赛暨世锦赛及亚运会选拔赛女子铅球决赛中，巩立姣在第五投投出了20.06米[②]，并获得冠军。

[①] 即全国学校区分队第一次体育同盟会，后被追认为"第一届全国运动会"。

[②] 马作宇：《巩立姣，给自己一个坚持的理由》，https://www.thepaper.cn/newsDetail_forward_23652279，访问日期：2023年10月10日。

男子铅球方面，马永丰先后9次刷新全国纪录，是我国第一个突破18米、19米大关的男子铅球运动员，他的成绩向世界展示了我国铅球运动的实力和潜力。2005年，北京体育大学学生张奇以20.15米的成绩打破全国纪录。2009年12月，上海运动员张竣在东亚运动会上以20.41米的成绩打破了赛会纪录。2012年，张竣成为中国参加奥运会男子铅球比赛的第一人，他也是中国第一个采用旋转式推铅球技术的运动员。2013年9月9日，第十二届全运会男子铅球决赛中，王广甫以20.12米的成绩夺得金牌。2017年9月3日，第十三届全国运动会男子铅球比赛中，田子重以19.58米的成绩夺得金牌。2021年9月23日，第十四届全运会田径项目男子铅球决赛中，刘洋以20.40米的成绩获得冠军。在2023年全国田径冠军赛暨世锦赛及亚运会选拔赛男子铅球决赛中，刘洋以19.82米的成绩获得冠军，陈剑以19.77米的成绩获得亚军，田子重以19.76米的成绩获得季军。[1]

我国铅球运动的快速发展得益于运动员们的不懈努力和教练员们的精心指导。他们通过一系列的训练和比赛，不断探索和尝试新的技术方法，提高自己的竞技水平。他们的成功不仅推动了我国铅球运动的发展，也为我国田径事业的繁荣作出了重要贡献。

目前，铅球运动在我国的发展越来越受到重视，国家还加大了培育优秀铅球运动员的投入，出台了相关政策，改善了运动员的培训环境等，这些措施都为铅球运动的发展提供了重要保障。同时，媒体的支持和铅球运动的发展，进一步提升了全民对铅球运动的关注度。铅球运动在电视、网络等媒体平台上得到了广泛的报道和宣传，使更多的人了解和关注这项运动，促进了铅球运动在全社会的普及和推广。铅球运动还受到了全球体育爱好者的支持和关注，参与率也在逐步提高，形成了一种良性的发展模式。铅球运动不仅

---

[1] 新华社体育.田径——全国冠军赛：男子铅球赛况，https://baijiahao.baidu.com/s?id=1770018623744513957&wfr=spider&for=pc，访问日期：2023年10月10日。

是一项体育竞技项目，同时也是一项健身活动，受到了越来越多的人的欢迎和喜爱。随着全球体育运动的发展，我国铅球运动在未来还将继续发展，为我国和世界的田径事业和体育事业作出更大的贡献。

第二节 铅球运动的发展趋势

作为一项充满挑战性的田径运动，铅球的发展历程一直在不断演变和进步。随着现代科学和训练方法的不断提升，如今的铅球选手比过去更加专业化，比赛体系也更加完善。但近年来创造新的世界纪录的时间间隔却比以往更长了，美国运动员兰迪·巴恩斯（Randy Barnes）在1990年5月20日的世界田径锦标赛上，投出了23.12米的成绩并打破世界纪录，直到31年后这个纪录才被突破，2021年6月18日东京奥运会选拔赛上，美国运动员瑞安·克鲁瑟（Ryan Crouser）创造了23.37米的新的世界纪录。目前，打破铅球世界纪录已经成了更加具有挑战性的事情，需要运动员在技术、体能、心理等多方面的综合素质上不断提高，甚至突破自己的极限。尽管如此，打破世界纪录依然是铅球运动员们毕生的追求，这种追求也鼓励着新一代选手不断努力奋进。

未来，田径赛场上会有更多的世界纪录等待着新一代运动员们去打破，而铅球运动也将继续作为体育界的一项重要竞技项目，吸引越来越多的人加入其中。针对铅球运动的未来发展趋势，需要从运动员选材、运动技术和训练这三个方面来研判。

一、铅球运动员选材的发展趋势

运动员科学选材是"根据不同运动项目的特点和要求，应用现代科学的手段和方法，通过客观指标的测试，全面综合评价和预测，把先天条件优越、适合从事某项运动的人才从小选拔出来，进行系统的培养，并且不断监测其发展趋势的一个过程"[①]。近年来，铅球运动员的选材正向着"大型化"和成绩"模式化"的方向进行。这也是目前我国铅球选材的主流观点，"应选择那些身材高大、肌肉发达、反应灵敏、臂长、肩宽、胸厚的儿童、少年。此外，还要注意他们的手形，一般要求手大、指粗、张得开，这种手形既有利于控制球，也有利于球出手时的倒腕拨球"。[②]

然而，铅球运动项目并不是完全排斥身材较矮小的选手。在过去的比赛中，也有一些身材较矮小但技术出色的选手取得了优异的成绩。因此，在选材时仍然需要综合考虑运动员的身体条件、技术水平和潜力等因素，并结合个人的特点来进行决策。

（一）运动员体形的"大型化"

目前，身高是铅球运动员选材的重要指标。高身材的铅球运动员在最后用力时有利于让球获得尽可能长的工作距离，从而提高铅球的出手速度。据不完全统计，世界优秀男子铅球运动员的身高多在1.90米以上，体重多在120公斤以上；优秀女子铅球运动员的身高多在1.80米以上，体重多在90公斤以上。

我国铅球运动员选材有包括体形标准在内的六项指标：形态类指标包括

---

① 任超学、张军、徐佳：《对新世纪运动员科学选材研究现状的综述》，《湖北体育科技》2008年第2期。

② 黄志豪：《论中学男子铅球运动员的选材》，《教学与管理（理论版）》2008年第2期。

身高、体重、骨盆宽、肩宽、手长等；机能类指标主要指的是心功能指数；素质类指标包括 30 米跑、立定跳远、后抛铅球、原地推铅球、握推、深蹲等；心理类指标包括反应速度，时间知觉的准确性，运动知觉的及时性和准确性，战术思维的灵活性和实效性，以及所需要的情绪特征、意志特征、个性特征等；专项类指标指的是铅球专项成绩、滑步推球与原地推球的差距；教练评定则包括协调性、灵活性，接受能力和智力水平，投掷技术自然、合理、放松，意志品质、比赛和训练作风等。

（二）成绩"模式化"

铅球运动员选材时，除了考虑运动员的体形和身体素质，还会根据影响铅球成绩的主要因素即构建的体能、技能等成绩模型进行选材。通过构建体能、技能等成绩模型，并运用成绩模式的制订和运用，可以使运动员训练朝着高质量和定量化的方向发展。

成绩模式是指模式训练的负荷、成绩，以及运动素质与技术水平之间的联系。成绩模式的制订和运用可以帮助教练和运动员更加清晰地了解训练的负荷和目标，也可以帮助教练和运动员发现训练中存在的问题和不足，从而及时进行调整和改进，以提高运动员的成绩和表现水平。成绩模式还可以促进铅球运动向科学化和专业化发展。通过对运动素质和技术水平等因素的分析和研究，便可建立更加科学和系统的训练计划和方法，从而提高运动员的表现水平和竞技能力。这些都是铅球运动的未来发展趋势和方向。

二、铅球运动技术的发展趋势

为了实现更高、更快、更强的竞技目标，铅球运动员和教练员们一直在改进旧技术和探索新技术，努力追求进步与追求自我的突破。从铅球运动的整体技术上来讲，自铅球运动诞生以来，铅球运动的技术就在不断发展。

（一）技术动作精准，强调动作的实效性

铅球运动的技术动作要精准，推铅球的整个动作过程要流畅自然，不卡顿，不拖沓，同时也要充分考虑动作的实效性，突出技术动作的精准性。铅球运动员在比赛中快速准确地完成动作，是取得好成绩的前提。例如，在推铅球时，运动员需要掌握正确的出手技巧，握球、蹬地、转髋、挺身、支撑、推球、拨球再到控制身体平衡一气呵成，将力量和速度的身体势能转化为推力，从而可以将铅球推出更远的距离。

（二）强调动作的整体性

在推铅球的过程中运动员需要将身体各部分的动作协调起来，实现推铅球动作的整体性。例如，运动员在推铅球时需要将手臂、髋部、腹部、腿部等各部位的动作协调起来，以实现铅球的高速推出。因此，动作的整体性对铅球运动十分重要，这也是铅球运动技术的发展趋势。

（三）注重技术动作的速度节奏

铅球运动是一项以力量为基础，以速度为核心的体育运动，这意味着运动员需要在掌握完整的技术要领的同时，将速度和节奏融入动作中，以最大

限度地增加球出手时的速度。例如，运动员推铅球时需要在掌握正确技术要领的基础上，在动作中控制速度和节奏，以实现更加高效和精准的动作。因此，运动员要在整个动作过程中保持稳定的速度节奏，不断提高动作的完成度。

（四）充分运用肌肉的生理特点

力量是铅球运动的核心，运动员需要深入了解自身肌肉的力量和特点，并在训练中充分运用这些特点来提高爆发力并完成精准的动作。例如，运动员在推球过程中需要充分利用臀部、腰部、背部等肌肉的力量，从而实现将铅球高速推出。因此，要充分了解并且运用肌肉的生理特点，通过训练不断提高肌肉的力量和协调性。同时，为了更有效地锻炼肌肉，要注意合理安排训练的强度和调整时间，以恢复和调节肌肉的耐力。

（五）重视最后用力阶段身体中心部位完成动作的速度

铅球运动中，铅球的出手速度决定了铅球的飞行距离，运动员需要在推铅球最后用力的阶段，将身体的重心向前推进，并在此过程中加速，借此将铅球高速推出。合理有效地完成推铅球的完整技术动作，是运动员在现有身体条件下获得最佳出手速度的唯一条件，所以在已知身体素质的条件下，出手速度指标直接反映了专项技术的训练水平。尽可能在保持铅球的最大速度的情况下，增加铅球速度和重心速度的差值，为最后用力阶段获得较高的出手速度奠定基础。[1]

---

[1] 戎培娜：《最后用力阶段影响铅球成绩的主要因素》，《少年体育训练》2008 年第 2 期。

三、铅球运动训练的发展趋势

现代铅球运动训练趋向于注重整体综合效益,以提高铅球出手速度为核心,通过综合身体素质的提升、技术与战术的综合应用、科学训练方法以及数据分析与科技应用,旨在提高运动员的综合能力、技术水平和战术应变能力,以取得更好的成绩。

(一)以提高铅球出手速度为核心

当今田径运动正朝着加快动作速度的趋势发展,速度是各项运动的核心。投掷技术原理指明决定投掷远度的因素之一是器械出手时的初速度。优秀铅球运动员都具有较高的出手速度,同一运动员随着出手初速度的增加而投掷的成绩也在逐渐提高。[①] 提高铅球出手速度,是提高铅球运动员成绩的重要途径,所以近年来,提高铅球出手速度的训练是整个铅球运动训练的核心之一。

(二)运用成绩模式训练法

成绩模式是铅球运动中一种有效的训练方法,它可以帮助教练和运动员更加清晰地了解训练的负荷和目标,能够让运动员更好地进行训练。因此在训练中,运动员根据自身的情况,采用成绩模式训练法,有针对性地进行训练,是提高自身成绩的有效途径。

---

① 郑贺:《推铅球技术发展趋势》,《体育科研》2002 年第 1 期。

（三）提高训练质量和强度，强调训练的整体效益

铅球运动训练注重训练的效果和效率，注重训练强度优先原则，即在保证训练质量的前提下，适当提高训练强度，以促进训练效果的提高。同时要求在训练中注重各种因素的综合作用，将训练中各种因素的作用进行合理的配置，以达到训练的整体效益最大化的目的。例如，技术、体能、心理等，均是现代铅球运动训练中的项目。

（四）注重运动员个人特点的技术风格训练

铅球运动经历了百年的发展变革，如今铅球运动的技术已经达到了非常完善的程度，已经具备了完整的概念与规范的模式。运动员们也在根据自身不同的特点，改进与创新着适合自身的技术。例如，费尔巴哈利用背向滑步转体推球法，为身材相对矮小且身体协调性好、速度快的运动员树立了榜样，创造了21.82米的世界纪录。每个运动员都具有与众不同的个人特点，这些个人特点需要建立在符合技术原理规范模式的基础上，形成自己独特的技术风格。[①]为了激发运动员的个人特点，现代铅球运动训练会针对运动员的体能、技能和心理等方面进行科学的训练，这也是现代铅球运动训练的趋势之一。

（五）重视科学化训练

近年来，铅球运动训练更加注重科学的训练方法，通过科学技术的运用，对训练进行更加精准的掌控和管理，以实现训练效果的最大化。运用现代化和科学化的方法，通过对铅球运动技术进行详细分析和研究，教练员和运动员可以更好地理解技术在投掷过程中的作用，从而更有效地改进和提高技术

---

① 郑贺：《推铅球技术发展趋势》，《体育科研》2002年第1期。

水平。这种技术分析可以借助视频分析、计算机技术和生物力学等手段来进行。现代铅球训练也非常重视运动员的营养需求和机能状态，通常通过对运动员进行科学的营养配餐和机能监控，保证其在最佳的状态下进行训练和比赛，从而提高成绩。

第三节　铅球运动的硬件与设施

铅球运动的硬件主要指的是场地设施和使用器材。场地设施包括投掷圈、限制线、抵趾板和落地区，使用器材就是铅球。除此之外，铅球训练过程中还有常用到的举重设备、阻力带、田径设备等一些辅助器材。

一、铅球运动的场地设施

铅球运动的场地应该有足够的空间，场地由投掷圈、限制线、抵趾板和落地区组成，每个部分都有着严格的规定和标准。

投掷圈是铅球场地的核心部分，比赛时运动员在投掷圈中站立开始投掷。投掷圈直径为 2.135 米 ±0.005 米，有效落地区为 34.92 度角扇形面。投掷圈内地面应用混凝土、沥青或其他坚硬而不滑的材料修建，圈内地面应保持水平，低于铁圈上沿 14～26 毫米。铁圈也沿厚度不低于 6 毫米。铅球投掷圈的正前方放着一个木质的抵趾板，用来防止运动员滑出圈外。此外，铅球比赛还可以使用符合上述规定的活动投掷圈。

限制线是用来标示出投掷圈的范围和限制运动员的运动轨迹，是从金属圈顶两侧向外各画一条宽 5 厘米、长至少为 75 厘米的白线。此线画出后，其后沿的延长线应能通过圆心，并与落地区中心线垂直。限制线也可以用木料或其他适宜材料制成。

抵趾板是用来帮助运动员在推铅球时保持平衡，以免滑出圈外。是用木料或其他适宜材料制成，漆成白色，其形状为弧形，以便使其内沿与铁圈内沿重合。内沿弧长 1.220 米 ±0.010 米，最窄处宽 0.112 米 ±0.002 米。抵趾板安装在两条落地区角度线之间的正中位置，从相邻投掷圈面层之上测量高度为 0.100 米 ±0.002 米，并且要固定于地面，以确保其稳定性和安全性。

落地区为扇形，用草地或其他适宜材料铺设，铅球落地时应该留下痕迹，以便评判员能够准确地判断铅球落地的位置。为了标示出落地区的范围和角度，应该用宽 5 厘米的白色角度线标明，线宽不包括在投掷圈的直径和落地区的角度之内，角度线的内沿延长线通过投掷圈圆心，夹角为 34.92 度，这样可以保证比赛的公正性和准确性。同时，在两角度线的外侧每隔 1 米放置距离标志牌，以便记录铅球落地的距离和位置。

铅球场地设施必须按照规定和标准来建设和规范，这样才能保证铅球运动员的安全和比赛的公正，也才能让铅球运动真正成为一项安全、公正、健康的竞技项目。

二、铅球运动硬件之铅球

铅球为圆球形，外部必须光滑，以纯铁、铜或硬度不低于铜的其他金属制成，也可以用以上金属做壳，中心灌铅或其他金属。铅球的重心必须是在球的正中心。在比赛中，参赛运动员只允许使用组委提供的器材，不允许改变铅球的形状、规格及材质，也不允许携带任何器材进入比赛场地。在正式比赛中，男子铅球的质量为 7.26 公斤，直径为 11～13 厘米；女子铅球的质量为 4 公斤，直径为 9.5～11 厘米。

三、铅球训练常用的辅助器材

在铅球运动的训练中使用辅助设备可以帮助运动员提高他们的力量、技术和整体表现。这些辅助设备大致包括力量训练设备、田径设备和辅助训练设备三大类。

力量训练设备有举重设备、增强式训练设备和阻力带。举重设备是训练上半身和下半身力量的重要工具，如杠铃、哑铃、举重板和举重凳，可以帮助运动员增强肌肉力量和肌肉耐力，从而提高他们的整体表现。增强式训练设备包括盒子、圆锥体、跨栏和实心球等，可以帮助运动员在训练中增强腿部和上半身的爆发力，从而提高他们推铅球的表现。阻力带是一种常用的训练辅助工具，可以帮助运动员增加深蹲、弓步和肩部推举等运动的阻力，从而提高力量和爆发力。

田径设备包括投掷圈和限制线等，这些设备是正式铅球比赛所必需的。在训练中使用这些设备可以帮助运动员更好地适应比赛环境，提高他们的比赛表现。

辅助训练设备一般包括铅球、训练辅助工具、运动速度器和视频分析设备。铅球包括不同质量和尺寸的铅球，运动员可以使用不同质量和尺寸的铅球来练习技术。训练辅助工具包括护腕和举重带等设备，可以帮助运动员提高抓地力并降低受伤风险。运动速度器可以测量铅球出手后在不同距离和时间内的速度，以帮助运动员更好地了解自己的竞技水平。视频分析设备包括相机和视频软件，可以用于分析运动员的铅球技术并确定需要改进的地方，帮助运动员和教练在训练中更有针对性地改进技术和提高表现。

上述这些辅助设备对铅球训练是非常有价值的，铅球运动员可以利用多种辅助设备来提高他们的力量、技术和整体表现。每种设备都有其独特的作用和优点，运动员应该与体育老师或铅球教练合作，以确定最适合自己训练目标和技能水平的设备，并在正确的方法和计划下进行训练。当然运动员也应该遵守训练规则和道德规范，保持良好的体育道德风范。

第四节　铅球运动对身心的积极意义与注意事项

铅球运动是一项全身性的田径运动，需要运动员在一个投掷圈内用力推动一个重达 7.26 公斤（男子）或 4 公斤（女子）的球体，以正确的技术动作投掷到尽可能远的距离。在整个过程中，需要全身心地参与其中，因此这项运动可以提高人的身体力量、协调性和心肺功能，同时也可以促进身体健康和提高自信心。

一、铅球运动对身心的积极意义

铅球运动是一项对身体协调性、力量和技巧要求较高的运动项目，经常进行铅球运动可以为人们带来多方面的好处，尤其是大学生群体，其好处包括身体素质的提高和精神状态的提升。

（一）提高身体力量

铅球运动是一项需要全身力量的运动，需要运动员在投掷过程中使用腰部、背部、臀部、腿部等多个部位的力量，特别是对发展躯干和上下肢的力量有显著的作用。在推铅球的过程中，四肢与躯干的肌肉进行着交替收缩和放松，同时全身的肌肉也在运作，在有氧运动下长期锻炼，能大幅度增加肌肉力量。通过持续的铅球运动训练，大学生群体可以显著增强身体力量和耐力。

（二）提高身体协调能力

铅球运动需要身体各部位协同配合，不同类型的投掷动作涉及全身各个关节的同步运动，长期练习能大幅提高身体各部分间的感应性和合作性，从而增强全身协调能力。铅球运动需要进行某些特定的动作，如转体和推动等，可以帮助大学生群体增加身体的灵活性和敏捷度。同时，铅球运动需要频繁踏步和改变姿势，能有效拉伸躯干与四肢，并使各关节得到充分活动。经过长期训练，身体各关节的灵活性能明显提高。同时，铅球运动中需要频繁移动脚部和改变重心，这让脚底板肌肉和小腿肌肉得到大幅度锻炼，相当于长期在不稳定的表面上训练身体平衡，从而增强全身的平衡力和协调性。

（三）改善身体与心理状态

铅球运动需要高度集中注意力，保持节奏和用力顺序，练习过程中会忽略其他干扰思维，帮助大学生群体放松和调整情绪。运动后的满足感也能提振心情，改善心理状态。另外，通过日益提升的准确度和效率，进行铅球运动的大学生群体会产生成就感和满足感，进而增加自信心。随着技术水平的提高和成绩的进步，自我要求和自我价值感也得以建立。

二、铅球运动的注意事项

铅球运动是一项高强度、高技巧的运动，因此在比赛和训练的过程中需要从多方面加以注意，以保证比赛、训练的成绩提高和身体方面的健康。诸如要注重技术正确性、力量和爆发力的培养，逐步增加训练强度，并采取适当的安全措施和个人防护等。

（一）合理安排训练计划

铅球运动的训练需要有系统、有计划的安排。训练计划应根据训练者的能力、目标和日程进行制订。训练计划中应包括适当的休息和恢复时间，以避免过度训练引发身体疲劳和身体损伤。铅球运动的训练需要根据不同的训练阶段进行调整，包括基础阶段、强化阶段、竞技阶段。不同阶段的训练重点和强度会有所不同，要根据不同的训练阶段进行相应的调整。此外，铅球训练需要不断增加变化和挑战，以克服训练的单调性和提高训练效果。大学生在练习的过程中可以尝试使用不同质量的铅球、不同的姿势和训练方式等，以增加变化和挑战。铅球训练也需要教练进行定期评估，以了解训练效果和改进方向。评估可以包括技术评估、身体素质测试和心理状态评估等。铅球运动中技术和策略的变化很快，因此要不断学习和改进技术和策略，以适应比赛的需要和提高竞技水平。

（二）运动之前要充分准备

由于铅球运动属于力量型运动，初次接触铅球的学生，应该在教练或老师的指导下进行。大学生群体在进行铅球运动之前，要充分进行热身和拉伸，尤其是腕部和肩部，以此来提高身体的灵活度和柔韧性，预防运动损伤，减少肌肉拉伤和关节扭伤的风险。同时要随时注意自身体能的变化，如果运动中出现一些不良反应，要及时向体育老师或教练反映。总之一定要在进行铅球运动之前进行充足的热身活动，同时保持充沛的体力。除此之外，在训练之前是需要检查场地与运动器材的，这样能够有效地消除安全隐患。

（三）运动过程中要注意安全保护

铅球运动具有较高的风险性，在未做好安全措施的情况下，可能给运动者本身或周边人员造成伤害，因此要格外注意安全。在铅球运动过程中要注意安全保护，包括使用合适的器材和场地、避免在人员密集的地方推铅球，以避免发生意外。除了安全保护，运动过程中也要注意营养和休息。铅球运动需要消耗大量的能量和产生肌肉疲劳，因此要注意饮食营养和充足的休息，以帮助身体恢复。呼吸在铅球运动过程中也格外重要，注意呼吸的调节有助于维持身体的平衡和力量输出。铅球运动要在正确的时间和方式下进行呼吸，以最大限度地发挥力量和控制身体。

（四）运动过程中要注意的细节

在铅球运动中，保持正确的心态是非常重要的。要保持积极的心态和信心，不断挑战自己，克服困难，从而提高铅球技术水平。铅球运动需要长时间的练习和耐心的积累，因此需要保持专注和耐心，不断学习和改进技术，以达到更好的训练效果。

正确的姿势是提高铅球运动成绩的关键。在推铅球时要注意身体的姿势，包括全身的稳定性、腿部的弯曲程度、髋部的旋转等。比如，当铅球离手后，应保持两腿弯曲或前后脚交换，同时降低身体的重心，缓冲身体向前的冲力惯性，维持身体的平衡。如果不了解正确的推铅球姿势，可以请体育老师、教练或者专业人员来纠正姿势，以确保能够准确发力，避免出现运动损伤。在进行投掷动作时，步伐节奏的掌握也非常重要。应在投掷过程中保持步伐的稳定性，掌握好步伐的速度和步幅的大小。

第二章　铅球运动技术分析

在很多人的认知中，铅球运动只要有力量就能将铅球推得很远。其实力量只是决定铅球飞行距离的主要因素之一，铅球运动讲究发力的顺序和节奏，只有掌握好铅球运动的技术，才能更好地发挥出力量。本章将对铅球运动的技术进行分析，主要包括铅球运动技术的基本要素、技术动作特点、技术动作分析以及训练方法研究等，使读者更好地了解铅球运动中的技术。

第一节　铅球运动技术的基本要素分析

铅球运动技术的基本要素是动作要素、技术要素和运动要素。这三大基本要素共同构成了铅球运动技术的完整体系，它们相互作用、相互依存。只有掌握了动作要素、技术要素和运动要素，才能够发挥出最佳水平，提高铅球运动成绩。

一、动作要素分析

铅球运动中的动作要素是指运动员在进行铅球运动时身体的动作表现，其直接影响着铅球的出手角度和飞行距离。动作要素在铅球运动中非常重要，是掌握铅球运动技术的基础。下面从动作要素的基本内容和技术要求两个方面展开分析。

（一）动作要素的基本内容

了解铅球运动动作要素的基本内容对于运动员和教练来说都十分重要。可以提高运动员技术水平，减少伤害风险，发挥个人潜力，并为教练提供有效的指导和培训基础。铅球运动中动作要素包括准备动作、滑步动作、最后用力及出手后维持身体平衡四个方面。

这里以背向滑步推球法（右手持球）为例，其准备动作，就是背对投掷方向站立，将球握好后，放在锁骨窝处，头部稍向右靠，用颈部和下颌贴紧铅球，右手抵球，肘部稍外展，完成持球动作。右脚尖抵住铅球圈后内沿，屈膝屈髋重心下沉并团身，躯干与头部略水平，上下肢成90度姿态，左膝自然弯曲并放在后面，左手自然放松或略向前抬起，目光注视前方约2米处，成背向滑步预备姿势。保持头部稳定不动，深呼吸，吸气时将腹部膨胀，呼气时将腹部收缩。

滑步动作，在开始滑步前，通常可做1～2次的预摆。预摆时左腿微屈以大腿带动小腿向投掷方向摆起，上体稍右倾，接着右腿屈膝下蹲，左腿屈膝回摆靠近右腿，上体右倾，收腹含胸，预摆过程中一定要控制好身体的平衡，身体重心后移的同时，左大腿积极向后摆出，右脚做快速有力的蹬地动作。右脚蹬离地面后积极收拉右小腿，边收边转约90度落在投掷圈圆心的附近，同时，左小腿积极向后插，脚掌稍外展落在抵趾板内沿约15厘米处，完成滑步结束的落地动作，完成最后用力前的加速度动能。

在滑步动作完成后，按蹬、转、挺、撑、推的正确用力顺序开始对球进行加速传导推力，右脚落地的同时迅速做出蹬地动作为第一主动能加速，借助蹬地的初速度迅速衔接，使髋部前移并且左转，同时左臂稍内旋经胸前牵引左肩边移、边抬、边转至投掷方向，接着右腿蹬转，两腿进行爆发式蹬伸，最后在大动能传导力至手臂时，左肩制动，右肩向前，抬肘，伸右臂使球更快速推出，同时手臂合理控制推球的出手点高度、出手角度及力量的集中传导至球上拨球出手。

在铅球出手后，应迅速交换腿或跳步交换腿，屈膝、屈髋降低重心，以缓冲向前的力量来保持身体平衡。

（二）动作要素的技术要求

了解铅球运动中动作要素的技术要求可以提高表现水平，降低失误和运动风险，促进学习和成长。技术要求指的是为了成功执行既定动作所需要具备的出手动作的技术要求、转体动作的技术要求。

铅球运动出手动作的技术要求主要包括出手点的位置、手部的控制和力量输出等方面。出手点的位置需要根据运动员身高、体形和个人习惯等因素进行调整，出手角度一般在 38～42 度。手部的控制需要通过力量和技巧来控制铅球的离手时机和方向。手部力量输出的强度和时机需要根据铅球的质量和运动员的身体素质进行调整，一般应该在铅球离手前爆发出最大的力量。

转体动作的技术要求主要包括姿势、滑步推球的速度和力量输出等方面。正确的姿势是保证转体动作成功的关键，需要保持身体的稳定性和平衡性，同时要注意腰部的旋转和腿部的协调。旋转速度需要根据运动员的身体素质进行调整，一般应该在投掷点前达到最大值。力量输出的强度和时机也需要根据运动员的身体素质进行调整，一般应该在旋转过程中逐渐增加，最终在铅球离手前达到最大值。

动作要素是铅球运动中非常重要的组成部分，其基本内容和技术要求需要通过持续的训练和练习来提高，并在实践中不断加以应用和完善，才能不断提高成绩。

二、技术要素分析

铅球运动中的技术要素是指铅球运动员在进行铅球运动时需要掌握的技术技巧。技术要素是铅球运动中最为基础和关键的要素，需要长期的练习和积累。下面将从技术要素的基本内容和训练方法两个方面进行分析。

（一）技术要素的基本内容

铅球运动中技术要素是铅球运动的基石，对运动员的发展和取得优异成绩具有重要意义，能为运动员打下坚实的技术基础，提高技术效果，纠正错误，促进个人进步，并为教练提供有效的指导和训练计划。基本内容涵盖了铅球运动中的核心要素和基本原理，包括出手点、转体姿势和投掷力量输出三个方面。

出手点是指铅球离手的位置，也是铅球运动中最为关键的技术要素之一。出手点的位置需要根据运动员的身高、体型和个人习惯等因素进行调整，一般情况下要保持在38～42度的最高出手点。出手点的位置不仅影响铅球的飞行距离和高度，同时也影响铅球的旋转速度和角度。因此，掌握正确的出手点对铅球运动员来说至关重要。

转体姿势是指铅球运动员在推铅球时身体的旋转姿势，也是铅球运动中非常重要的技术要素之一。正确的转体姿势需要保持身体的稳定性和平衡性，同时要注意腰部和腿部的协调。

投掷力量输出是指铅球运动员在推铅球时的力量强度和身体各部位的发力方式。以身体各部位为例，推铅球时，肩膀要放松，不能耸肩，需要用肩部的力量将球向上推起，同时要保持稳定；背部需要协调用力，将身体形成超越器械动作，从而产生推力；手臂需要从肩膀向前上方传递力量，用手腕的力量将铅球向前推出；腹部需要用力收缩，将身体的重心向前移动，产生向前的推力；腿部需要用力蹬地，产生向后的力量，使铅球获得更大的初速度。

（二）技术要素的训练方法

学习技术要素的训练方法对铅球运动员的技术发展和竞技表现至关重要。通过正确的训练方法，运动员可以建立正确的技术基础，提高技术效果和效率、纠正技术错误、制订个性化的训练计划，并在比赛中获得竞争优势。技术要素的训练方法主要包括基础训练、技术训练和实战训练三个方面。

基础训练是铅球运动员掌握技术要素的基础，需要通过各种基础动作和基础技巧的训练来提高铅球运动员的技术水平。基础训练主要包括身体柔韧性和力量训练等方面的训练，以提高身体的协调性和投掷力量输出的强度和稳定性。

技术训练是铅球运动员掌握技术要素的关键。技术训练主要包括出手点的调整、转体姿势的练习和投掷力量输出的强化等方面的训练。

实战训练是铅球运动员掌握技术要素的必要条件。实战训练主要包括比赛和对抗训练等方面的训练，以提高铅球运动员在比赛中的实战能力和应对能力。

总之，铅球运动员通过掌握技术要素的基本要素、技术要求和训练方法，可以提高自己的技术水平和实战能力，从而在比赛中获得更好的成绩。

三、运动要素分析

铅球运动中的运动要素是指铅球运动员在进行铅球运动时需要具备的身体素质和运动能力，包括力量、速度、身体协调性等。运动要素是体育运动中最为基础和关键的要素，是运动员在比赛中获得优异成绩的重要保障，需要通过科学的训练方法和周密的训练计划进行提高。

铅球运动的运动要素的基本内容对于运动员的发展和取得优异成绩具有重要作用。其基本内容是建立技术基础、提高技术执行能力、纠正错误、进阶和创新的基础。此外，其基本内容也为教练指导运动员和制订训练计划提供了依据。因此，了解和掌握运动要素的基本内容对于运动员的发展和表现非常重要。运动要素的基本内容主要包括身体素质、技术技能、战术意识和心理素质四个方面。

身体素质是进行任何一项运动的基础，包括力量、速度、耐力、柔韧性、协调性等方面的要素。身体素质的提高需要进行科学的训练和科学的饮食，以保证身体健康和运动能力的提升。

技术技能是指运动员在进行某项运动时所需的基本技术技能和技巧。铅球运动的技术技能包括出手点、转体姿势、投掷力量输出等方面的要素。这些技术技能需要长期的练习和积累，需要运动员通过科学的训练来提高。

战术意识是指运动员在比赛中根据比赛形势和对手情况进行的战术调整和战术运用能力。战术意识的提高需要运动员积累丰富的比赛经验，同时养成在赛前分析其他对手的情况，制订相应战术的习惯。这需要运动员具备较高的智力水平和对比赛的理解能力。

心理素质是指运动员在比赛中保持良好的心态和心理状态的能力。心理素质包括自信心、意志力、耐心和沉着冷静等方面的要素。铅球运动员提高心理素质，需要通过科学的心理训练和心理调节，一般需要在教练的指导下进行。

总之，运动要素是进行任何一项运动所必需的基本技能和技术要素。运动要素的提高需要进行科学的训练和科学的饮食，丰富的比赛经验和科学的心理调节方法。同时，运动要素的要求和训练方法，需要根据不同的运动项目和不同运动员的特点和需求进行科学、合理地制订和实施。训练计划应该包括训练目标、训练内容、训练强度、训练时间和训练周期等方面的要素，以保证训练的科学性和有效性。

第二节　铅球运动中技术动作的特点

在铅球比赛中，运动员需要保持稳定的动作规律和良好的协调性，同时需要根据不同投掷阶段的要求，调整投掷的节奏和力量输出，以实现最佳的投掷效果。动作的规律性、协调性、节奏性和爆发性，也是铅球运动中技术动作的特点。

一、铅球运动中技术动作的规律性

在铅球运动中，运动员需要在比赛中保持稳定的动作规律，以保证铅球出手点的准确性和铅球飞行的稳定性。这需要运动员在训练中通过不断地反复练习和调整，逐渐形成稳定的动作规律。

（一）技术动作的规律性在铅球运动中的重要性

技术动作的规律性在铅球运动中非常重要，它可以帮助运动员逐渐形成稳定的动作模式和技术水平，从而提高竞技能力和比赛成绩。具体来说，技术动作的规律性可以帮助运动员根据自身的技术水平，逐渐形成稳定的动作模式和技术要点；可以帮助运动员更加准确和安全地完成各个环节的动作，减少受伤的风险；可以帮助运动员逐渐掌握各个环节的技术要点和技术难点，从而提高技术水平和竞技能力。通过不断地反复练习和调整，运动员可以逐渐掌握各个环节的技术要领，并且将它们转化为本能反应，从而在比赛中更加自如地运用。

（二）实现技术动作的规律性的方法

技术动作的规律性需要运动员在训练中采取一系列的方法和策略养成。运动员通过反复练习、观摩学习、分析调整和专业指导，将有助于实现技术动作的规律性。

反复练习是实现技术动作规律性的关键，只有通过不断地反复练习，运动员才能逐渐掌握各个环节的技术要点和技术难点，并且将它们转化为本能反应。在反复练习中，运动员需要注重细节，不断调整和完善动作技术，从而逐渐形成稳定的动作模式和技术水平。

通过观摩学习，运动员可以了解并分析他人的动作和技术特点。通过发现其他运动员动作的优点和不足，对比自己的技术动作，是否也存在可以模仿学习和改进的部分，进而改善自身动作，借鉴和吸收他们的经验和技巧。

分析调整是实现技术动作规律性的又一重要方法，它可以帮助运动员发现运动员自我动作中存在的问题和不足，从而及时调整和改进。例如，通过摄像设备，记录下运动过程，之后通过观看录像的方式，来观察自身的技术动作，并进行分析，如果存在不足之处，则及时进行调整与改进。此过程可反复进行，从而逐渐形成适合自己身体特点和技术水平的动作模式。

专业指导是实现技术动作规律性的必要条件之一，它可以帮助运动员在训练中更好地掌握各个环节的技术要点和技术难点。在田径运动项目的训练中，运动员如果选择"闭门造车"自己训练，往往并不能很好地提升成绩。如果选择获得教练的专业指导，听取教练的意见和建议，并且积极配合教练的训练计划和要求，能更好地实现技术动作的规律性。

二、铅球运动中技术动作的协调性

技术动作的协调性对铅球运动至关重要。提高技术动作的协调性，可以帮助运动员提高整体的稳定性。身体的协调动作可以使运动员更好地发挥潜力，把力量更好地传递到铅球上，提高比赛成绩，同时也可以降低受伤的风险。

（一）技术动作的协调性

铅球运动中的技术动作是较为复杂的，包括准备动作、蹬地、转髋、挺身、支撑、推球、拨球等多个环节，每个环节都需要运动员具备较高的技术水平和技术动作的协调性。

第一，身体协调性。在推铅球的过程中，运动员需要将自己的身体能量逐步转化为对铅球的推力。在起动中，运动员需要将身体的重心完全落于蹬地的腿上，同时通过弯曲膝盖和收缩腰部的方式来蓄积能量。在推球中，运动员需要通过弯曲膝盖和收缩腰部的方式来蓄积能量，同时通过臂部和腿部的力量来产生推动力，最终将铅球推出去。运动员需要在这些环节中保持身体的平衡和稳定性，以确保最终的效果和身体的稳定性。

第二，技术协调性。铅球运动需要运动员在各个环节中准确地掌握各个技术要点和技术难点。其准备动作、转髋、推球各环节如前文所述。在这些环节中，运动员需要准确地掌握每个动作的节奏和力度，以使动作具有稳定性。

（二）技术动作协调性的实现方法

实现和提高铅球运动中技术动作的协调性不仅可以提高运动成绩、预防运动损伤，还可以提高心理素质。为了实现技术动作的协调性，运动员需要在训练中注重基础训练和技术训练。

建造房屋前需要先打好地基，铅球运动也是同理，只有打好基础，提高身体素质，才能在技术上寻求突破。基础训练包括肌肉力量训练、爆发力训练、耐力训练、柔韧性训练等，这些训练可以帮助运动员提高身体素质，为接下来的技术训练提供基础。技术训练包括起动技术训练、转髋技术训练、推球技术训练等，反复进行这些训练可以帮助运动员更好地理解和掌握动作的技术要点和技术难点。将各分解动作融会贯通，才能提升技术动作整体的协调性。

具体可以通过以下方法进行：①反复练习，对于不习惯的动作或组合动作，可以通过反复练习来强化大脑对身体动作的记忆。②反向完成动作，对单一动作的反方向动作进行练习，可以帮助身体适应不同的运动方式，从而提高技术动作的协调性。③改变已习惯动作的速度与节奏，对熟悉动作进行放慢动作及放慢节奏的练习，可以帮助身体适应不同的节奏和速度，从而提高技术动作协调性。④组合不习惯动作练习，将几个不习惯的动作组合到一起连贯完成，可以使身体掌握更复杂的动作组合，从而提高技术动作的协调性。⑤利用各器械或自然环境进行各种较复杂练习，借助各种器械或在其他自然环境下做各种复杂动作的练习，可以帮助身体适应不同的环境和挑战，从而提高技术动作的协调性。⑥适时用信号或有条件刺激，通过观看信号或者有条件的刺激来练习动作的各种变化，可以帮助身体更好地理解和适应不同的动作变化，从而提高技术动作的协调性。

三、铅球运动中技术动作的节奏性

铅球运动并不是简单地用蛮力将铅球推出，而是在推铅球的过程中有一定的节奏性。运动员培养良好的节奏性，可以更好地感受和掌握推铅球的节奏，将其转化为身体的自然动作。节奏性可以帮助运动员更好地理解和掌握推铅球的精髓。要提高节奏性，需要运动员在训练中注重力量、技术、动作整合和心理等方面的训练，逐步掌握动作的节奏和速度，提高自己的技术水平和比赛成绩。

（一）技术动作节奏性的重要性

在铅球运动中，技术动作的节奏性可以使运动员在投掷过程中实现动作的协调性和流畅性，确保力量的适时释放和转移。通过合理的节奏控制，运动员可以更好地利用身体的力量，提高投掷效果和优化比赛表现。

节奏性在推铅球的过程中发挥着重要作用。节奏通常是指身体的各个环节在完整技术完成过程中按一定顺序所表现出来的动作的快慢、发力的强弱、时间的长短以及肌肉紧张与放松的时间间隔交替等方面。在铅球技术动作中，合理的节奏能体现人体各环节严格按一定顺序完成动作时的速度变化，保证完整技术动作的连续性和加速性，从而提高最后用力阶段的效果。

节奏性对技术的精确性和合理性有着重要影响。良好的节奏能保证技术动作发挥最大的动作效率，使运动器官协调一致，产生更大的能量，加大整体发力的效果，易于形成巩固的动力定型，使动作趋于自动化，从而保证运动成绩的稳步提高。

运动心理学也强调了对节奏的培养。节奏是本体运动时间和速度感知觉，这种感知觉需要通过心理系统的精确调节与控制再作用于运动中的身体各部分。因此，在训练中注意加强对运动员速度节奏的培养显得尤为重要。

总的来说，铅球技术动作的节奏性对提高运动员的成绩具有重要作用，这也是在训练中需要注重培养运动员的速度节奏的原因。

（二）技术动作节奏性的实现方法

想要实现铅球技术动作的节奏性需要长时间的持续练习，在教练的指导下，逐步发展出自己独特的节奏感和动作风格。具体来说，实现技术动作的节奏性需要运动员在训练中注重节奏训练、动作整合训练和专项训练等几个方面。

铅球运动的节奏训练中，运动员可以通过音乐的节奏来训练动作的节奏性，也可以通过教练的指导和示范来掌握动作的节奏和速度。在训练中，运动员可以使用节拍器等工具来辅助节奏训练，逐步掌握动作的节奏和速度。

铅球运动中只有技术娴熟才能更好地掌握节奏和速度。需要将蹬地、转髋、挺身、支撑、推球、拨球等全部动作整合在一起完成，因此需要注重动作整合训练。在训练中，可以通过模拟比赛情况，将这些动作整合在一起进行练习，提高整体动作的节奏感。

实现铅球运动技术动作的节奏性，还可以展开专项训练。可在技术训练中将速度训练和力量训练相结合，注重培养运动员的速度节奏感。还可进行滑步阶段的速度节奏培养。在铅球运动的滑动起步阶段，主要是利用左腿的摆动和右腿的蹬伸形成一定的惯性力，通过惯性实现力量的爆发。因此，应该针对滑动起步阶段的速度进行节奏培养，从动作重心前倾出发，对腿部力量进行协调性训练。

四、铅球运动中技术动作的爆发性

铅球运动需要具备良好的肌肉力量和爆发力，尤其是在推球过程中，需要将全身的力量集中到铅球上，使铅球获得最大的初速度和最佳的出手角度。掌握技术动作的爆发性，可以帮助运动员在关键时刻迅速发力，从而提高铅球的推出距离。实现技术动作的爆发性需要运动员在训练中注重力量、灵敏度、技术细节和心理素质等方面的训练。

（一）技术动作爆发性的重要性

爆发性是决定运动员成绩的关键因素之一，尤其是在铅球等力量型运动中，拥有更好的爆发力可以增加推铅球的距离。铅球运动爆发性是指在技术动作中迅速、强有力地释放和转换身体势能的能力。通过专门的爆发性训练和练习，运动员可以不断提升技术动作的爆发性，进一步发展和完善自己的竞技能力。在铅球运动中，爆发性的重要性主要体现在以下方面。

爆发性对推铅球的重要性主要体现在投掷距离、技术动作的完成质量、对抗肌群的协调性和比赛中的心理状态等方面。铅球比赛的得分由铅球在投出后移动的距离决定，而爆发力的大小直接决定了推球的初速度。具有更强爆发力的运动员往往能够在比赛中取得更好的成绩。铅球运动的技术动作并不复杂，但需要肌肉的协调性和爆发力来保证技术动作的完成质量。爆发力强、控制力更稳定的运动员能够更好地完成技术动作，保证投掷效果。铅球运动需要全身肌肉的协调发力，特别是对抗肌群的协调性。爆发力训练能够增强对抗肌群的收缩速度和力量，使全身肌肉的协调发力更加流畅，从而提高投掷效果。

（二）技术动作爆发性的实现方法

技术动作的爆发性需要具备较高的力量，因此需要注重力量训练，包括腿部、腰部、背部、肩部和手臂等。针对每个肌群进行专门的力量训练可以增强肌肉力量和耐力。力量训练可以采用不同的重量和次数进行训练，从而刺激不同的肌肉群。例如，可以采用大重量低次数、小重量高次数、中等重量中等次数等不同的组合方式进行训练。

技术动作的爆发性需要同时具备较高的灵敏度。在训练中，可以采用快速伸缩、变向跑、急停等，可以增强身体的灵敏度和反应能力。灵敏度训练需要多次重复，以提高肌肉记忆和反应速度，同时需要采用多种不同的练习方式，以刺激身体的多种肌肉群和神经系统。

除此之外，还可以展开专项练习：①快速伸缩训练，通过快速伸缩训练可以增加肌肉的爆发力，同时增强关节的灵活性和稳定性。②跳箱练习，在一个约80厘米高的跳箱或者凳子前，双腿与肩同宽，双脚同时跳上跳箱或者凳子。然后，双脚同时往下跳，尽可能快速地跳过地上的一个栏架或连续跳过几个栏架。落地时，尽量让双脚同时着地，并且让膝关节弯曲成90度，同时保持上半身挺直。着地后，迅速做一个"扒地"动作，让身体快速站起来。③等速训练，可以训练肌肉在恒定速度下的最大力量，同时增强关节的灵活性和稳定性。等速训练是指采用等速运动原理，通过等速训练设备来测定和训练肌肉在关节活动范围内的最大力量和耐力，以达到增强肌肉力量、改善肢体功能状态的一种安全、有效的训练方法，可以在运动全范围内任何一点肌肉或肌群产生出最大力量，并提供与肌肉收缩的实际力量相顺应的阻力，使肌肉在整个关节活动中的任何角度都能承受与肌力对应的最大阻力，产生最大肌力。

第三节　铅球运动的技术动作分析

铅球运动是一项需要较高技术水平和力量的田径运动项目。运动员需要掌握一系列的标准技术动作，包括准备动作、蹬地、转髋、挺身、支撑、推球、滑步和拨球等动作，这是铅球运动的八个要领步骤。正确的技术动作和良好的身体姿势可以帮助运动员将铅球推出更远的距离，同时也可以降低运动员受伤的风险。因此，在训练推铅球技术时，需要注重技术细节的训练和身体姿势的调整，以便更好地掌握铅球运动的技巧和窍门。

一、准备动作的技术要领分析

铅球运动的准备动作包括铅球运动前的准备活动，以及铅球运动前的准备动作。这些准备动作的要领是为了帮助运动员在推铅球过程中获得更好的稳定性、爆发力和动作协调性。通过正确执行这些动作，可以为后续的动作提供良好的基础，并最大限度地发挥自己的潜力。

（一）铅球运动前的准备活动

铅球运动前最基本的准备活动是热身，将自己的身体活动开，让全身肌肉活动起来，让身体迅速升温、各器官进入运动状态。热身运动的主要目的是通过适当的动态拉伸、有氧运动和技术练习来增加身体的温度和血液循环，提高肌肉和关节的灵活性及扩大其活动范围，预防运动损伤，同时也可以帮助运动员调整心态，提高专注度和应变能力。以下是铅球运动常用的热身方法。

哑铃热身：手持哑铃，两臂向各个方向做屈、伸、举、振等动作。①两脚左右开立，两手屈臂持哑铃于肩上，连续快速向上推举，哑铃举至头上时，手臂充分伸直。②两脚前后开立，两手屈臂持哑铃于胸前，连续快速向斜上方推举。③自然站立，两手持哑铃向前平举至肩平行，向两侧开振扩胸。④两脚前后开立，两手屈臂持哑铃于头后，向斜前上方振举。⑤两脚前后开立，右手持哑铃做引转"满弓"的练习。⑥两脚左右开立，两手持哑铃于体侧，右臂向上提拉，同时上体向左侧屈，左右交替进行。

实心球热身：可用单手和双手推、抛实心球。①面对投掷方向，两脚前后开立，双腿微屈，两手持球于胸前，肘部抬起稍低于肩，将球向前上方推出，推出时手指用力拨球。②单手推实心球（以右手推为例）。两脚前后开立，左脚在前，右手持球于右肩上，肘关节抬起稍低于左肩，左手轻轻扶球。推球时，左肩对投掷方向，右腿稍屈，重心移至右脚上，然后右脚用力蹬地，向左转体、挺身，同时用力将球向前上方推出。③原地双手头上后抛实心球。两脚前后开立，双臂屈肘，两手持球于头上，然后用力将球向后上方抛出。抛球时，两腿用力蹬伸，上体抬起后仰，同时两臂伸直挥臂。④原地双手头上前掷实心球，两脚前后开立，身体重心落在后脚或两脚之间，膝微屈，两手持球举至头后，然后用力将球由头后向前上方抛出。

除此之外，还可以进行有氧运动、技术练习、半场训练等。动态拉伸如提膝、踢腿、深蹲等，可以帮助增加关节的活动范围和肌肉的灵活性，预防运动损伤。技术练习如铅球的握持和预备、蹬转、推拨动作等，进行一些简单的技术练习，可以帮助运动员更好地掌握技术动作和调整状态。半场训练如快速侧向移动、前后移动等，可以帮助增加肌肉的灵活性和协调性，同时也可以帮助加强心肺功能。

需要注意的是，在进行热身训练时，一定要适度，避免过度训练和过度疲劳，以免影响后续的比赛表现；在身体活动完后要活动一下关节，避免在运动时因关节没有活动开而造成不必要的伤害；在热身后要注意保暖，在候场的时候不要一直站着、坐着或蹲着；同时也需要遵循科学热身的原则，全面覆盖身体各个部位、持续时间适当、注意保持良好的姿势和呼吸等。

除了上述热身训练，还有其他一些准备活动需要做，其可以帮助运动员预防运动损伤，提高身体的灵活性和准备状态。这些准备活动的内容应包括以下几个方面：①静态拉伸，可以帮助放松肌肉，提高身体的柔韧性和灵活性，包括半蹲伸展、大腿后伸、手臂伸展等；②协调训练如平衡训练、单腿跳等，可以帮助提高身体的协调性和平衡感，从而更好地掌控技术动作；③心理准备，如冥想训练等，铅球运动是一项需要高度集中注意力的运动项目，在运动之前进行一些专注和冥想训练，可以帮助运动员调整心态。

总之，铅球运动前的准备活动需要综合考虑身体的各个方面，包括肌肉力量、柔韧性、协调性、平衡感、心理状态等，以帮助运动员更好地掌控比赛，提高成绩。在进行准备活动时，需要根据自己的情况和需求进行选择和组合，以达到最佳的效果。

（二）铅球运动比赛前的准备活动

铅球比赛前一定要充分做好准备活动，尤其是手指、手腕、肩、肘、髋和下肢的关节、肌肉、韧带等，以避免运动损伤。具体方法包括指尖相对俯卧撑、杠铃负重深蹲、徒手蹬地转体（转髋）练习、抱膝跳练习等。

指尖相对俯卧撑准备活动的目标肌群是胸肌和手臂肌肉。与标准俯卧撑不同的是，指尖相对俯卧撑需要将手掌指尖相对放置在地面上，这样可以模仿铅球出手的手势和增加手臂肌肉的负荷，对手臂肌肉的锻炼更加强烈。其具体动作是：先进入俯卧撑的姿势，即手臂伸直，手掌支撑地面，身体呈一条直线；将手掌指尖相对放置在地面上，手与肩同宽或略宽，身体仍然保持一条直线；缓慢地屈肘降低身体，直到胸部轻轻接触地面，同时保持身体的直线；在保持身体稳定的状态下，用胸大肌和手臂的力量将身体推起，直到手臂伸直，完成一次俯卧撑动作；重复上述动作多次，以热身为目的建议进行 10～20 次，避免过多运动而损耗体力。需要注意的是，指尖相对俯卧撑对手臂肌肉的负荷较大，初学者应根据自身情况逐渐增加训练强度和次数，避免出现运动损伤。另外，在进行动作时，需要保持身体的稳定状态和正确的姿势，避免腰部下沉或抬高等错误姿势。

杠铃负重深蹲不仅是一种重要的下肢训练方式，而且可以锻炼到全身 200 多条肌肉，是锻炼全身主要肌群的最佳运动，它通过负重的深蹲动作来训练髋关节、膝关节和股四头肌等下肢肌肉，可以帮助增强下肢的力量和稳定性。在赛前热身时，可以进行此动作，以充分活动下肢。其动作要领是：预备阶段，将杠铃放置在深蹲架上，调整杠铃的高度，以适应自己的训练需求；站在杠铃架下方，将杠铃放在略低于肩部的位置，双脚打开与肩同宽，脚尖向外打开 20～25 度，双手握住杠铃，使手臂与地面平行，肩膀下沉、后背夹紧；吸气，挺身站立，收紧核心肌群，同时屈膝下蹲，将臀部向后推出，将杠铃慢慢下降到背部和膝盖之间的位置，并保持膝盖与脚趾同一方向和重心的稳定；在蹲到最低点时，稍借助下蹲的惯性，然后顺势收缩臀部和腿部肌肉的力量将杠铃推回到起始位置，同时呼气，注意保持背部挺直和重心的稳定；以热身为目的可将上述动作重复 8～12 次，避免过度运动造成体力损耗。杠铃负重深蹲对下肢肌肉的负荷较大，初学者应格外注意。另外，做动作时要保持背部挺直和重心的稳定，不可腰部下沉或抬高。同时也需要注意呼吸和核心肌群的收紧，以帮助保持身体的稳定性和动作的准确性。

徒手蹬地转体（转髋）练习是一种较为流行的腹部训练方式，它主要通过蹬地和转体的动作来锻炼腹部、腰部和臀部的肌肉，同时也可以提高身体的协调性和平衡感。徒手蹬地转体也是一种热身运动，在铅球比赛前可使用此动作进行热身。徒手蹬地转体练习的具体动作是：双脚站立在地面上，双脚打开约一肩半宽，双手呈持球姿势；吸气，屈膝向下蹲，同时将臀部重心下沉，重心落于右腿，保持身体的稳定状态；呼气，用力将身体向一侧蹬转，同时用对侧的脚撑地，使身体动能向上，形成一个反 V 字形的姿势。注意：蹬地脚需要离开地面，但不要蹬得太高，以避免膝盖受伤；在保持身体稳定的情况下，缓慢地将身体转向另一侧，同时另一侧的脚撑地形成合力，形成另一个反 V 字形的姿势；上述动作可进行多组，每组可以进行 10～20 次，要注意避免因过度运动造成体力损耗。徒手蹬地转体练习需要注意身体的稳定性和姿势的正确性，初学者可以先从较小的动作幅度开始。

抱膝跳练习是一种较为流行的有氧运动方式，它主要锻炼腹肌、臀部和腿部肌肉，也可以用于铅球比赛的赛前热身。抱膝跳练习的具体动作：站立于地面，双脚并拢，双手放在身体两侧；双腿用力跳起时吸气，同时双手向前伸展，使身体呈 V 字形；在空中的瞬间，双手用力抱住双膝并尽力触碰胸部，保持姿势；落地时呼气，落地时前脚掌着地后再过渡到全脚掌，同时做髋屈膝屈，有效缓冲下落的动力。以热身为目的，建议进行抱膝跳 10～20 次，避免因过度运动造成体力损耗。抱膝跳练习需要注意身体的稳定性和姿势的正确性。

（三）铅球运动前的准备技术动作

准备活动完毕后，接下来要进行具体的技术动作准备。如在推铅球前进行准备动作的练习，以便为后续的投掷做好准备。

在推铅球前的准备动作中，以右手推铅球为例，双脚需要分开大约一肩半宽。此姿势可以帮助保持身体的稳定性，提高身体的平衡能力，使身体更加稳定，并为后续动作做好准备。在双脚分开的基础上，需要将身体的重心完全落于右腿。这个动作可以帮助保持身体的平衡及更完整的预备姿势。与此同时，为了保持足够的蹬力，膝盖也应该合理弯曲，重心下沉。在调整好重心后，需要将身体向前倾斜。身体向前倾斜可以帮助提高身体的势能和稳定性，使身体处于合理扭紧状态和最后用力时有更好的向前性动能。在身体向前倾斜的同时，需要将左手臂自然下垂。手臂应该放松，以便更好地协调投掷动作。手臂下垂可以帮助保持身体的平衡和稳定性，并为后续推铅球做好准备。

需要注意的是，上述这些动作需要协调完成，以便更好地准备推铅球，并保持身体的平衡和稳定性。初学者可以通过反复练习这些动作，并注意身体的感觉和姿势的正确性，逐渐掌握正确的准备动作技巧。

二、蹬地技术动作要领分析

铅球运动中的蹬地技术动作是指在投掷过程中用于产生初速度和推动铅球的向前性动能。大部分运动员会右手握球与持球，右脚蹬地滑步。掌握蹬地技术动作要领可以帮助运动员在推铅球过程中有效地利用蹬地动作来产生初速度和推动铅球的向前性动能。

（一）滑步蹬地动作中的蹬地动作

推铅球的蹬地动作分为右脚蹬地和左脚蹬地两种。在推铅球时，需要根据个人的身体特点和技术水平，选择适合自己的蹬地方式，并进行反复地练习和调整，以掌握正确的蹬地动作技巧和姿势。

右脚蹬地是指以右脚为前脚的推铅球动作。右脚蹬地需要注意左腿的摆动和右腿的蹬地，当左腿摆到一定高度，上身达到最大前屈时，需要回收左腿，同时右腿逐渐弯曲。当左腿回收靠近右腿时，臀部后移，左腿大腿向投掷方向摆出，右脚用力蹬伸。右腿蹬离地面的方法有两种：一是以脚跟蹬离地面，右腿伸直；二是用前脚掌蹬离地面。不同的方法适合不同身材和训练水平的人。

右脚蹬地需要注意身体向投掷方向移动的推力。由于左腿的摆动和右腿的蹬地，产生身体向投掷方向移动的推力。当右脚蹬离地面后，需要迅速拉收小腿，并向内转动，用前脚掌着地并稳住重心，落在圆圈中心附近，与投掷方向约成130度角。同时左脚下落，以前脚掌内侧落于靠近左侧抵趾板地面，两脚落地间隔的时间越短越好。

右脚蹬地还需要注意滑步和上体的姿势。在滑步时，左臂需要保持内扣，不使左肩转向投掷方向，头部保持向右后方的姿势。当滑步结束，左脚着地的一刹那，右膝和右脚向投掷方向蹬转，推动右髋向投掷方向转动。这时被扭紧和拉长的腰、背、髋部的大肌肉群收缩，使上体迅速向投掷方向抬起。左臂由胸前向左上方牵引，使肩带肌肉拉长，身体左侧对着投掷方向，上体向右侧倾斜，左肩高于右肩，铅球处于较低部位，形成推球前的最佳姿势。

左脚蹬地滑步动作（后撤步滑步）在整个投掷过程中非常重要，因为它能够帮助运动员将身体的势能充分转化为铅球的速度和动能。左脚蹬地是指以左脚为前脚的推铅球动作。在左脚蹬地的过程中，首先，需要将身体重心向前倾斜，将右脚向后迈出，将左脚向后踏出，向后撤步。其次，需要用力将右脚蹬地，左脚撑地，将身体的势能转化为推铅球的动能。最后，需要形成推力，保持身体的稳定性和投掷的准确性。

在进行蹬地动作之前，应保持稳定的站姿。双脚前后分开与肩同宽，身体重心向前，膝盖略微弯曲。当左脚蹬地时，应尽量利用腿部的力量来向前推进身体，而不仅仅依靠上半身的力量。这样可以使投掷更加顺畅，也能够减少上半身的负担。在蹬地动作中，左脚着地后应该尽量保持稳定，不要让脚滑动或者扭曲。同时，右脚也应该在蹬地后尽快离开地面，以免影响投掷的稳定性。整个过程中需要注意保持身体的平衡和稳定性，同时注意呼吸和核心肌群的收紧。

（二）推铅球的蹬地动作技术分析

推铅球中的蹬地动作是非常重要的一步，是将身体的势能转化为铅球动能的关键。蹬地动作的动作要领是，在上述动作的基础上，需要用力将前脚向后蹬地。这个动作可以将身体的势能转化为铅球的动能，同时也可以帮助提高身体的稳定性和投掷的准确性。

在蹬地动作完成后，需要将身体向后滑步，以保持身体的稳定性和投掷的准确性。在滑步时，需要保持前脚向后蹬出，后脚向后摆动，同时要注意保持身体的稳定和平衡。在保持身体的平衡和稳定的同时将双脚正确落地，才可以找到最佳的向前滑步姿势和技巧并完成滑步落地动作。同时，需要注意保持身体的稳定性和平衡能力，以确保投掷的准确性和稳定性。

三、转髋技术动作要领分析

铅球运动中的转髋技术动作是指在投掷过程中使用臀部和髋关节的转动来增加动力，完成推铅球的关键动作。通过正确执行转髋技术动作，运动员可以将髋关节的转动与上半身的联动相结合，产生更大的爆发力和推力，从而实现更远的投掷距离。

（一）转髋动作是投掷项目中最重要的动能来源

推铅球过程中，转髋是一个非常重要的动作，是投掷中最大的动能来源，它可以将投掷者的身体势能转化为铅球的动能，从而使铅球获得更大的速度和飞行距离。转髋动作是否正确和完整，直接决定了推铅球的远度。

转髋是指在推铅球最后用力时，在滑步和重心脚蹬地的初速度基础上继续髋关节的转动，给铅球提供最大的向前性推动动能。以右手推铅球为例：在最后用力时，重心脚启动蹬地时，主动转右髋将向上的蹬力通过转髋，转换为更大的向前推动动能，最终将铅球向前推出。下面是转髋的动作要领。①握持球后。投掷者将右脚向铅球圈中心踏出并做好预备动作，右脚用力蹬地，右髋主动向投掷方向转动，通过左侧的支撑将身体的重心向前上移动，同时将铅球向前推出。②转移重心。投掷者将身体向右侧扭转，将左臂向左侧伸展，右臂向前推送，将身体的势能转化为铅球的动能。投掷者继续向投掷方向扭转直到右髋、右肩超过左髋左肩，然后动作如上，接着将整个身体的势能传递到铅球上，并将铅球向前推出。

转髋动作需要投掷者掌握正确的技巧和姿势，以确保身体的转动平稳和协调，并将铅球向前推出。正确的转髋技巧和姿势需要不断地进行练习和调整，才能达到最佳的投掷效果。

（二）推铅球的转髋动作技术要领

推铅球的转髋动作是非常重要的一个环节，它能够将投掷者的身体势能转化为铅球的动能。以下是推铅球中转髋动作的技术要领。

第一，正确的起始位置。起始位置对整个推铅球过程至关重要。投掷者应该站在圆盘的前半部分，双脚分开约一肩半宽，身体重心落在蹬地腿上。

此时，蹬地脚应落在投掷圈中心点附近，这样投掷者才能更好地控制自己的身体。在这个位置上，投掷者可以更好地调整自己的姿势和重心，以便更好地进行推铅球。

第二，转移重心。投掷者在蹬地时需要将身体的重心向前蹬转，并将身体向一侧扭转。这样可以将身体的势能转化为铅球的动能，向前推出铅球。同时，投掷者应该注意保持身体的平衡，避免身体倾斜。在转移重心的过程中，投掷者需要控制好自己的重心和身体的扭转，以便更好地进行转髋动作。

（三）推铅球的转髋动作注意事项

推铅球是一项需要技巧和力量的田径项目，其中转髋动作是至关重要的。在进行转髋动作时，投掷者需要注意以下几点。注意这些转髋动作的要点可以帮助运动员在推铅球中发挥出最佳状态，提高投掷的效果，并减少受伤的风险。

具体的注意事项为：保持平稳和流畅，避免抖动或跳跃；保持身体的平衡，避免身体倾斜或失去平衡；投掷者的手臂应该协调运动，一个向前推铅球，一个向反方向伸展并制动，以助力平衡身体；投掷者应该不断地练习转髋技巧，找到最适合自己的姿势和技巧。可以通过模仿专业选手的动作、观看教学视频、参加训练营或请教教练等方式来提高自己的转髋技巧。投掷者还应该根据自己的身体特点和技术水平，适当调整转髋的速度，以达到最佳的投掷效果。转髋速度过快或过慢都会影响投掷效果，需要根据实际情况进行调整。

四、挺身技术动作要领分析

在铅球运动中，挺身技术动作是指在投掷过程中的上身挺直动作，用于产生稳定的姿势和提供支撑力。通过正确执行挺身技术动作，可以实现上身的挺直和稳定，为后续的动作提供坚实的基础。

（一）推铅球中的挺身动作技术要领

推铅球中的挺身动作是投掷技术中非常关键的一步，它能够将投掷者蓄积的能量转化为铅球的动能，使铅球得到更大的速度和飞行距离。

推铅球中挺身动作的技术要领为：①正确的起始位置。正确的起始位置是挺身动作的基础。动作的技术要领如前文所述，投掷者的身体应该保持挺直，肩部放松，视线朝向斜上方。这个起始位置的目的是让投掷者在挺身动作时，能够更好地掌控身体的平衡和稳定性。②送髋抬体。送髋抬体是挺身动作的第一步，目的是让投掷者在挺身动作时，能够将身体的蹬转动能和重心向前移动。在挺身动作开始前，投掷者的蹬转动作的技术要领亦如前述。③向后摆臂。向后摆臂是挺身动作的第二步。投掷者应该将左臂向后摆，以便增加平衡向前上的动能。摆臂时，投掷者的手臂应该自然放松，肘部稍微弯曲，随着蹬转而向左后方摆臂，并及时制动。这样可以让投掷者蓄积更多的能量，为后续的动作做好准备。④向前挺身。向前挺身是挺身动作的第三步，也是最为关键的一步。在向后摆臂的同时，投掷者应该向前挺身，并将脚尖用力支撑地面形成有力而稳定的支撑，将蓄积的能量转化为铅球的动能。此时，投掷者的重心应该向前移动，身体保持挺直。同时，投掷者的摆臂手应该经胸前向上和向左后方协调摆动，以帮助铅球的飞行。这个动作需要投掷者将身体的势能转化为铅球的动能，因此需要投掷者掌握好动作的技巧和力量，以便将蓄积的能量转化为更大的动能。⑤发力推球。在挺身完成后，投掷者应该将铅球用力推出，同时保持身体的稳定和平衡。投掷者推球时手臂应该协调用力，抵住铅球，向前推出。同时，投掷者应该保持身体的平衡和稳定性。这个动作需要投掷者将蓄积的能量转化为铅球的动能，同时需要投掷者掌握好动作的技巧和力量，以便将铅球推出更远的距离。

（二）推铅球中的挺身动作注意事项

挺身动作涉及推动力的产生和能量的转移。在推铅球中，通过让技巧流畅自然、保持身体平衡、调整动作速度、练习挺身技巧，可以在挺身动作中提高投掷的效果和爆发力。持续的练习和反复地实践将有助于运动员逐渐掌握这个关键的技术要素，并提升自己在推铅球中的表现水平。

第一，技巧流畅自然。挺身动作应该流畅自然，不应该有过度紧张或僵硬的感觉。投掷者需要找到适合自己的节奏和力量，并在实践中不断调整和改进。投掷者可以通过多次练习和模仿专业选手的技术动作，不断优化自己的技术动作，提高推铅球的成绩。

第二，保持身体平衡。投掷者在进行挺身动作时，需要保持身体的平衡和稳定性。身体的重心应该向前移动，同时保持挺直，以便更好地转化能量。投掷者需要注意控制自己的身体重心，保持身体的平衡。

第三，调整动作速度。投掷者要根据自己的身体状态和技术水平，适当调整挺身动作的速度和力量，动作过慢或过快都会影响投掷效果。

第四，练习挺身技巧。投掷者应该不断地练习挺身技巧，可以通过模仿专业选手的动作、观看教学视频、参加训练营或请教教练等方式来提高自己的挺身技巧。投掷者需要不断地练习和调整自己的技术动作，以便达到更好的投掷效果。

五、支撑技术动作要领分析

铅球运动中的支撑技术动作是指在投掷过程中的支撑动作，用于保持稳定的姿势和提供支撑力。通过正确执行支撑技术动作，可以保持稳定的姿势和支撑力，为后续的动作提供坚实的基础。保持良好的腿部支撑和上半身姿势可以帮助运动员更好地利用爆发力和协调动作，以实现更远的投掷距离。

（一）推铅球中的支撑动作技术要领

支撑动作是铅球运动中的一个非常重要的技术动作要领，它是推铅球过程中的第五个步骤，也是控制身体平衡和转移力量的关键步骤。

支撑动作技术要领为：①右腿蹬地。在完成挺身后，投掷者需要将右腿蹬地，将身体向前推出。右腿蹬地的力量应该是向前和向上的，这样可以将重心转移到左腿上，从而增加身体的稳定性和平衡性。②左腿支撑。在右腿蹬地的同时，投掷者需要用左腿主动支撑，将身体的重心转移到左腿上。左腿的支撑力量应该是向前和向上的，这样可以保持身体的平衡和稳定。③上身前倾。在完成左腿支撑后，投掷者需要将上身前倾，将身体的重心逐渐向前推出。这个动作可以将力量转移到铅球上，增加投掷的力量和距离。④右臂推动。在完成上身前倾的同时，投掷者需要将右臂向前推动，即将手臂向投掷方向推出伸直并且尽可能地舒展推球。这个动作可以增加臂部的力量，从而增加投掷的力量和距离。

（二）推铅球中的支撑动作注意事项

在进行铅球运动中的支撑动作时，投掷者需要注意保持身体的平衡和稳定，控制自己的力量和节奏，注意呼吸，以及注意身体姿势的正确性。这些注意事项可以帮助投掷者顺利地完成支撑动作，并且取得更好的投掷效果。

第一，保持平衡。支撑动作的关键步骤是控制身体平衡。投掷者需要注意保持身体的平衡和稳定，避免因为失去平衡而影响投掷的效果。

第二，控制力量。支撑动作需要将力量转移到铅球上，以此增加投掷的力量和距离。不过铅球运动不是依靠蛮力，投掷者要避免用力不对或者用力不足，影响投掷的效果。

第三，注意姿势。在支撑动作的过程中，投掷者需要注意身体姿势的正确性，包括右腿蹬地、左腿支撑、上身前倾和右臂推动等动作。只有使用正确的姿势，才能保持身体的平衡和稳定，将力量转移到铅球上。

第四，注意节奏。支撑动作需要与其他动作配合完成，包括蹬地、转髋、挺身、推球和拨球等动作。投掷者需要注意控制自己的节奏，确保每个动作都能够顺畅地完成。

六、推球技术动作要领分析

铅球运动的推球技术动作是在投掷过程中用手臂和肩膀的推动力将铅球推出的关键动作。通过正确执行推球技术动作，可以利用手臂和肩膀的推动力将铅球推出，并结合腿部支撑产生更大的推力。保持良好的身体姿势和稳定的腿部支撑可以帮助运动员更好地利用爆发力和协调动作，以实现更远的投掷距离。

（一）推铅球中推球动作分析

推铅球中的推球动作是指将铅球从肩部推出的动作。推球动作整体上看主要包括预备姿势和最后用力两组动作。

首先，预备姿势非常重要，它决定了投掷者的后续动作能否顺利进行和投掷效果的好坏。投掷者需要在练习过程中掌握好推球动作预备姿势的要领。以下是预备姿势（以右手推铅球为例）的动作要领和要求。

持球者需要在持球前调整身体及神经系统的兴奋度，以保持身体的平衡和稳定。在持球时，投掷者应该吸气，然后在整个动作完成之前憋住气，直到铅球出手时吼出这口气。投掷者需要侧对投掷方向，两脚左右开立约与肩同宽，左脚向后移半脚掌，使髋部更容易转动，从而增加推球的力量和距离。投掷者的左臂应该放在右膝前，同时保持背部平行地面。投掷者需要将两眼向前下方2～3米处看，以便于掌握好推铅球的位置和方向。这个姿势可以使投掷者更加专注于推铅球的动作，从而达到更好的投掷效果。

其次，最后用力决定了投掷者最终的推球效果。右腿积极蹬伸，注意发力的时候提踵，推动右髋向投掷方向转动。上体在转动中逐渐抬起，同时躯干的肌群积极收缩，用以加快推铅球的速度。同时左臂经胸前向左上方摆动至体侧，制动身体转至左侧对准投掷方向。同时，双腿全力蹬伸，膝关节充分伸直，抬头，探右肩，手腕内旋，同时快速有力地将铅球推出。同时，将在准备投掷前吸的一口气尽量吼出，以增加身体的稳定和力量。在铅球出手后，投掷者需要将两腿弯曲或交换，降低身体重心，维持身体平衡，防止出圈犯规。

（二）推铅球中的推球技巧

推球技巧是推铅球中非常重要的内容。投掷者需要通过不断地训练和练习，掌握好这些技术要领。同时也需要注意全身的力量训练和准备活动，以避免运动损伤等问题。以下是铅球推球技巧（以右手推铅球为例）的要点。

第一，正确的铅球放位。铅球应该放在锁骨内端上方，紧贴颈部。出手时，出手角度应保持在 38～42 度，头向左上方看。这样的放位可以使铅球在投掷过程中保持身体的平衡和稳定，增加推铅球的力量和速度。

第二，正确的持球动作。投掷者应该将手指自然分开，将球放在食指、中指、无名指的指根处。拇指和小拇指贴在球的两侧。这样可以保持铅球在投掷过程中的稳定。

第三，出手时应该有顶肘的动作，并且注意要尽量抬肘，同时手臂向外伸展。这个动作可以使投掷的动作更加自然和流畅。

第四，出手时，投掷者需要保持正确的身体姿势和稳定重心。投掷者应该将球放在右侧锁骨与下颚骨之间，注意大臂抬平，右臂肘关节与肩膀在一条直线上，左臂自然抬起，身体重心移向右前方，落在右腿上，膝关节自然弯曲。出手时右脚蹬地，转髋，挺身，重心过渡到左腿，右腿积极跟上，出手后左脚支撑结束，换步或跳步将重心转回右腿。同时投掷者需要注意发力顺序，自脚到手，全身发力，并不只是靠手臂的力量。出手瞬间食指和中指用力拨球，出手角度要大，出手后要有高度，出手的初速度要快。

投掷者在练习推球技巧时，需要注意全身的力量训练，特别是腰腹力量的训练。同时可以配合一些徒手的练习，如俯卧撑、跪跳起等一系列的田径运动基本的素质练习。同时注意需要有充足的准备和热身活动，避免出现运动损伤等问题。

七、滑步推铅球技术动作要领分析

滑步推铅球技术是在推铅球运动中常用的一种技术，它结合了滑步和推铅球的动作，旨在提高投掷的爆发力和推力。通过滑步动作，运动员可以将身体重心转移到手臂上，从而产生更大的推力。

滑步推铅球的技术要领为：右脚向投掷方向滑步，左脚向投掷方向摆动。

身体重心向投掷方向移动，左腿用力撑住，右腿积极蹬伸，推动右髋向投掷方向转动。同时身体相应地转向投掷方向，左臂和左肩高于右肩，铅球尽可能保持较低位置，体重大部分仍在弯曲而压紧的右腿上。右腿蹬伸，进一步将右髋向投掷方向送出，右臂迅速而有力地将球推出。铅球快出手时，手腕稍向内转同时屈腕，快速而有力地拨球，使铅球从手指离开。

  为了练习腿的摆动，可以左手拉住同肩高的固定物或同伴的手，将左腿回收接近右腿时，快速向抵趾板方向摆出，并随之稍稍左旋。同时，右腿积极蹬伸，推动身体向投掷方向移动。当右脚即将蹬离地面，左脚摆到大致与右膝齐平的位置，此时收拉右腿并下压左脚而准备着地，迅速将小腿收至重心下负担身体重量，并保持平衡。当右脚收至重心下快着地时，左腿快速向后撤步，形成最后用力前的姿势。

  为了练习滑步推铅球的技巧，可以先进行徒手滑步练习。预备姿势，高姿势。持球后，面向投掷方向，两脚前后开立，距离约为一脚掌长，左脚在后，左膝微屈，以脚掌或者脚尖点地，右腿伸直站在投掷圈的最后位置，上半身保持挺直，将重心放在右腿上。在高姿站立的姿势下，摆动腿到一定的高度后，在回收过程中，同时右腿逐渐弯曲，降低重心。当左腿收回到接近右腿时，完成屈膝团身，待身体稳定后，立即开始做滑步动作，动作熟练后可做连续滑步。

  熟练掌握连续滑步后，可以先用较轻的铅球进行滑步练习，以后逐渐增加重量。最后用力是与滑步动作紧密相连的，滑步推铅球的最后用力的动作要领如下：滑步结束时，右脚比左脚先着地。右脚着地后，右腿积极蹬伸，带动右髋前移并向投掷方向转动。与此同时，左臂内旋经体前牵引左肩边移、边抬、边转至投掷方向，上体在转动中逐渐抬起，同时躯干的肌群积极收缩。铅球尽可能保持较低位置，重心放在弯曲而压紧的右腿上。右腿蹬伸，左腿撑蹬，进一步将右髋向投掷方向送出，同时，左臂向左前下方摆动，右肩抬起，右臂迅速而有力地将球推出。在铅球快出手时，手腕稍向内转同时屈腕，快速而有力地拨球，使铅球从手指离开。铅球离手后，双脚交换或两腿弯曲，降低重心，缓冲向前的冲力使身体平衡，以防犯规。

滑步推铅球技术动作的训练需要反复练习滑步后右腿蹬伸与左腿支撑的协调动作，解决滑步与推球动作的衔接，同时采用较轻的铅球在圈外进行滑步推球练习。只有通过不断地练习和调整，采用正确的技巧和动作配合，才能掌握好滑步推铅球的技术动作要领。

八、拨球技术动作要领分析

铅球运动的拨球技术动作是指在投掷过程中用手臂和肩膀的力量将铅球向上推起并快速转动，以便在合适的时机出手。通过正确执行拨球技术动作，可以利用手臂和肩膀的力量将铅球向上拨起并快速转动，为后续的动作提供更好的准备。保持良好的握球姿势，掌握正确的拨球动作，充分发挥拨球力量，可以帮助运动员更好地利用爆发力和协调动作配合，将铅球推出更远的距离。

（一）推铅球中的拨球动作技术要领

拨是指快速推球，是指在推铅球的过程中，将铅球从指尖推出，使其旋转起来，以增加飞行距离和稳定性。

铅球拨球动作技术要领为：①握球姿势。正确的握球姿势应该是手指贴在球上的正面，手腕自然弯曲并掌心空出支撑球体。这种握球姿势可以使球在推出时更加稳定，减少铅球旋转的不稳定性。②拨球动作。拨球动作应该是连续的。在推出铅球的过程中，应该将身体的重心向前移动，最后推球时，应该将手掌向上翻转，使铅球开始旋转。在旋转的过程中，应该保持身体的平衡，同时用腰部和臀部的力量来增加旋转的速度和稳定性。③拨球力量。

铅球拨球的力量应该是逐渐增加的。在开始推出铅球时，应该用较小的力量来推动球体，以保持稳定性。随着推出距离的增加，指尖应该逐渐增加推球的力量，以增加距离和速度。这种逐渐增加力量的方法可以避免推球时失控，保持推球的平衡和稳定。

（二）推铅球中的拨球动作注意事项

在进行铅球拨球动作时，运动员需要注意以下问题，以确保训练和比赛的安全性和有效性。同时，需要通过充分的训练和练习，不断提升自己的技术和力量水平。

第一，预防伤害。铅球拨球动作需要消耗大量的力量和体能，容易导致运动员的肌肉拉伤、扭伤、韧带损伤等问题。在训练和比赛中，运动员需要注意运动前的热身和拉伸，以预防这些运动相关的伤害。

第二，控制力量。铅球拨球动作需要运动员逐渐增加推球的力量。运动员在训练和比赛中要注意逐渐增加力量，避免一次性用力过大，导致失控或受伤。

第三，稳定性。铅球拨球动作需要运动员保持身体平衡和稳定性，避免推球时出现身体摇晃或投掷方向偏移的情况。在训练和比赛中，运动员需要注意身体姿势和平衡，以确保推球过程中的稳定性。

第四，角度控制。铅球拨球的角度控制对推球的方向和距离非常关键。在训练和比赛过程中，运动员需要注意拨球的角度和方向，以确保推球的准确性和稳定性。

第五，技术细节。铅球拨球动作需要运动员掌握多种技术细节，如握球姿势、拨球动作和拨球力量。实践中运动员要注意这些技术细节，以确保推球的效果和安全。

第四节　铅球运动的训练方法研究

综合来看，特点包括强调综合训练、技术训练、力量训练、个性化训练、训练的科学性和系统性，以及注重心理训练；选择原则，应该遵循明确训练目标原则、个性化原则、阶段性原则，同时还应考虑到阶段性训练、个体化定制、科学评估、创新改进四个因素；实施注重实施步骤和优化措施两个方面。研究这些方面对于提升运动员的训练水平和比赛成绩非常重要。

一、铅球训练方法的分类

铅球训练方法的分类是铅球训练研究的重要内容之一，主要包括力量训练、技术训练、综合训练，以及其他训练。下面将就这些类型的训练方法进行讨论。

（一）力量训练

力量训练的目的是增加肌肉力量的输出，提高推铅球的力量和耐力。例如，通过负重深蹲、哑铃侧平举、杠铃臀桥等重量训练，促进肌肉生长和修复；通过体操、俯卧撑等自重训练，提高运动员的肌肉的耐力，以及增强稳定性和平衡性等。力量训练的强度和训练量应该根据运动员的身体状况和训练水平来制订，以保证安全的同时达到最佳的训练效果。

（二）技术训练

技术训练的目的是通过练习正确的站立姿势、握球姿势、用力控制及拨球动作等技术细节，来提高运动员的技术水平。例如，训练正确的站立姿势，提高运动员的身体稳定性和平衡性；通过正确的握球姿势，确保出手角度和出手速度；通过正确的用力控制，提升运动员推铅球的连贯性以及对自身安全的保护；通过练习正确的拨球动作，增强运动员推铅球时的爆发力等。技术训练应该根据运动员的身体特点和技术水平来制订个性化的训练计划，这样才能达到最佳的训练效果。

（三）综合训练

综合训练是指在单项训练获得初步成效的基础上，将已掌握的各项能力进行全面综合性的运用，其目的是提高整体水平。例如，力量训练和技术训练相结合，可以将肢体的爆发力和速度、灵敏度等素质协调地结合起来；将铅球和其他项目的训练相结合，可以提高运动员的综合素质和多项能力等。综合训练计划应根据运动员的身体特点和训练水平来制订个性化的训练计划，最终达到提高铅球成绩的目的。

（四）其他训练

其他训练包括轻重球训练、跳跃训练、柔韧性训练、节奏训练、动作分解训练、认知训练和心理训练等。运动员通过使用不同质量的球来训练运动员的力量和技术水平。训练时，轻球可以提高运动员的技术水平，重球可以提高运动员的力量水平。通过练习跳跃动作，提高运动员的爆发力和耐力水平。跳跃训练可以包括单腿跳、双腿跳、箱子跳等多种跳跃动作。通过柔韧性练习来提高运动员的柔韧性和关节灵活性，降低运动损伤风险，同时也可以提高运动员的运动表现。通过控制动作的速度和节奏来提高运动员的身体控制水平和协调性。节奏训练可以包括加速训练、减速训练、循环训练等多种类型。将整个动作分解成若干个小动作，分别进行训练，以提高运动员的技术细节和动作熟练度。动作分解训练可以帮助运动员更好地掌握动作技巧，提高技术水平。认知训练可以包括视觉训练、听觉训练、反应训练等多种类型。通过认知训练来提高运动员的反应能力和注意力水平。心理训练可以包括自信心训练、压力控制训练、意志力训练等多种类型。通过心理训练来提高运动员的心理素质和调整比赛心态。

上述所有分类各有不同的训练方法和特点，可以帮助教练和运动员更好地理解和管理铅球训练。尤其是作为教练，应该根据运动员的身体特点和训练水平来选择适当的训练方法，以此提高推铅球的成绩。

二、铅球训练方法的特点

铅球训练是一项需要高度专业化的体育运动项目，综合来看，铅球训练方法的特点包括强调综合训练、技术训练、力量训练、个性化训练、训练的科学性和系统性以及注重心理训练。这些方面的综合应用可以帮助运动员全面提高推铅球的能力，以取得更好的成绩。

（一）强调综合训练

铅球这项运动需要运动员具备多个方面的能力，如力量、速度、协调性、柔韧性和技术水平等，只有提升整体的综合素质，才能提高成绩。因此，只侧重某一方面的训练是远远不够的，必须进行全面、综合的训练。同时，综合训练可以帮助运动员减少运动损伤的发生。因为综合训练可以提高运动员的整体素质，使他们更加健康、强壮、灵活，适应性更强，从而减少在训练和比赛中的受伤风险。

在综合训练过程中，教练需要结合运动员的个人特点和训练目标，制订个性化的综合训练计划。在计划中，应该包括多个方面的训练内容，如力量训练、速度训练、协调性训练、柔韧性训练和技术训练等。这些训练内容应该相互协调、相互补充，以提高运动员的整体水平，从而在比赛中取得好成绩。

（二）强调技术训练

铅球是一项技术含量较高的运动项目，因此强调技术训练可以提高运动员的稳定性和成功率。因为技术训练可以帮助运动员掌握正确的技术动作和技巧，使其在比赛过程中更加游刃有余。同时，技术训练还可以帮助运动员更好地应对各种比赛情况和变化，提高比赛的成功率。

在铅球技术训练中，教练需要着重培养运动员的技术能力，包括站立姿势、握球姿势、用力控制、拨球动作等技术细节。为此，教练要根据运动员的技术水平和特点，制订相应的训练计划。在训练中，可以采用多种方法和手段，如视频分析、模拟训练、反复练习等，来帮助运动员掌握正确的技术动作和细节。

（三）强调力量训练

铅球是强调速度力量性的项目。根据规定，铅球运动员需要在投掷圈内完成推铅球的动作，在加速度受限的情况下，运动员需要通过加强自己的力量，增加在铅球上的作用力，使铅球获得更大的推力。通过系统全面的力量训练，可以帮助运动员增强肌肉力量和提高耐力水平，从而在比赛中取得更加优异的成绩。在铅球运动中，高强度的力量训练还可以帮助运动员更好地掌控铅球的质量和运动轨迹。因此在训练过程中，教练需要注重力量训练，以改善肌肉群的耐力、形状和力量的运动方式。

在力量训练中，教练需要根据运动员的身体状况和训练水平，制订合理的力量训练计划。在训练中，可以采用多种方法和手段，如重量训练、爆发力训练、循环训练等，来帮助运动员提高肌肉力量和增加耐力。同时，教练还需要注意力量训练的安全性。在训练过程中，应该遵循科学的训练原理和方法，逐渐增加训练强度和频率，避免因过度训练和过载训练造成运动损伤。

（四）强调个性化训练

由于每个运动员的身体特点、训练水平和训练目标都不同，因此在训练过程中，教练需要根据每个运动员的特点，制订个性化的训练计划和训练方法，以最大限度发挥运动员的潜力。

教练需要考虑运动员的年龄、性别、身体素质、技术水平和训练目标等多个因素，制订相应的训练计划和训练方法。例如，对于初学者，教练可以采用轻度的力量训练和简单的技术训练，然后逐步提高他们的身体素质和技术水平；对于经验丰富的运动员，教练可以采用合适强度的力量训练和复杂的技术训练，以提高他们的竞技水平。同时，教练还需要跟踪运动员的身体状况和训练反馈，及时调整训练计划和训练方法。教练可以通过训练过程中的观察、评估和反馈等方式，了解运动员的训练效果和反应，及时进行调整和优化。

（五）强调科学性和系统性

铅球训练需要具备科学性和系统性。因为科学和系统的训练可以更好地满足运动员的训练需求和达成训练目标，提高训练效果和比赛成绩。同时，科学和系统的训练还可以避免训练中的意外伤害，保障运动员的身体健康。在科学性方面，教练需要熟练掌握铅球训练的基本原理和规律，包括力量训练、技术训练、心理训练等方面的科学知识。同时，教练还需要学习运动生理学、营养学、运动心理学等相关学科的知识，以便更好地指导运动员进行训练和调整。在系统性方面，教练需要根据铅球训练的需求和目标，制订系统的训练计划和训练方法。训练计划需要包括力量训练、技术训练、心理训练等多个方面，以全面提高运动员的综合能力和竞技水平。训练方法需要遵循循序渐进的训练原则，采用逐步递增、有计划、有针对性的训练方式，以提高训练效果和保障运动员的身体健康。

在实际训练过程中，教练需要根据铅球训练的规律和科学原理，制订合理的训练计划和训练方法，以提高训练效果和保障运动员的身体健康。同时，还需要注重训练数据的收集和分析。通过收集和分析运动员的训练数据，教练可以了解运动员的训练效果和训练反馈，及时调整和优化训练计划和训练方法，以达到最佳的训练效果，取得更优异的比赛成绩。

（六）强调心理训练

心理训练可以帮助运动员解决心理问题和调整比赛心态，提高运动员的心理素质和改善比赛表现，从而提高比赛成绩和竞争力。铅球训练必须正确处理复杂的心理问题，包括自信心、压力控制、意志力和比赛心态等方面。教练需要学习运动心理学的基本知识和技巧，同时了解不同运动员在心理上的差异和需求，制订相应的心理训练计划和训练方法。

在心理训练实践中，教练可以采用多种方法，如心理咨询、心理疏导、心理训练等方式，来帮助运动员解决心理问题，提高心理素质和改善比赛心态。例如，对自信心不足的运动员，教练需要了解自信心不足的原因，可以通过鼓励、赞扬减轻运动员的思想负担，来提高他们的自信心；对于压力较大的运动员，教练可以通过表象放松训练法和自我暗示放松法，来帮助他们控制压力和焦虑情绪；对于注意力不集中的运动员，教练可以在平时加强培养不被其他念头或事物干扰、分心的能力，在训练时，引导运动员将注意力放在训练的过程中而不是训练的结果上，通过适当的挑战和训练，来提高他们的意志力和毅力。

三、铅球训练方法选择原则

选择合适的铅球训练方法，应该遵循明确训练目标原则、个性化原则、阶段性原则。此外，选择铅球训练方法还应该考虑阶段性训练、个体化定制、科学评估、创新改进四个因素。

（一）选择合适的铅球训练方法应遵循的原则

选择合适的铅球训练方法，首先应根据训练目标来制订训练计划，再根据运动员的身体特点、技术水平和训练目标，选择适合其个体差异的铅球训练方法。同时要做好科学的阶段性训练规划。综合考虑以上原则，制订合适的铅球训练方法，可以最大限度地提高运动员的技术水平和竞技表现。

第一，明确训练目标原则。选择铅球训练方法应该根据训练目标来制订训练计划。如果训练目标是提高力量水平，那么应该选择力量训练方法；如果训练目标是提高技术水平，那么应该选择技术训练方法。因此，明确训练目标是选择铅球训练方法的首要原则。

第二，个性化原则。铅球运动员的身体特点、年龄、性别、训练水平和训练需求等都不同，因此选择铅球训练方法应该根据个体差异进行个性化设计。教练需要了解运动员的身体特点和训练需求，制订个性化的训练计划和训练方法。

第三，阶段性原则。根据运动员的训练阶段和周期性目标，选择相应的铅球训练方法，包括基础技术训练、力量训练、技术提高训练等，逐步推进训练难度和强度。阶段性训练规划需要动态调整，即根据运动员的身体状况和训练效果，随时调整训练计划和训练方法，以达到最佳训练效果。教练应该随时关注运动员的身体状况和训练效果，根据需要进行训练计划和训练方法的调整。

（二）选择铅球训练方法应考虑的因素

除了以上提到的明确目标原则、个性化原则和阶段性原则，选择合适的铅球训练方法还应该考虑到阶段性训练、个体化定制、科学评估、创新改进四个因素。

第一，阶段性训练。选择铅球训练方法应该根据训练周期和阶段目标来制订训练计划。训练周期指运动员在一定的时间内，按照相对应的计划和目标进行训练的时段。一般来说，可以分为准备期、基础期、竞赛期和休整期，不同的训练周期需要采用不同的训练方法。同时，训练阶段也需要根据训练目标和运动员的身体状况来制订相应的训练计划和训练方法。

第二，个体化定制。根据运动员的身体特点、技术水平和训练目标，选择适合其个体差异的训练方法。选择铅球训练方法应该考虑运动员的反馈和调整，即根据运动员的反馈和训练效果，随时调整训练方法和训练计划。教练需要关注运动员的身体状况和训练效果，根据需要进行调整和优化。

第三，科学评估。采用科学方法和工具对训练效果进行量化和评估，即采用科学的方法和工具，以优化训练效果和提高技能水平。例如，体能测量，是评估运动训练效果的一种方法，包括对身高、体重、肌肉量、肺活量等的测量来了解身体状况和运动能力；心率监控，帮助运动员了解在运动过程中的心率情况，了解自己是否超负荷训练、训练时是否在最佳训练效果的心率区间内。

第四，创新改进。选择铅球训练方法应该注重创新和改进，即不断探索新的训练方法和技巧，改进现有的训练方法和技巧。训练方法的改进和优化，首先应明确训练目标，针对运动员需求的多样性，寻找适合他们个性发展的训练方法。改进传统单一的训练方式，激发运动员的热情和潜力。除此之外，要注意训练环境的优化，促进新技术在训练过程中的追踪和反馈，为运动员提供更具有针对性的反馈，以适应不断变化的训练需求和竞争环境。

四、铅球训练方法的实施

铅球训练方法的实施注重实施步骤和优化措施两个方面，可以促进铅球训练方法的有效性和技术的持续进步。同时，也能够更好地提高运动员的铅球技术水平和竞技能力。

（一）铅球训练方法的实施步骤

以下是铅球训练方法实施过程中的关键步骤。

第一，制订训练计划。为了实现训练目标，教练需要制订合理的训练计划。训练计划应该考虑到训练周期、训练阶段、训练量、训练强度、训练方法和训练器材等因素，以及运动员的身体状况和个人的训练需求。制订训练计划的过程中，教练需要与运动员进行充分的沟通和协商，以确保训练计划的可行性和有效性。

第二，选择合适的训练方法和器材。铅球训练涉及多种身体能力和技能的开发，包括力量、速度、灵敏度、协调性和技巧等。为了有效地开发这些能力，教练需要选择合适的训练方法和训练器材，包括重量训练、爆发力训练、灵敏度训练、协调性训练和技术训练等。同时，教练需要考虑到训练目标、训练强度、运动员的身体状况和训练需求等因素。

第三，进行系统的训练。铅球训练需要进行系统的训练，包括分解训练和整体训练。分解训练是将铅球动作分解成不同的动作要素，逐一进行训练；整体训练是将不同的动作要素有机地结合起来，形成完整的推铅球动作。在系统的训练过程中，教练需要注意运动员的身体状况和训练效果，随时进行调整和改进。

第四，实时改进。在进行评估和分析后，教练需要根据评估和分析的结果，制订相应的改进措施，以进一步提高训练效果和比赛表现。改进环节包括两个方面：一是针对训练计划和方法进行改进，二是针对运动员的身体状况和训练需求进行个性化的改进。对于训练计划和方法的改进，教练可以根据评估和分析的结果，对训练计划和方法进行调整和优化。例如，增加或减少训练量、调整训练强度、改变训练方法和训练器材等。教练还可以借鉴其他运动员和教练的经验，不断完善和改进训练计划和方法。对于运动员的身体状况和训练需求的个性化改进，教练需要针对每个运动员的身体状况和训练需求进行相应的调整和改进。例如，对于身体素质较弱的运动员，教练可以采取适度的训练强度和训练方法，以避免身体损伤和过度疲劳。对于技术水平较高的运动员，教练可以加强技术训练，提高技能水平和比赛表现。

（二）铅球训练方法的优化措施

优化是铅球训练方法高效实施的必要举措，对于提高运动员的竞技水平、保护运动员健康、提高训练效率、促进长期发展以及保持动力和兴趣都具有重要性和必要性。通过科学、个性化和有效的训练方法，铅球运动员能够获得更好的成绩，并在竞技中取得优势。教练应采取以下措施对铅球训练方法进行优化。

第一，持续学习和更新知识。铅球训练方法和策略是不断发展和演变的，需要不断学习和更新自己的知识和技能，以保持训练水平的不断提高。通过参加培训班、研究论文、观看比赛等方式，积累和更新自己的知识和技能。

第二，整合科技手段。现代科技手段在体育训练中的应用越来越广泛，在训练过程中融合科技手段，如运动员监测系统、运动员数据分析软件等，以帮助运动员更好地了解自己的身体状况和训练效果，进而提升训练效果和提高比赛成绩。

第三，创新训练方法和策略。通过创新训练方法和策略，如引入新的训练器材、组合不同的训练方法和技术等，以提高训练成绩。或者借鉴其他运动项目的训练方法和策略，将其应用到铅球训练中，以拓展训练思路，改善训练策略。

第四，建立有效的反馈机制。教练需要与运动员建立有效的反馈机制，及时了解运动员的训练和比赛情况，以帮助运动员发现问题和解决问题。通过定期评估和分析，了解训练效果和比赛表现，以进一步优化训练方法和策略。

第三章　大学生铅球运动教学理论探析

本章对大学生铅球教学国内外研究进行了归纳和综述并提出自己的观点，又从大学生铅球教学与训练的学科依据，以及教学的特点、原则、方法、手段等方面予以阐述，以期丰富大学生铅球教学理论和改进教学方式方法。

第一节　大学生铅球教学国内外研究综述

一、大学生铅球教学的国内研究

在国内，大学生铅球教学的研究提供了关于大学生铅球教学的一些理论和实践经验，涉及教学方法、教学内容、教学评价、心理教育等方面。通过研究结果的应用，可以为大学生铅球教学提供更科学、有效和个性化的指导。但要注意的是，具体的研究论著可能在细节和方法上有所不同，建议进一步查阅相关文献以获取更全面和详细的信息。

（一）教学方法研究

针对大学生铅球教学方法的研究，冉春燕提出在普通高校的铅球教学中采用双侧迁移教法[1]，旨在将大学生认知能力的培养视为重点，要求大学生在

---

[1] 冉春燕：《动作技能双侧迁移教法在普通高校铅球教学中的应用研究》，硕士学位论文，北京体育大学，2011。

对运动技术理解的基础上，对其身体左右侧技能能力进行相互迁移，达到巩固运动技术、提高运动成绩的目的。同时，也有研究者提倡采用现代信息技术手段，如多媒体教学、视频教学等辅助铅球教学，以提高教学效果。王道平认为多媒体教学技术在高校铅球教学中的引进是必然的趋势，它既可以加强大学生的学习兴趣，加深大学生对具体动作的认识和形象感觉。也可以不受季节天气的制约，使大学生在较短的时间内掌握动作技术要领，接受更多有关的知识。[①]

（二）教学内容研究

有学者对大学生铅球教学内容进行了深入研究，提出应从大学生的身体素质、技术动作、战术策略等多方面进行综合训练，认为综合训练除了提高体能，还可以全面提高大学生的铅球竞技水平。

（三）教学评价研究

在大学生铅球教学评价方面，研究者关注如何建立科学、合理的评价体系，旨在激发大学生的学习兴趣和积极性。有的研究者提出通过对考核标准的改进，以大学生为主体，根据大学生的个体差异来设计教学内容，使大学生按照自身的特点自主选择学习的内容、选择考核标准，按照大学生自己的主观意愿主动选择教学内容的难易，这样大学生才能真正发挥教学的主体作用。还有的研究者提出采用综合评价法，将技术动作、身体素质、心理素质等多方面因素纳入评价体系。

---

① 王道平:《多媒体技术对高校铅球教学的影响》,《体育科技文献通报》2019 年第 2 期。

（四）心理教育研究

心理因素在任何运动中都占有重要地位。有研究者关注大学生的心理特点，探讨如何通过心理训练提高大学生的比赛成绩。高松山在《铅球教学实施心理素质训练方法研究》一文中提出，对大学生实施心理素质的训练能有效地增强大学生的运动知觉意识，对运动技能的形成及铅球成绩的提高有非常显著的作用。

二、大学生铅球教学的国外研究

在国外，大学生铅球教学的研究提供了关于大学生铅球教学的不同视角和经验，主要集中在训练理论、训练方法、教学模式、教学评价体系等方面。通过借鉴和应用这些研究成果，可以丰富和改进大学生铅球教学的方法和实践，提高学生的技术水平和竞技能力。同时，应注意具体研究文献可能在方法和结果上有所不同，需进一步查阅相关文献以获取更全面和详细的信息。

第一，训练理论主要是从生物力学的角度进行分析。国外学者通过生物力学原理，对铅球运动员的技术动作进行深入分析，为教学提供科学依据。有的学者认为，身体肌肉的弹性对这个运动轨迹有帮助，从推铅球的第一步到最后一步滑步，身体重心起伏形成的轨迹是最理想的技术。

第二，对于训练方法，国外研究者在这方面进行了大量尝试，如引入专门的力量训练、核心力量训练等，以提高运动员的整体能力。

第三，关于教学模式，国外研究者探讨了多种教学模式，如教练指导模式、运动员自主学习模式等，以适应不同大学生的特点和需求。

第四，关于教学评价体系，国外研究者在教学评价体系方面的研究更加成熟，提出了多维度、多层次的评价体系，有利于全面评价大学生的综合能力。

三、国内外研究结论与借鉴意义

综上所述，国内外大学生铅球教学研究成果丰富，其共同关心的问题主要涉及教学内容研究、教学方法研究、教学手段研究和教学评价方式研究四个方面，其各自具有一定的学习借鉴意义。

第一，在教学内容研究方面，国内外研究普遍认为，大学生铅球教学的内容应包括铅球运动的技术要素教学、理论知识教学和体能训练等。技术要素教学重点是发球技术，理论知识教学要结合铅球运动特征，体能训练则应针对铅球运动的需要进行。

第二，在教学方法研究方面，国内外研究提出可以采用示范教学法、互动教学法等方法，强调理论与实践的结合，注重对大学生的动作技能进行演练与指导。同时，也有研究提出可以根据大学生的学习基础采用分层教学。

第三，在教学手段研究方面，国内外研究提到的训练手段主要有常规训练、形象训练、比赛训练等。其中，形象训练和比赛训练更加重视对大学生技能的培养和实践应用。

第四，在教学评价方式研究方面，国内外常用的评价方式有技能测试、理论考试、常规测验等。技能测试作为评价大学生铅球技能的重要方式，其可信度和效度的确定是评价的关键。

国内外关于大学生铅球教学的研究成果，为我国提高大学生铅球教学质量和培养优秀运动员提供了理论和方法上的支持。在未来的研究中，我们应在大学生铅球教学与训练的学科依据、教学特点、教学原则、教学方法、教学手段等方面下功夫。而这几个方面恰恰是本书接下来将要探讨的议题。

第二节 大学生铅球教学与训练的学科依据

铅球是一项需要高度专业技能和身体素质的田径项目，而学科知识对大学生铅球教学与训练具有重要意义。首先，学科知识可以为学生的体育老师和教练提供科学的指导和方法，帮助体育老师和教练更好地制订铅球训练计划和教学方案，提高训练和竞技效果。其次，学科知识可以帮助大学生更好地理解铅球项目的规律和要求，掌握正确的技术和策略，提高竞技水平和成绩。此外，学科知识还可以促进铅球教学和研究的深入发展，推动铅球项目的进一步发展和普及。如果没有学科知识，在铅球教学过程中教师和学生可能会盲目地进行训练和竞技，缺乏科学性和系统性，难以实现最佳的效果。因此，大学生铅球教学需要学科知识作为依据，这对教师和学生来说都是非常重要的。

一、学科知识与大学生铅球教学与训练的关系

铅球教学与训练中会涉及许多学科知识，体育老师和教练具备丰富的专业知识是铅球教学与训练的保障，多学科知识的渗透不仅在一定程度上能够活跃体育课堂气氛，还对学生学习推铅球提供帮助，这反映了学科知识与学生铅球教学与训练的密切关系。

学科知识对大学生铅球教学与训练的作用具体体现在以下五个方面：第一，学科知识为大学生铅球教学与训练提供了科学的理论基础，使教师和大学生能够系统地掌握铅球项目的知识和技能，从而更好地指导教学和实施训练。第二，学科知识可以帮助教师和大学生制订和实施科学的训练和竞技方

案,从而达到提高教学质量、增强训练和竞技效果的目的。第三,学科知识为研究体育老师的铅球教学和铅球教练的训练提供了基础和方向,从而可以促进教学和研究的发展。第四,学科知识可以帮助教师和大学生学习和掌握科学的知识和技能,提高他们的素质和水平,从而更好地适应和发展铅球项目。第五,学科知识可以帮助大学生了解铅球项目的科学性和系统性,培养他们的终身学习能力,从而使他们在以后的学习和实践中更好地应用和发展所学知识。

二、大学生铅球教学与训练的学科依据概述

大学生铅球教学与训练的学科依据涉及的学科,包括但不限于运动生物力学、营养学、人体解剖学、运动心理学、运动生理学、运动医学、运动管理学、运动生态学、运动教育学、运动热力学等。

(一)各学科对大学生铅球教学与训练的指导意义

综合以上运动生物力学、营养学等学科依据,可以制订综合性的大学生铅球教学与训练计划,从生理、技术、心理、训练方法、解剖学和营养等多个方面综合培养大学生的铅球技术和竞技能力。

运动生物力学是研究人体运动过程中的生物力学原理和规律的学科。在大学生铅球教学与训练中,运动生物力学可以通过分析铅球运动的轨迹、速度、加速度等参数,找出运动中存在的问题,指导大学生调整技术动作,提高技术水平和成绩。可以根据铅球运动的特点和大学生的身体特征,设计科学合理的训练方案,包括训练强度、训练量、训练周期等。通过运动生物力学的分析,可以了解铅球运动中的关节角度、肌肉力量等因素,从而制订科

学的防护措施，预防运动损伤的发生。通过分析铅球运动的规律，可以找出训练中存在的问题，指导训练员调整训练方法和策略，提高训练效率。可以促进铅球运动器材和装备的改良和创新，提高铅球运动的竞技水平。

营养学是研究人体营养需求和代谢的学科。铅球是一项高强度的运动，需要大量的能量和营养物质来支持大学生的训练和比赛。营养学可以根据大学生的身体特征和运动强度，提供合理的营养建议，包括饮食结构、能量和营养素的摄入量等方面，以满足大学生的营养需求。在训练和比赛中，需要消耗大量的能量和营养素，营养学可以提供科学合理的营养方案，促进大学生的体能恢复，缩短恢复时间，提高训练和比赛的效果。铅球训练需要强壮的肌肉支撑，营养学可以提供科学合理的蛋白质摄入量和营养素组合，促进肌肉的生长和发展。营养学可以提供科学合理的饮食建议，提高大学生身体的免疫功能和细胞修复能力，降低运动损伤的风险。

人体解剖学是研究人体结构和组织的学科，它对铅球运动具有重要的作用。铅球运动需要大量的肌肉参与，运动中涉及多个关节的运动，需要承受较大的力量和冲击，需要高度的协调和精细的动作控制，这些都可以通过人体解剖学的研究得以了解。通过人体解剖学的研究还可以了解参与运动的神经，并了解它们的功能和作用，从而更好地掌握正确的技术动作和用力顺序。例如，在推铅球的过程中，需要用到桡神经等神经。

运动心理学是研究人类在运动和体育活动中的心理特点及其规律的学科。通过心理训练和技能训练，可以帮助大学生提高竞技状态，提高比赛时的自信心和心理素质，增强抗压能力，以达到更好的比赛表现。通过研究大学生的运动心理状态，可以制订针对性的训练计划，提高训练的效果和大学生的表现水平。大学生在铅球训练和比赛中会遇到各种心理压力和挑战，它可以帮助大学生进行心理调适，缓解压力，提高应对能力，增强心理韧性，也可以帮助大学生在训练和比赛中体验到运动的乐趣和满足感，提高大学生的运动满意度和参与运动的积极性，促进其长期参与和坚持。

运动生理学是研究人体在运动过程中的生理变化和适应的学科。通过研究大学生在铅球训练和比赛中的身体反应，如心率、血压、呼吸、体温等，可以成为体育老师和铅球教练提供科学的训练指导和管理建议的有效依据。通过对大学生的肌肉耐力、肌肉力量、心肺功能等进行测试和分析，它可以帮助教师和教练制订合理的训练强度和训练计划，以提高训练效果和大学生的竞技水平。通过研究大学生在铅球训练和比赛不同训练方式下的身体反应和适应情况，它可以提供科学的训练方式和方法，以提高训练效果和大学生的竞技水平。通过研究大学生在铅球训练和比赛运动中肌肉、骨骼、关节等的生理变化和适应情况，有利于制订科学的防护措施和预防措施，以降低运动损伤的发生率。

运动医学是研究运动与身体健康之间关系的学科。大学生在铅球训练和比赛中容易出现各种运动损伤现象，运动医学可以通过运动健康评估、运动损伤风险评估等手段，预防和治疗运动损伤，维护大学生的身体健康。运动医学可以通过运动健康评估、体能测试等手段，监测和改善大学生的身体状况，如心肺功能、肌肉力量、柔韧性等方面，以提高大学生的竞技水平和身体素质。铅球训练和比赛中需要使用某些药物，如镁、铁等补充剂或止痛药等，运动医学可以指导合理用药，减少不良反应和副作用的发生，保障大学生的健康。

运动管理学是研究运动组织和管理的学科。大学生铅球教学与训练需要各种资源，如场地、器材、人力等，运动管理学可以通过科学的资源管理和配置，提高资源利用效率和运动效果。大学生需要参加各种铅球比赛和赛事，运动管理学可以制订科学的赛事策划和组织方案，提高比赛效果和丰富参赛经验。大学生铅球运动需要管理和指导，运动管理学可以制订科学的大学生管理方案和指导计划，提高大学生的竞技水平和身体素质；体育老师和铅球教练员需要管理和指导，运动管理学可以制订科学的教练员管理方案和指导计划，提高教练员的教学水平和提升教学质量。大学生铅球教学与训练需要一个良好的运动组织和管理体系，运动管理学可以制订科学的运动组织和管理方案，提高教学和训练的质量和效果。

运动生态学是研究运动与环境之间相互作用和影响的学科。大学生铅球教学与训练需要合适的运动环境，如场地、气候、地形等，运动生态学可以通过研究运动环境的特性和变化，评估运动活动对环境的影响，研究环境适应的生理和心理机制，从而为体育老师和铅球教练提供科学的训练指导和管理建议，提高教学和训练的效果。

运动教育学是研究运动教育的理论和实践的学科。大学生铅球教学需要制订科学的教学计划，运动教育学可以研究教学目标、内容、方法和评价等方面的原则和方法，为教师提供科学的教学指导。铅球教学需要采用合适的教学方法，运动教育学可以研究不同教学方法的优缺点，为教师提供选择和应用教学方法的科学依据。铅球教学需要培养大学生的体育素质，运动教育学可以研究体育素质的形成机理和培养方法，为教师提供科学的培养方案和方法。铅球教学需要进行教学效果评价，运动教育学可以研究教学效果评价的原则和方法，为教师提供科学的评价方式和标准。铅球教学需要增强大学生终身体育意识，运动教育学可以研究体育文化、体育伦理、体育价值观等方面的知识和方法，为教师提供科学的教育指导。

运动热力学是研究运动过程中热能转化和热效应的学科。大学生在铅球训练和比赛中需要消耗能量，运动热力学可以研究能量代谢的机理和规律，为铅球教练制订科学的训练方案和饮食计划提供依据。铅球训练和比赛在高温和湿热环境下容易出现热应激和产生热效应，如身体温度升高、出汗等，运动热力学可以评估热应激的风险和影响，研究热效应的机理和调节，为铅球教练提供科学的防护和调节措施，以及训练指导和管理建议。在铅球训练和比赛中需要保持良好的水分平衡，运动热力学可以研究水分代谢的机理和规律，为铅球教练制订科学的饮水计划和补水措施提供依据。

（二）学校教育中的学科知识对大学生铅球教学与训练的指导意义

除上述学科之外，铅球教学中还会涉及学校教育中的大部分学科知识，如历史、语文、物理、数学等方面的知识。这些学科在大学生铅球教学与训练中有着重要的应用。

历史是研究和解释人类社会的历史过程和事件的学科。铅球教学需要讲述铅球运动的起源与演变，推铅球最早的起源可以追溯到苏格兰高地2000多年前的推石块比赛，这也是推铅球的雏形。据苏格兰民间传说，推石块比赛通常由氏族酋长组织，用来选拔最具战斗力的男子，为战争做准备。随着历史脚步的前进，推石块比赛逐渐演变成推铅球运动。大约在公元14世纪，随着炮兵的出现，人们开始玩一种投掷游戏，这个游戏的道具是重量为16磅的圆形炮弹。由于炮弹的形状和质量很适合投掷运动，士兵们就用类似重量和形状的石头进行比赛。之后，人们逐渐把石头换成了金属的材料，这就是现在使用的铅球。在后来的正式比赛中，为了规范比赛，人们规定了铅球重量，男子铅球重量为7.26公斤，女子铅球重量为4公斤。讲解推铅球的历史可以帮助大学生更好地理解和认识铅球运动的发展，从而有助于学习推铅球运动。

语文可以总结归纳推铅球的技术要领，如"蹬、转、送、挺、推、拨"等。言简意赅的技术讲解，可以使大学生快速掌握推铅球的技术动作，因此需要体育老师和铅球教练有较强的语言表达能力和归纳总结能力。

物理有助于大学生领悟推铅球的技术动作。例如，通过滑步或转髋动作可以增加力的作用距离，提高运动成绩；良好的出手角度可以保障作用力充分转化为向前作用力。教师可以通过物理学向大学生解释出手角度为什么是38～42度,而不是45度,让大学生更深刻地理解出手角度及其意义。

数学可以将铅球的成绩进行丈量和排名。例如,在扇形落地区内进行的推铅球比赛,丈量最终成绩时可采用数学中的半径丈量法;比赛名次的排定则涉及数学领域的筛选和排列知识等。

第三节 大学生铅球教学的特点

大学生铅球教学的特点主要表现在学生的个体差异性、认知特点两个方面。了解这些特点,体育老师和教练可以针对不同学生的特点和需求,制订差异化的教学计划和方法,帮助每个学生更好地掌握铅球项目的技术和技能。

一、大学生的个体差异性

个体差异性在这里是指不同人在身体素质、技术水平、体能能力等方面存在着差异。在铅球教学中,学生对铅球的掌握程度各有不同。因此,教师和教练在制订教学计划和教学方法时,应该充分考虑到学生的个体差异性,以便帮助每个学生充分发挥自己的潜力和优势,更好地掌握铅球项目的技术和技能。

(一)身体素质的差异

铅球项目对身体素质的要求比较高,需要大学生具备较强的力量、灵活性和耐力等方面的素质。但是,不同学生的身体素质存在着差异,有些学生可能力量较弱,有些学生可能灵活性较差,有些学生可能耐力不足。因此,教师需要根据学生的身体素质特点,制订个性化的训练计划和方法,帮助学生克服身体素质上的差异性，逐步提高身体素质水平。

（二）技术水平的差异

铅球项目需要学生掌握一定的技术要领和技能。但是，不同学生的技术水平存在差异，有些学生可能已经具备一定的技术基础，有些学生可能还没有接触过铅球项目。因此，教师也需要根据学生的技术水平特点制订教学方法和训练计划，帮助学生逐步提高技术水平，锤炼技能。

（三）体能能力的差异

铅球项目需要具备一定的体能能力，如爆发力、速度、耐力等。但是，不同大学生的体能能力存在着明显的差异，有些学生可能爆发力较弱，有些学生可能速度较慢，有些学生可能耐力不足。因此，教师需要针对学生的体能能力特点采取合理的训练计划和方法，帮助学生逐步提高体能能力，更好地满足铅球项目要求。

二、大学生的认知特点

认知特点在这里是指学生在学习铅球项目过程中所表现出来的认知能力和特点。因此，在大学生铅球教学中，需要教师从改变学生的观念开始，并采用多种方式，帮助学生更好地掌握铅球项目技术要领。

（一）改变学生的观念

教师可以向学生介绍铅球的起源，让学生了解铅球不是只有力量较强的人才能够进行的运动，而是人的一种最基本的运动技能。通过观念的改变，让学生更好地认识和理解铅球项目，从而更加积极地学习和掌握相关技能。

（二）打消部分学生的恐惧感

铅球是一项技术性较强的运动，对于一些身体比较瘦弱的学生来说，可能会有一定的恐惧感。为了解决这一问题，教师可以采用实心球或沙包来替代铅球，降低器械的质量，让学生感受到推铅球运动中的轻松和愉悦，从而打消他们对铅球运动的恐惧感。

（三）降低要求

一些学生的体育成绩较低，可能会对铅球项目不感兴趣，为了解决这一问题，教师可以制订新的评比标准，不以成绩的好坏作为评价标准，而是以学生自身的提高程度作为评价标准，让学生更加关注自身的进步和提高，从而激发学生的学习兴趣和动力。

第四节 大学生铅球教学计划的一般原则

大学生铅球教学计划的一般原则应该包括教学计划的合理性原则、教学方法的灵活性原则和教学内容的实用性原则等，以提高教学效果和大学生的技能水平。

一、教学计划的合理性原则

铅球教学计划的合理性是非常重要的，因为铅球是一项高风险的运动，如果不按照正确的技术和步骤进行训练，可能会导致受伤。一个合理的教学计划可以确保学生逐步学习和掌握正确的技术，从而最大限度地减少受伤的风险。同时，合理的教学计划可以帮助学生更快地进步并提高运动表现。通过逐步增加训练难度和强度，学生可以逐渐增强自己的力量和技巧，从而在比赛中表现得更加出色。合理的教学计划还可以帮助学生建立自信心，从而更好地应对比赛的压力。

合理的教学计划需要教师根据大学生的实际情况和需要进行制订，同时还要考虑到教学的需要，以确保教学计划的可行性和有效性。具体应注重以下六个方面：第一，鉴于学生的课余时间有限，不能长时间集中训练，可增加课间课时。对于课量较少的理论课，也可以选择课间及周末进行实践课。第二，要根据学生的身体素质、动作基础和兴趣爱好来制订个性化的进步目标，避免目标过高或过低。第三，根据学生的水平差异，突出重点、分级推进。如初学者可着重练习基本姿势和步法，中高级学习者可重点提高投掷距离和控球水平。第四，按照计划进度，从基本姿势、基本技能开始，慢慢熟悉、掌握复杂和高难度动作。第五，安排定期考核和检测，检验教学效果和学生各项指标的进步情况。第六，及时修改和完善教学计划，紧紧跟随学生的进步节奏。

二、教学方法的灵活性原则

大学生铅球教学方法需要具有一定的灵活性，因为每个大学生的学习方式、学习习惯、学习速度和学习能力都有所不同。灵活的学生铅球教学方法非常重要，需要根据学生的特点和需要进行个性化的学习，要考虑到学生的学习进度和理解水平，适应学生的学习需求，鼓励学生进行创新和探索。

灵活的教学方法需要教师根据学生的特点和需要进行灵活选择，以便更好地帮助学生掌握铅球技术。具体如下：①不限于传统方法，选择多种教学方法，如对角练习、游戏等互动教学，可参考其他国家的优秀的铅球教学方法。②注重通过身体感觉和动作协调来掌握动作要诀，旨在帮助学生形成正确的感觉记忆。③采用由小到大、由易到难的教学顺序，先打好基础，再实现能力提高。④针对不同学生，选择不同的方法。对动作灵活且专注的学生，更多运用身体感觉的方法；对学习效率较低的大学生，则多运用模仿法、动画视频等多媒体手段辅助教学。⑤灵活的教学方法应注重鼓励学生创新和探索，从而发掘他们的潜力和特长。通过提供灵活的学习方法和技巧，学生可以在实践中发掘自己的优势和创新点。

三、教学内容的实用性原则

大学生铅球教学内容非常重要，它可以帮助大学生掌握实用的技能和技巧，提高他们的竞技水平，增加他们的自信心，提供更多的实践经验，帮助他们更好地适应考试和比赛需求。

具有实用性的教学内容需要教师紧密结合实际应用，注重实用性和实践性，使学生能够在实践中得到锻炼和提高。具体应该有以下四个方面：第一，专注于培养学生基本的拉肩、步法、投掷等核心技术和能力，突出实用性强的内容。注重提高拉远能力和控球能力，为以后的技能提高和铅球运动发展打下基础。第二，重体技结合，以提高投掷距离、提高控球水平为教学重点，重在实用。第三，先铺垫出较完整的实心球基础和姿势，锻炼基本姿态和实心球技能，再进行铅球技能培养，利于迅速成长。第四，设计有挑战性的课程，开发学生的潜能，以激发学生参与的积极性，同时给予他们选择更多项目的可能。

第五节 大学生铅球教学的教学方法

在高校体育教学中,体育教师需要注意学生的个体差异性,尤其是在铅球教学中更需要关注个体差异。因为铅球项目的技术难度较大,需要较高的身体素质和技能水平,而学生的身体素质和技能水平存在很大差异,这就需要教师依据"因材施教"理论进行教学。

大学生铅球教学的教学方法主要应包括分层次教学法、示范教学法、辅助肢体感知法、循序渐进教学法等。教师可根据大学生的不同特点和需求,采用多种教学方法,以帮助学生更好地掌握铅球项目的技术要领,提高学生的学习效果和整体表现。

一、分层次教学法

分层次教学法是一种有效的教学方法,可以根据学生不同的实际情况和需求,采用不同的教学策略和方法,让学生能够逐步提高自己的身体素质和技能水平。在铅球教学中,教师可根据学生能力的不同进行层次划分,将学生分成高、中、低三个层次,教师帮助学生达到三个层次中的最低要求,并鼓励学生在此基础上进行个性化发展。

采用分层次教学法,是通过给不同层次的学生安排不同的铅球教学内容,制订不同的教学目标,采用不同的教学方法,使不同水平的学生都能够掌握铅球项目的技术要领,使学生能够"学有所得,学有所成"。例如,对于体质比较差的学生,可以先让他们投掷较轻的铅球,纠正他们的用力方法和身体的协调方式,让他们逐渐适应铅球的重量和投掷动作。然后,可以逐渐加大铅球的重量，同时让学生逐步提高自己的身体素质和技能水平，最终掌握普通铅球的投掷技巧。通过这样的教学方法，可以让学生逐步提高自己的基本素质，从而更好地掌握铅球项目的技术要领。

在铅球教学中采用分层次教学法是非常必要的，可以更好地照顾学生个体差异性，让每个学生都能够在适合自己的教学环境中逐步提高自己的身体素质和技能水平，并最终掌握铅球项目的技术要领。这样不仅可以提高学生的学习兴趣和参与度，也能够更好地促进学生的身心健康发展。

二、示范教学法

示范教学法是指教师通过自己的示范来展示正确的动作和技巧，让学生模仿并学习。例如，通过自己的示范来展示正确的准备动作、转体动作和出手技巧等，让学生能够更加直观地理解和掌握相关技能。

在铅球教学实践中，示范教学法是一种常用的教学方法，可以帮助学生更好地理解和掌握铅球项目的技术要领。示范教学法一般需要以下八个步骤。

第一步：准备充分。教师在进行示范前，首先要对自己的动作和技巧进行充分的准备和演练，确保自己能够完美地展示正确的动作和技巧。

第二步：明确技能要素。在开始示范之前，需要向学生明确铅球技能的要素，例如准备动作、蹬地、转髋、挺身、支撑、推球和拨球等。

第三步：演示技能。教师应该展示如何正确地进行铅球项目，例如正确的准备动作、握球动作、起动动作、转体动作和出手技巧。可以将某项技能的整个过程分解成几个步骤，然后逐步演示每个步骤，以便学生更好地理解和掌握。也可以通过多个角度和不同的速度来展示相关动作和技巧，让学生能够更加全面地理解和掌握相关技能。

第四步：强调重点。示范过程中要重点突出铅球项目中的关键点，如起动姿势、转体动作和出手技巧等，以便学生直观地理解和掌握相关技能。

第五步：询问过程。在示范结束后，教师应该询问学生是否理解了示范过程，并解答他们提出的问题。

第六步：分组练习。将学生分为小组，以便他们可以互相观察和纠正彼此的技能问题，同时获得更多的练习机会。

第七步：监督和纠正。教师应该在练习过程中监督学生的表现，并及时纠正他们的错误，以便他们可以更好地理解和掌握技能。

第八步：持续反馈。在示范中和示范后，教师需要持续地给予学生反馈，让学生能够及时纠正自己的错误和不足之处，并逐步提高自己的技能水平。

三、辅助肢体感知法

在铅球教学中，教师可以通过辅助肢体感知法，即模拟动作、手势等方式来让学生能够更好地感受铅球项目中的动作和技巧，从而更好地掌握相关技能。

大学生铅球教学中，辅助肢体感知法是一种常用的教学方法，可以帮助学生更好地理解和掌握铅球项目的技术要领，并在实践中逐步提高铅球成绩。同时，也可以激发学生的身体认知能力和动力，提高效果和效率。以下是辅助肢体感知法的具体步骤。

第一步：肢体模拟。教师可以让学生模拟正确的姿势、起跑、转体和出手等技能要素，并利用其他身体部位进行模拟，以便学生更好地理解和感知技能动作的每个部分。

第二步：肢体调整。教师可以帮助学生调整姿势和肢体动作，以便学生可以更好地感知和掌握正确的技能要素，并避免不正确的动作。

第三步：触觉提示。教师可以利用触觉提示，例如用手指轻触学生的手臂、肩膀或腰部等部位，以便学生更明确地感知自己的肢体正确的位置和动作。

第四步：视觉提示。教师可以利用视觉提示，例如在地上画出正确的起跑线和转体线，以便学生更好地掌握正确的起跑、转体位置和动作。

第五步：模拟练习。教师可以让学生进行模拟练习，例如利用铅球的重量和大小进行练习，并在练习中不断调整肢体动作，以便学生更好地感知和掌握技能。

第六步：突出关键点。教学过程中教师要重点突出铅球项目中的关键点，如起跑姿态、转体动作、出手等的方法与技巧，让学生能够更加直观地感受和掌握相关技能。

四、循序渐进教学法

循序渐进教学法是指将复杂的技能分解为简单的部分，然后逐步组合，使学生能够逐步掌握相关技能。实践中教师可以通过循序渐进的教学方法，将铅球项目分解为起跑姿态、转体动作、出手技巧等多个部分，然后逐步组合，让学生能够更好地掌握相关技能。

在大学生铅球教学过程中，循序渐进教学法是一种常用的教学方法，可以帮助学生逐步掌握铅球项目的技术要领和技能。以下是循序渐进教学法的具体步骤。

第一步：过程分解。教师应该将铅球技能过程分解成几个步骤，例如正确的姿势、起跑、转体和出手等，以便学生更好地理解和掌握每个步骤。

第二步：逐步练习。让学生逐步练习每个步骤，例如先练习正确的姿势和起跑，然后再逐步练习转体和出手等技能要素。

第三步：逐步组合。在学生掌握了每个简单的部分后，教师需要逐步组合这些部分，让学生能够更好地掌握和应用相关技能。

第四步：渐增难度。逐步增加练习的难度，例如增加铅球的重量和大小，增加起跑和转体的速度和难度等，以便学生逐步提高技能水平。

第五步：反复强化。让学生反复练习每个步骤，并不断强化正确的动作和姿势，以便学生更好地掌握技能。

第六步：个性化指导。应该针对每个学生的不同情况，进行个性化指导和训练，例如针对大学生的身体素质、技能水平和学习速度等进行不同的教学和训练。

第六节　大学生铅球教学的教学手段

大学生铅球教学的教学手段应该综合运用计算机辅助教学、视频教学和现场教学等多种方法，以便大学生更全面、深入地了解和掌握铅球技能。

一、计算机辅助教学手段

计算机辅助教学是大学生铅球教学中的一种非常重要的教学手段，其可以借助计算机软件和硬件等技术手段，为学生提供交互式和个性化的教学服务，帮助学生更好地理解和掌握铅球项目中的技术要领和技能。计算机辅助教学手段的实践应用方式如下。

（一）使用软件

教师可以利用铅球模拟软件，例如 3D Max、AutoCAD 等，进行正确的姿势、起跑、转体和出手等动作的模拟和演示，以便学生更好地理解和掌握技能。例如，通过利用 3D 模拟软件，可以帮助学生更加直观地了解铅球项目中的动作和技巧。教师可以在计算机上使用 3D 模拟软件，模拟起跑姿态、转体动作和出手技巧等，让学生能够更加直观地感受和掌握相关技能。

（二）在线测试

教师可以利用在线测试软件，例如 Quizlet、Kahoot 等，进行测试和反馈，以便了解学生的学习情况和进度，并进行个性化指导和训练。

（三）视频教学软件

视频教学软件可以帮助学生更好地理解和掌握铅球项目中的技术要领和注意事项。教师可以使用视频教学软件，为学生提供铅球项目中的示范视频和教学视频，让学生能够更加直观地了解和掌握相关技能。

（四）运动分析软件

运动分析软件可以帮助教师对学生的动作进行分析和评估。教师可以使用 Coach's Eye、Dartfish 等运动分析软件，对学生的起跑姿势、转体动作和出手技巧等进行分析和评估，帮助学生及时纠正自己的错误和不足之处。

（五）个性化教学

教师可以根据学生的实际情况和需求，通过计算机辅助教学为学生提供个性化的教学服务，如根据学生的不同身高和体型，为其量身定制不同的起跑姿态和转体动作等，让学生能够更好地适应铅球项目的要求。

二、视频教学方法

大学生铅球教学可以采用视频教学手段，帮助学生更好地理解和掌握铅球项目的技术要领。例如，使用录像、图片等视频辅助工具，让学生能够更加直观地了解正确的技术要领和注意事项。

视频教学手段的实践应用方法为：①正确选择视频辅助工具。教师需要根据学生的实际情况和需求，选择最适合的视频辅助工具，如录像、图片等，以便学生了解和掌握推铅球的技能。②视频展示。在开始视频教学之前，教师可以通过视频展示铅球运动员的优秀表现，以便学生直观地了解正确的姿势、起跑、转体和出手等技能要素。要通过多角度和不同的速度来展示相关动作和技巧。比如慢动作演示，可以逐步演示铅球运动员的每一个动作，以便学生更好地理解和掌握技能。③突出关键点。在视频教学开始后，教师要重点突出铅球项目中的关键点，这样容易让学生理解和掌握相关技能。④比较分析。教师可以将视频中不同运动员的表现进行比较分析，以便学生了解各个运动员的不同技巧和方法，并选择适合自己的技巧和方法。⑤虚拟仿真。教师利用虚拟仿真技术，将铅球场地和运动员的表现模拟出来，以便学生在虚拟环境中进行练习和模拟。⑥实地观摩。教师可以带领学生到铅球场地进行实地观摩，以便学生更好地了解铅球运动员的实际训练和比赛情况，并从中获得启发和帮助。

三、现场教学方法

现场教学是大学生铅球教学中非常重要的一种教学手段，可以帮助学生更好地掌握铅球技能。大学生铅球现场教学的具体方法如下。

第一，现场示范。教师可以进行现场示范，以便学生更直观地了解和掌握铅球项目中正确的姿势、起跑、转体和出手等技能要素。同时，通过教师的现场示范，学生能够更直观地了解和理解铅球项目中的动作和技巧，为学生提供一个正确的标准。

第二，指导讲解。在现场示范后，教师可以对学生进行指导讲解。教师可以详细地讲解每个动作和技巧的要领和注意事项，帮助学生更好地理解和掌握相关技能。

第三，实践练习。在学生掌握了相关技能后，教师可以让学生进行实践练习。可以根据学生的实际情况和需求，为学生提供不同难度和要求的练习内容，让学生能够逐步提高自己的技能水平。同时，教师还可以在实践练习中及时发现学生的错误和不足，并进行现场纠正和指导。

第四，纠错指导。在进行实践练习时，教师可以对学生的动作进行观察和纠错指导，让学生可以及时发现和纠正自己的错误，逐步提高铅球技能水平。

第五，现场比赛训练。教师可以利用现场比赛训练来激发学生的竞争心理和动力，提高学生的技能水平和比赛成绩。同时，现场比赛训练还可以让学生更好地了解比赛规则和策略，以便在比赛中发挥自己的优势和特点。

下 篇

大学生铅球运动的训练方法探析

第四章　大学生铅球运动的训练内容

本章从铅球训练的基本原理入手，继而讨论力量、技术、柔韧性、协调性、爆发性及心理素质的训练，以及比赛策略训练等大学生铅球训练内容。这些训练内容将随大学生的不同学级而发生变化，因此训练计划应该是阶段性计划。

第一节　铅球训练的基本原理

铅球训练是一种利用惯性力和能量转化原理的力量训练方式，它可以提高肌肉力量和稳定性，促进肌肉骨骼系统的结构和功能的发展。同时，大学生铅球训练要遵循训练周期化原理，控制好训练负荷和训练强度，以获得更好的训练效果。为此，本节从惯性原理、能量转化原理、训练周期化原理、动态平衡和稳定性、肌肉骨骼系统的结构和功能等多个方面解析铅球训练的基本原理，以期帮助提高教师的铅球教学水平和学生的铅球技能水平。

一、惯性原理解析

惯性原理是指物体在没有外力作用下保持静止或匀速直线运动的性质。它是物体运动和力学行为的基础原理之一，由伽利略提出，爱因斯坦推动其进一步发展。根据惯性原理，物体如果没有受到外力的作用，将保持其原来的状态。即如果物体静止，则会继续保持静止；如果物体在匀速直线运动，则会继续保持相同速度和方向的匀速直线运动。这意味着物体具有一种惯性，即抵抗改变其运动状态的性质。物体只有在受到外力作用时，才会发生运动状态的改变，例如改变速度、方向或停止运动。

惯性原理既是牛顿力学的基础之一，也是相对论的基本原理之一。根据爱因斯坦的相对论，惯性原理被扩展为等效于自由下落的参考系中的物体运动状态保持不变。这就意味着，在不受外力干扰的情况下，物体将自由下落，并且无法通过任何实验来区分自由下落的状态和没有受到任何外力作用的状态。

惯性是物体保持静止或匀速直线运动的性质。铅球运动涉及大量的转体运动，因此，训练过程中要善于控制和利用惯性原理，提高铅球技能水平。本书提供以下几点建议作为参考。

第一，加强肌肉力量。惯性力是与物体质量和速度有关的，因此，加强肌肉力量可以有效地控制和利用惯性力。铅球训练中，需要注重增强肌肉力量的训练，以便更好地控制和利用惯性力，实现更远的推球距离。

第二，提高协调性和反应能力。在铅球训练中，需要注重提高协调性和反应能力，以便更好地适应并应对铅球的运动和惯性力。此外，要学会如何在整个动作过程中保持身体的稳定性，包括正确的身体姿势、起跑、转体和出手动作，以及平衡练习和稳定性训练等动作，以便最大限度地利用惯性。

第三，利用惯性力转化为动能。在铅球训练中，需要注重将身体的势能转化为推铅球的动能，以便实现更远的推球距离。因此，不仅可以通过控制铅球的速度和旋转，以便更好地控制和利用惯性力，还可以通过提高转动速度来增加铅球的线速度，从而使铅球具有更大的惯性，或者通过进行爆发性力量训练、增强腿部力量和改善技术来提高铅球转动速度。

第四，运用力量的连续性。为了充分利用惯性原理，要在整个发球动作过程中保持力量的连续性。这意味着，在转体和出手过程中，学生需要保持身体的紧张度，并确保力量从脚至手臂连续不断地传递。

第五，观察和模仿。学习观察和模仿优秀铅球运动员的动作可以帮助学生更好地理解如何控制和利用惯性原理。学生可以通过观看比赛录像、参加专业培训课程或请教教练了解优秀学生如何在比赛中应用惯性原理等方法学习在推铅球的过程中控制和应用惯性原理。

二、能量转化原理解析

能量转化，即势能与动能的相互转化，即将某种形式的能量转化为另一种形式的能量。这是典型的物理原理，也是大学生铅球训练中的重要课题。在推铅球的过程中，如果不考虑空气阻力，铅球的动能和势能之间会不断地相互转化。当投掷者将铅球提升到一定高度时，铅球会获得势能，也就是铅球的重心高度增加了，它具有可以用于做功的能力。当投掷者将铅球抛出时，铅球会失去高度，势能转化为动能，即铅球的速度增加了。铅球在空中飞行的过程中，铅球的动能不断增加，直到达到最大值。当铅球着地时，铅球的动能转化为变形能或者热能，即铅球的速度变成了零，铅球的能量被耗散了。总的来说，在推铅球的过程中，铅球的势能和动能不断转化，最终能量会被耗散。

事实上，影响铅球动能与势能相互转化的因素有很多，如铅球的质量、推铅球动作技巧、空气阻力、出手角度、铅球初速度等。本书主要讲解爆发力和协调性对铅球动能与势能相互转化的影响，因为这直接关乎铅球能量转化的结果。

首先，推铅球需要学生具备一定的爆发力，这是因为学生需要在短时间内将铅球从静止状态加速到一定的速度。在其过程中，学生需要通过腿部和臂部快速地发力将铅球抛出去。这种快速地发力需要学生具备较高的爆发力，才能够迅速产生足够的力量。

其次，推铅球需要学生具备一定的协调性。在推铅球的过程中，学生需要通过身体的协调来实现铅球的最大飞行距离和精准度。学生需要将力量的传递和身体的协调结合起来，以达到最优的推球效果。在推铅球过程中，学生需要协调好身体的重心、力量的传递和铅球的出手角度等多个因素，才能将铅球推出更远的距离。

因此，推铅球时的爆发力和协调性是非常重要的，能将身体的势能有效地转化为铅球的动能，从而达到最佳推球距离。以下是增加爆发力和协调性的几点建议。

第一，增强肌肉力量。推铅球需要大量的肌肉力量支持。特别需要注重锻炼背部、肩部、臀部、大腿、小腿等部位的肌肉。通过适当的力量训练，能够增强肌肉力量，提高铅球的速度和动能。

第二，正确的起跑动作。正确的起跑动作可以帮助学生充分利用身体的势能，提高起跑速度和爆发力，从而达到更好的推球效果。在起跑发令枪响起之前，学生要站在起跑线上，双脚分开与肩同宽，膝盖微微弯曲，身体略微前倾，双手放在身体两侧。发令枪响之后，学生需要迅速向前冲刺，双臂向后挥动，并且膝盖向上抬起。在起跑的过程中，学生需要掌握正确的步伐，即脚步要踏实有力，每一步都要尽可能地迈开，并且在着地时要利用弹跳力量，从而提高起跑的速度和爆发力。在冲刺的过程中，学生需要保持身体的稳定性和平衡性，避免摇晃或者失去平衡。

第三，提高运动速度。铅球运动是一个需要爆发力的运动，需要在短时间内迅速发力。因此，需要进行一些快速运动的训练，例如冲刺、跳跃、爬山等，能够提高运动速度和爆发力，将身体的势能快速转化为铅球的动能。另外，要使铅球获得更大的动能，关键是推球臂的快速运动，以产生较大的加速度。所以，要做好准备，臂位要正确，然后在短时间内最大限度挥臂，给予铅球最高速度，这需要有良好的手臂爆发力。

第四，技巧训练。在铅球训练中，转体是将身体的势能转化为铅球的动能的关键步骤之一。正确的转体技巧可以帮助将身体的势能快速转化为铅球的动能。在铅球训练中，需要注重练习正确的转体技巧，例如加强扭转动作和转体的协调性等。在铅球训练中，需要注重练习技巧和策略，以便增强训练效果。需要注重练习正确的铅球掷出技巧和策略，并根据自身的身体素质和特点进行调整和改进。

三、训练周期化原理解析

训练周期化原理是体育训练中的一项重要原则。它指的是将整个训练过程分为不同的周期或阶段，每个周期具有特定的训练目标和训练内容，从而达到最佳的运动表现和长期发展。其核心思想是通过周期性的变化和调整，使学生的身体适应训练刺激，并获得最佳的训练效果。这样做可以避免过度训练、提高训练效率，并最大限度地发挥学生的潜力。

根据训练周期化原理，铅球训练不仅需要注重训练周期的安排和调整，以便逐步提高技能水平和推球距离，还需要注重训练强度和训练量的控制，以避免因过度训练造成损伤。

利用训练周期化原理进行铅球训练，需要根据不同的训练阶段，制订不同的训练计划。一般来说，训练计划可以分为基础训练、竞技训练和稳定训练三个阶段。基础训练是周期化训练的第一个阶段，主要是进行身体基础素质的训练，例如肌肉力量、耐力、柔韧性等。此阶段的训练强度和训练量一般较低，以使身体得到调整和适应。竞技训练是周期化训练的重点阶段，主要是进行技能和竞技状态的训练。此阶段的训练强度和训练量较高，以达到最佳的竞技状态和推球距离。稳定训练是周期化训练的最后一个阶段，主要是进行竞技状态的巩固和稳定，以保持最佳的竞技状态和推球距离。此阶段的训练强度和数量一般较低，以避免因过度训练受到损伤。在训练过程中，需要根据身体的状况和训练效果进行调整训练计划，以便适应身体的变化和达到最佳的训练效果。在不同的训练阶段，训练强度和训练量也需要进行相应的调整。例如，在基础训练阶段可以适当增加训练强度和训练量，以提高肌肉力量和技术水平；在竞技训练阶段则需要适当减少训练强度和训练量，以保证身体状态和比赛状态达到最佳。

周期化训练中，营养和休息管理也非常重要。需要根据不同的训练阶段，进行相应的营养补充和休息管理。例如，在基础训练阶段需要注重增加蛋白质和碳水化合物的摄入，以支持肌肉力量的提高；在竞技训练阶段则需要注重补充能量和保证充足的休息时间。

四、动态平衡和稳定性解析

动态平衡指的是物体或系统在运动中保持平衡的状态。在动态平衡下，物体或系统的各个部分可以以不同的速度或方向运动，但整体上保持平衡。动态平衡要求物体的质心或系统的重心保持在支持点或基准点上。例如，一个人骑自行车时，通过调整身体的姿势和重心，可以保持平衡并保持前进。

稳定性指的是物体或系统在受到外力干扰后能够恢复到原来的平衡状态的性质。一个稳定的物体或系统具有抵抗外力干扰的能力，它将通过自我调整或反馈机制来恢复平衡。稳定性可以通过物体或系统的结构、重心位置、惯性和阻尼等因素来决定。例如，一个立在平地上的杯子，在受到轻微的推动后可能会出现摇晃，但它会通过重心调整和摩擦力的作用恢复到稳定的平衡状态。

综上所述，动态平衡关注的是物体或系统在运动中的整体平衡状态，而稳定性关注的是物体或系统在受到外力干扰后能够恢复到原来的平衡状态。动态平衡和稳定性是物体或系统在运动和受力下保持稳定和平衡的重要性质，对于理解和分析物体的运动行为和力学特性具有重要意义。

动态平衡和稳定性对于铅球训练具有重要的指导意义。在铅球训练中，要加强核心肌群训练，注重提高身体的平衡感和稳定性，这些都有助于在运动中保持良好的身体姿态和动作。

核心肌群是维持身体平衡和稳定的关键肌肉群，包括腹肌、腰背肌、臀部肌肉等。铅球训练中要注重加强核心肌群的训练，以提高身体的平衡和稳定性。此外也要增强核心力量训练。核心部位包括人体双肩和双髋关节之间的躯干和骨盆区域，这些是身体的重心所在位置。加强核心力量可以增强身体的稳定性，有利于力量的发挥和协调性的提高。

下肢是身体的基础，因此要注重下肢的站立训练，特别是踝关节、膝关节和髋关节的稳定性训练，培养其协同工作的能力。有稳定的下肢作为基础，上身才能得以有效发力。平衡训练是提高身体平衡性的有效方法。可以进行一些平衡板、悬挂训练等，帮助学生提高平衡能力，更好地控制身体姿势，提高运动效果。铅球的重心对推球距离和身体平衡稳定性有着非常重要的影响。在铅球训练中，可以通过调整铅球的重心，例如增加铅球重心的高度或改变重心位置等，以提高身体的平衡和稳定性。

在推铅球过程中，需要学生有良好的身体意识，能够及时察觉身体的变化，及时调整身体姿势和动作。通过一些感觉训练，例如闭眼训练、触觉训练等，以增强身体意识和反应能力。因此，要进行一些动态平衡训练，如单脚站立、跃迈练习等，不断提高身体的协调性和对自身身体动态变化的感知能力。这可以帮助学生在复杂的运动技能中保持平衡和稳定。

五、肌肉骨骼系统的结构和功能解析

肌肉骨骼系统是人体的一个重要系统,由肌肉和骨骼组成。它的结构和功能密切相关,协同工作以支持身体的姿势和运动,并提供力量支持。肌肉骨骼系统的结构和功能相辅相成,共同维持身体的姿势、运动和功能。它的健康和协调运作对于身体的正常功能和日常活动至关重要。

肌肉骨骼系统是完成推铅球动作的重要物质基础。在铅球训练中,需要注重强化肌肉的力量和耐力,以便克服惯性力和转化身体的势能。同时,还需要注重肌肉和骨骼的协调性和稳定性,以便发挥出最佳的技能效果。

肌肉力量是完成推球动作的基础,因此需要进行针对性的力量训练。可以通过进行重量训练、核心肌群训练、爆发力训练等方式来提高肌肉力量,例如深蹲、卧推、硬拉等。

推铅球需要较高的柔韧性和灵活性,能够让身体在运动中更加自如,更容易地将身体的势能转化为铅球的动能。因此,需要进行一些柔韧性训练,例如瑜伽、拉伸等,以提高身体的柔韧性和灵活性。

肌肉协调性是完成掷出动作的关键因素之一。在铅球训练中,需要注重提高肌肉协调性,例如通过进行平衡训练、协调性训练等方式来提高肌肉协调性。

推铅球需要综合发挥肌肉骨骼系统的结构和功能,因此需要进行多样化的训练。可以选择一些变化多样的训练方式,例如重量训练、爆发力训练、耐力训练等,以提高肌肉骨骼系统的适应性和综合素质。

另外,在铅球训练中,需要合理控制训练强度和时间,以避免因过度训练造成损伤;需要根据自身体质和训练水平进行调整和改进。

第二节　铅球运动的力量训练

力量是决定铅球运动成绩的关键要素之一，力量训练是铅球训练中必不可少的。推铅球时需要在短时间内将铅球从静止状态加快到一定的速度，在这一过程中力量与爆发力起着至关重要的作用，力量与爆发力决定了学生是否能够在短时间内产生更大的推力。力量训练可以增加肌肉的力量和耐力，使学生更加强壮，良好的耐力也能够保障学生在比赛时有足够的力量完成多次投掷。力量训练还可以增强肌肉和韧带的弹性和稳定性，降低学生在训练中受伤的风险，当肌肉和韧带变得更加强壮和稳定时，就可以更好地承受推铅球时的高强度冲击。

一、力量训练方法

力量训练有很多种方法，如举重训练、深蹲训练、弹跳训练、哑铃训练、引体向上训练、硬拉训练等可以有效提升肌肉力量。进行力量训练时往往会用到重量较大的器械，单人进行训练可能无法有效应对突发状况，最好在教练或同伴的陪同下进行训练。同时，要注重科学训练，建议在教练的指导下进行训练，并制订科学合理的训练计划，遵循逐渐增加负荷和适当休息的原则，以确保训练的安全性和有效性。

（一）举重训练

举重训练的方法较多，如直体上推杠铃、颈前、颈后坐推，卧推等。
直体上推杠铃主要锻炼三角肌、斜方肌和肱三头肌等肌肉，具体方法为：双手窄握杠铃，双脚与肩同宽或略宽，膝盖微微弯曲，上身前倾 5～10 度。用肩膀的力量将杠铃垂直向上拉，把杠铃向上拉到锁骨部位，肘部尽可能地抬高。在顶端稍作停留，然后慢慢回到起始位置。直体上推杠铃保持身体重心平衡在不借力的情况下，把 30% 的重量从锁骨向上额重复推送，每次 3～5 组，每组重复 8～12 次。此锻炼方法的注意事项是：推起时需用肩部力量带动双臂向上提起，同时上体不得前后摆动。不得借用上体前后摆动等助力。在整个过程中，要始终利用肩部肌群的力量，保持腹部收紧，以保持脊柱的稳定。

颈前坐推主要锻炼三角肌前束和中束，同时也可以锻炼到肱三头肌、斜方肌上部和冈上肌等肌肉。主要方法为：以骑马式坐在平凳上，大腿内侧夹住座板；膝盖向地面下降，低于座板；小腿向臀部下方屈膝内收，双脚间距窄于肩宽；脚前掌落地支撑；此时骨盆前倾，腰部挺直；全握杠铃，手腕中立位不要翻腕；双手抓杠间距两倍于肩宽，头上仰约 45 度，两眼注视杠铃；双肘伸直但不要锁死和超伸；双肩要下沉。

颈后坐推主要锻炼三角肌后束和斜方肌，同时也可以锻炼肱三头肌和背部肌群。主要方法为：坐在平凳上，双脚平放于地面，两臂屈肘将杠铃从颈后推至头顶伸直。保持杠铃稳定，缓慢下放至头顶，然后再将杠铃推回颈后。可以选择站立式或半跪式进行颈后坐推，以增加难度。颈后坐推需要保持正确的姿势和技巧，避免受伤。例如，要收腹挺胸、腰部挺直，两眼平视，两臂屈肘下拉。

卧推是一种常见的力量训练方法，主要锻炼胸部、肩膀和手臂的肌肉。主要方法为：仰卧在卧推架上，窄握杠铃，握距不超过 30 厘米，两臂伸直。举杠铃于胸前并下放至胸部，两肘外展，尽量使用上臂肌肉力量把杠铃推起，反复练习。避免采用耸肩、缩脖子等借力斜方肌的方法推起杠铃。在进行卧推训练时，双脚需踩在地面，也根据自身情况选择脚跟离地，或者平放在地面上。臀大肌、肩胛骨要紧贴卧推凳，下背部拱起，更容易推举。选择适合自己的卧距，太宽或太窄均不利于推举。

（二）深蹲训练

深蹲是一种常见的力量训练方法，主要锻炼臀大肌、大腿肌肉和腰腹部肌群。锻炼方法也比较简单，也没有场地和器械的要求。锻炼方法为：自然站立，双脚与肩同宽或略宽。双手放在腰间或交叉放在胸前。屈膝下蹲，臀部向后移动，至最低点时大腿与地面近似平行，然后起身还原。在深蹲过程中，注意腰背挺直，不要弯腰驼背。

虽然深蹲训练比较简单，但很多人进行深蹲时的动作并不标准，标准的深蹲应注意双脚分开与肩同宽，脚尖可以稍微朝外但要在12度以内。上身挺直，保持背线的自然弯曲。微收下颌，目视前方。注意骨盆调整在中立位。不要前倾或后倾。做动作时注意要将膝关节控制好保持稳定，膝盖的方向与脚尖方向保持一致，不要内扣。动作的过程不要出现跪的模式，就是髌骨不要主动往前送，即要抑制髌骨前移。做动作的过程中，重心在足弓下，避免用前脚掌承受压力，而是把压力尽量压到脚后跟。发力时也尽量用脚后跟发力把自己蹬起来。做动作时注意脚踩住稳定好，不要发生移动。在整个动作过程中，从侧面看，耳朵的轨迹只是上下移动，不出现前后的移动，背部曲线不发生变化。这要求收紧核心，保持稳定。臀肌和腹肌要控制好骨盆，如果骨盆发生前倾的话身体也会发生前倾。

（三）弹跳训练

弹跳训练可以提高肌肉爆发力和反应速度，有利于推铅球过程中的加速和转体动作。弹跳训练的种类较多，可采取以下方法进行弹跳训练：①深蹲跳，深蹲至膝盖弯曲成 90 度，然后向上跳起，双脚同时落地。这个动作可以增强大腿肌肉和脚踝的力量。②跨步跳，像跑步一样大步向前跳跃，可以加强大腿肌肉和脚踝的力量。③提脚后跟，站立或坐下，将脚后跟抬起至最高点，然后缓慢放下，这个动作可以加强小腿肌肉的力量。④台阶训练，站在台阶上，将双脚踏在台阶上，然后同时用力向上跳起，这个动作可以加强大腿肌肉和小腿肌肉的力量。⑤纵跳，双脚并拢，用力向上跳起，在空中将双脚分开，然后双脚同时落地。这个动作可以增强大腿肌肉和小腿肌肉的力量。⑥单脚跳，单脚站立，用力向上跳起，在空中将另一只脚抬起，然后双脚同时落地。这个动作可以加强单腿肌肉的力量。

（四）哑铃训练

哑铃是力量训练中经常用到的器械，哑铃训练主要用于提高肩部、三头肌和胸部的力量。常用的哑铃训练方法有：①哑铃推举锻炼三角肌前束和中束。坐姿或站姿均可，双手各握一个哑铃，将哑铃推至双肩两侧，掌心向前，大小臂垂直。然后将哑铃从身体两侧向上推至手臂伸直，但肘关节不要锁死。注意推举时两哑铃不要相碰，下放时主动控制速度，并感受肌肉收缩。②哑铃侧平举锻炼三角肌中束。双脚稍微打开站立，挺胸收腹，双手各握一个哑铃置于身体两侧，向侧上方平举哑铃至双肩水平，肘部微屈。注意顶点稍停后缓慢下放还原。③哑铃硬拉锻炼臀大肌、股四头肌和腰背部肌肉。手持哑铃，双脚与肩同宽或略宽站立，向前迈步呈弓步状态，屈膝下蹲做弓步状态至极限然后直体起立还原重复动作。注意在做动作的过程中保持腰背部挺直不要出现腰部下沉的动作以免造成腰椎受伤。④哑铃俯卧撑锻炼胸大肌、肱三头肌和三角肌前束等部位。手持哑铃俯身双手各握一个哑铃撑于地面做俯卧撑动作至极限然后起立还原重复动作。注意在做动作的过程中保持腰背部挺直，不要出现腰部下沉的动作，以免造成腰椎受伤。

（五）引体向上训练

引体向上是一种有效增强上肢和背部肌肉力量的锻炼方法，只需要单杠就能练习，如果没有合适的单杠，可以使用类似的固定物体，如门框来悬挂身体。具体方法是找到一个适合自己的高度，确保在拉起时能够保持手臂伸直。正确地抓握单杠非常重要，将手掌和前臂紧紧贴在单杠上，同时将手臂和肩膀紧贴身体，以减少不必要的晃动。在引体向上时，吸气和呼气要配合好。在身体向上拉时，应该用力呼气并收缩背部肌肉，这有助于提供更多的力量。当上拉到最高点时，要保持片刻，然后缓慢地放松身体，同时吸气并放松肌肉。在掌握基本的引体向上动作后，可以逐渐增加难度。例如，可以在身体向上拉的过程中添加额外的重量，或者尝试使用不同的握距来刺激不同的肌肉群。为了获得最佳效果，应该合理安排训练计划。建议每周进行2～3次引体向上训练，每次训练3～5组，每组8～12次。在引体向上时，要保持正确的姿势和技巧，如身体挺直、收腹、沉肩、双脚离地等。同时，要注意避免使用身体的惯性或过多的摆动来助力。

（六）硬拉训练

硬拉是一种负重训练，主要分为屈腿硬拉和直腿硬拉，还有一些变体，如罗马尼亚硬拉、相扑硬拉等。屈腿硬拉主要用于锻炼下背部即竖脊肌，直腿硬拉主要锻炼股二头肌，但两种硬拉都会涉及整个后链的肌肉，如臀肌、上背肌群。在进行硬拉练习时，弯腰弓背或过度反弓都会导致脊柱前后侧形成大小不同的压力，当杠铃的大重量传到腰部时，容易造成韧带拉伤或扭伤腰部。在硬拉动作中，过度抬头会给颈椎带来不必要的压力，同时影响腰背姿态。最佳的位置应是颈部处于中立位，目光自然望向前方地面。传统硬拉中，双脚的站距与髋部同宽，一般不超过肩宽。控制好站距和握距，有利于保持动作的稳定性。从准备动作开始，杠铃就应处于肩胛骨的正下方，而不是肩部的正下方，这样可以确保杠铃在运动过程中的稳定性。硬拉动作开始后，杠铃的轨迹应尽可能做到直上直下，保持连贯流畅。避免身体出现过度前倾或后仰。总之，硬拉训练需要掌握正确的动作要领，注意细节和技巧，要根据个人身体状况和训练目标进行合理的训练安排，避免受伤。

二、力量训练的注意事项

在进行力量训练时，要注意选择适当的器械重量和训练组数，以免因过度训练造成身体损伤。刚开始时可以选择相对较轻的重量和较少的组数，随着训练的进展和身体的适应性增强，逐渐增加重量和组数。需要注意保持正确的训练姿势和动作。不正确的姿势和动作会导致肌肉不平衡，甚至引起损伤。在进行力量训练前，可以请教教练或者专业人士，学习正确的姿势和动作。要合理安排训练时间和强度，以避免过度训练和肌肉疲劳。可以采用交替训练的方式，例如一天进行力量训练，一天进行有氧训练，以充分恢复身体机能和提高训练效果。训练过程中要逐渐增加训练难度，以避免训练过于单一和乏味。可以逐渐增加训练的重量、组数、训练方式等，以提高训练效果和保持训练的挑战性。要注重饮食和休息的重要性，合理的饮食可以提供足够的营养和能量，促进肌肉发展和恢复；充足的休息可以帮助肌肉恢复和生长。

第三节　大学生铅球运动的技术训练

铅球的技术训练旨在提高技术水平和竞技表现。铅球技术是指在比赛中使用的技术，包括准备动作、转体、推拨球等多个方面。二者虽然有些许区别，但铅球的技术训练同样是针对铅球技术进行的训练，训练内容和方法也是相似的。不同的是，前者更加注重基础技术的学习和练习，强调技术的逐步提高和完善；后者则更加注重学生在赛场中技术的稳定性和适应性，以满足比赛的要求。因此，铅球的技术训练可作为铅球技术的基础训练，通过多次练习，逐渐提高技术水平，为后续比赛中的发挥提供保障。同时，铅球的技术训练也可帮助学生发现技术上的不足，并得到及时纠正和改进，从而提高训练效果和竞技表现。厘清了以上二者的区别和联系，下面将探讨大学生铅球技术训练的方法及注意事项。

一、技术训练方法

铅球运动的技术训练方法涵盖步法训练、转体训练、整体动作训练、推球姿势训练等方面。要根据个体的情况和训练目标进行个性化的调整和组合。重要的是要制订适合自己的训练计划，并进行系统的训练和反馈。只有持之以恒地进行训练，并保持积极的态度和动力，才能在铅球技术上取得进步。

（一）步法训练

步法是推铅球非常重要的一环，因此需要掌握正确的步伐节奏和姿势。铅球运动的步法训练包括侧向滑步和旋转推铅球两种。

第一，侧向滑步要求运动员将左脚放在投掷圈的后缘，右脚放在靠近投掷圈的前缘处，并将重心放在左脚上。当身体转向投掷方向时，右脚迅速向外滑动，左脚顺势着地，身体保持平衡。在滑动过程中，两肩要正对着投掷方向，两脚要始终保持平行。

第二，旋转推铅球要求运动员将左脚放在投掷圈的后缘，右脚放在投掷圈的左侧。当身体转向投掷方向时，右脚迅速向外滑动，同时身体向右旋转，将铅球推出。在旋转过程中，左臂要放在身体前方，右臂要放在身体后方，同时要注意身体的平衡。

在训练中，运动员需要反复练习侧向滑步和旋转推铅球技术，以掌握正确的技术动作和提高步法技巧。同时，需要注意，在练习中要注重节奏感和力量的控制，逐渐提高动作的速度和幅度。要注重身体的平衡和稳定性，避免出现左右晃动或重心不稳的情况。要注重全身协调发力，将力量从脚传递到手臂和手指上，从而获得更大的推力。

（二）转体训练

转体是推铅球的另一个关键动作，可以通过转体训练来提高身体的控制能力。具体训练方法为：①徒手转体，两腿开立与肩同宽或稍宽于肩，两腿微屈，两臂自然下垂，左右转体，体会用腰部力量转动带动两手臂自然甩臂。转体时两腿要站稳，转动幅度不要过大，感觉到腰部肌肉和肌腱充分拉伸。②持哑铃转体，两腿开立与肩同宽或稍宽于肩，手持哑铃屈肘置于身前，然后向身体左右两侧转体，转体时两腿要站稳，转动幅度不要过大，感觉到腰部肌肉和肌腱充分拉伸。③侧卧转体，侧卧于垫上，上体前屈，手臂伸直触地并支撑身体，向身体另一侧转体，转动幅度不要过大，感觉到腰部肌肉和肌腱充分拉伸。④坐姿转体，坐在地上或垫上，双手放在身后并交叉在一起，然后向身体左右两侧转体，转动幅度不要过大，感觉到腰部肌肉和肌腱充分拉伸。需要注意的是，转体时脚要站稳，不要用手臂发力来带动身体的转动，要控制好身体的重心，不要过度扭转。

（三）整体动作训练

推铅球是一个整体动作，通过整体动作训练，可以提高推铅球动作的协调性和流畅性。具体训练方法为：①准备动作训练，准备动作是铅球整体动作的开始，通过准备动作可以调动身体各部位的动作，为后续的推铅球做好准备。准备动作包括握持铅球、下沉重心、拧紧身体、含胸收腹、两腿分开约一肩半等。②发力顺序训练，推铅球的发力顺序是整个推铅球动作的核心，正确的发力顺序可以帮助铅球推出更远的距离。发力顺序为"蹬—顶—转—挺—摆—推—拨"，以右手推铅球为例，蹬是指右腿大腿肌肉群最先发力，将力传递到地面，形成蹬地动作，得到足够的地面反作用力；顶是指将力从地面通过腿部膝关节的内扣，顶至髋关节，带动髋部的转动；转是指转髋，通过腿部传导的力，进行髋部的主动转动；挺是指挺身，将胸部挺出，延展上体，增加力矩，提供胸部舒展后的收缩力；摆是指左臂的摆动并制动，提供反作用力；推是指在抬头的同时右臂快速向前上方推球的技术动作；拨是指铅球快出手时，手腕稍向内转，同时屈腕，快速而有力地用指尖拨球，使铅球脱离手指。

（四）推球姿势训练

铅球运动的技术训练中，推球姿势的训练是至关重要的，正确的姿势是取得好成绩的关键。推球姿势训练（以右手推铅球为例）的具体方法为：①握球姿势，五指自然分开，将球放在食指、中指、无名指指根处，大拇指和小拇指贴在球的两侧。这种握球姿势有利于将球牢牢地控制在手中。②准备动作，身体左侧对投掷方向站立，两脚左右开立，约一肩半宽，左脚向后移半脚掌，便于身体转动，出手方向正直。同时，身体倾斜，重心落于右腿。③推球动作，右脚迅速用力蹬地，脚跟提起，右膝内转，右髋前送，使上体向左侧抬起。同时，左臂放松，左肩内扣，左臂自然伸直向左上方摆动，增加铅球的惯性。④转体动作，在推铅球的过程中，转体动作可以帮助身体调整角度和方向，为推出更远的距离提供支持。转体动作包括下肢的快速动作和上肢的转动等。⑤发力顺序，推铅球时，要注意发力的顺序和传递，使力量能够有效地传递到铅球上。发力顺序应该是右腿先发力，然后腰部转动带动髋部转动，最后用肩膀和手臂的力量将铅球推出。⑥平衡与控制，在推铅球过程中，要注意身体的平衡和控制。左脚要快速向前迈出支撑身体，同时右脚要向后撤步使身体保持平衡。在推铅球时，要注意控制手臂和铅球的走向，使铅球能够沿着正确的轨迹推出。

二、技术训练的注意事项

同力量训练一样，铅球运动的技术训练也存在注意事项。在各项训练中，要注意训练方法和训练姿势的正确性，初学者最好在教练或专业人士的陪同下进行训练，可以及时发现训练动作的错误，并及时改正。同时，在条件允许的情况下，尽量选择在专业场地或指定场地进行训练。

在进行技术训练时，需要注意合理穿插安排其他训练项目，如在进行技术训练期间，合理穿插安排基础训练项目与力量训练项目。现代高水平铅球运动员训练普遍采用的方法是在一个训练单元内，交替安排技术、身体及专项能力的训练。也可以选择适当的有氧运动和耐力训练，根据个体差异和实际情况，合理调整训练强度和训练量。避免过度训练，导致肌肉骨骼系统的损伤和疲劳。

第四节　大学生铅球运动的柔韧性训练

虽然铅球运动并不强调柔韧性，但进行柔韧性训练可以增强肌肉和韧带的弹性，有较好的身体柔韧性可以降低运动时受伤的风险，并且提高身体的协调性和灵活性，使得学生可以更加流畅地完成动作，并且减少因身体僵硬而导致的运动表现不佳的情况，有助于学生在比赛中更加放松和自信。

一、柔韧性训练方法

柔韧性训练有增加关节活动范围、预防运动损伤、提高运动表现、减轻肌肉疲劳等作用。柔韧性训练方法有静态拉伸、动态拉伸、柔软器材训练等，具体训练方法如下。

（一）静态拉伸

静态拉伸是指保持某一姿势，在一定时间内使肌肉得到舒展的一种拉伸方法。在进行静态拉伸时，可以选择一些针对铅球运动的肌肉进行拉伸，如股四头肌、臀部、腰部和肩部等。可以根据自身情况制订拉伸计划，保持每个姿势 15～30 秒，重复 2～3 次。

基本的静态拉伸方法为：站立，目视前方，挺胸抬头。头先向后仰，感受颈前肌肉拉伸，保持均匀呼吸。然后头向左侧转动，感受颈部右侧肌肉拉伸。再向右转动，感受颈部左侧肌肉拉伸。双腿与肩同宽，保持腰背挺直，目视前方，肩部下沉，两臂伸直并后伸，呼气并内旋手臂直至大拇指朝上。两臂肱二头肌舒服地伸展。手伸直胸前，与肩平行，对侧手固定，使手向后用力。俯卧位，肩关节屈曲 180 度，肘关节屈曲 90 度，手掌朝向后方并尽量搭上肩部，同伴稍用力下压该前臂，拉伸者主动伸肘，保持 6 秒。除了上述基础的拉伸动作，还有很多拉伸动作可以增加身体柔韧性，其他方法可以在教练或专业人士指导下进行。

（二）动态拉伸

动态拉伸是指通过一些动态的运动，使肌肉得到舒展的一种拉伸方法。在进行动态拉伸时，可以选择一些针对铅球运动的肌肉进行拉伸。可以根据自身情况制订拉伸计划，进行 10～15 次，重复 2～3 组。

动态拉伸方法为：①抱膝前进：两脚并拢，正常站立，左腿向前迈步。右腿抬起，膝盖抬至胸前，双手抱膝，同时踮起左脚脚尖，收紧左方臀部，上身背部挺直，保持 1～2 秒，右腿向前迈步。重复上述动作，需要注意的是，在拉伸过程中，胸部需保持挺直，支腿侧臀大肌收紧。此方法可拉伸前臀大肌、腘绳肌和髋关节屈肌，同时可提高肢体平衡能力。②后交叉弓步：双脚并拢，正常站立，抬头挺胸，腹部收紧，背部挺直，双臂抬起平行于地面，同时双手相叠。左腿与右腿相互交叉，形成 45 度夹角，缓慢蹲下，在左腿外侧有强烈牵拉感之时，保持 1～2 秒。恢复起始站姿，左脚重复上述动作。需要注意的是，在拉伸过程中，胸部需挺直，重心在前脚脚跟，下蹲时前侧腿膝关节不可超过脚尖。此方法可拉伸大腿外侧阔筋膜张肌、臀大肌、髂胫束等肌群。③向后弓步＋旋转：正常站姿，两脚与肩同宽，在右脚向后呈弓步分腿姿势的同时保持左侧大腿与地面平行。右手放在左腿膝关节外侧，身体放松。左臂向身体后方外展，同时身体慢慢向左旋转至最大限度，眼睛跟随左掌尖，保持拉伸姿势1～2秒。换对侧，重复上述动作。需要注意的是，在拉伸过程中前腿膝关节不要超过脚尖，牵拉时收紧后腿一侧的臀大肌。此方法在拉伸髋关节屈肌、臀大肌，腹内、外斜肌的同时可增加胸椎活动度。

（三）柔软器械训练

柔软器械训练是一种使用拉力带、泡沫滚轴等辅助工具进行柔韧性训练的方法。这些工具可以帮助加强肌肉的伸展和放松，提高身体的柔韧性和灵活性。常用的柔软器械训练方法如下。

第一，拉力带柔韧性训练。①坐位体前屈。坐在垫子上，将拉力带固定在双脚上，向前弯腰并尽量将双手触碰到脚尖，保持10～15秒，然后放松。这个动作可以拉伸腰部和背部的肌肉，提高脊柱的灵活性。②踝关节绕圈。坐在垫子上，将拉力带固定在双脚上，然后慢慢地将脚向左转，再向右转，每个方向重复10～15次。这个动作可以增强踝关节的灵活性，减少运动时的受伤风险。③侧腿伸展。侧卧在垫子上，将拉力带固定在一只脚的脚底，然后将脚向上伸展，保持10～15秒，然后放松。这个动作可以拉伸大腿内侧和小腿的肌肉，提高下肢的柔韧性。④臀部拉伸，坐在垫子上，将拉力带固定在双脚上，然后将一只脚的脚跟放在大腿处，另一只脚的脚底放在地上，保持10～15秒，然后放松。这个动作可以拉伸臀部和大腿的肌肉，改善坐姿和步态。

第二，泡沫滚轴可以帮助增加肌肉的柔韧性和放松紧张的肌肉。找到需要训练的部位,将泡沫滚轴放置在肌肉上,然后轻轻地滚动泡沫滚轴,以刺激和放松肌肉。滚动时应该感到肌肉的伸展和轻微的疼痛,但不应该感到过于疼痛。每个肌肉群需要滚动1~2分钟,然后换另一个肌肉群进行滚动。在滚动之前,应该先进行热身运动,例如轻微的有氧运动或伸展运动,以减少受伤的风险。在滚动之后,可以进行适当的拉伸运动,以进一步增加肌肉的柔韧性和放松紧张的肌肉。

二、柔韧性训练注意事项

柔韧性训练需要特别注意热身运动、注意保持正确的姿势,尤其在进行拉伸运动时要循序渐进,先进行简单动作的练习。要根据自己的需求和身体状况进行柔韧性训练,并请专业教练根据特定情况提供指导和建议,并确保大学生正确地进行柔韧性训练,以获得最佳效果。

在进行柔韧性训练之前,需要进行充分的热身运动,以增加身体的温度和促进血液循环,减少运动损伤的风险。可进行一些简单的热身运动,如慢跑、高抬腿、仰卧起坐等。在进行柔韧性训练时,需要注意保持正确的姿势,避免过度弯曲或扭曲身体,以免造成肌肉或韧带的拉伤。最好在进行训练之前,了解每个姿势的正确方法,并根据自身情况进行调整。要逐渐增加训练强度和训练量,避免在短时间内过度拉伸,可以根据个体差异和实际情况,制订个性化的训练计划。训练过程中,可以通过深吸气和缓慢呼气,以帮助肌肉放松并达到更好的拉伸效果。也要注意细节动作的掌握和操作。例如,进行静态拉伸时要保持肌肉放松并控制伸展角度;进行动态拉伸时要控制动作的幅度和速度,避免因过度拉伸造成肌肉损伤。

第五节　大学生铅球运动的协调性训练

协调性是指身体各部分之间协调运动的能力，包括神经的协调、肌肉的协调和动觉的协调。这种能力是机体各部分活动在时间和空间里相互配合，合理有效地完成动作的能力。对于铅球运动员来说，协调性训练是至关重要的。在推铅球的过程中，学生需要协调好身体的重心、力量的传递和铅球的出手角度等多个因素，才能将铅球投掷出更远的距离。

一、协调性训练方法

协调性涉及身体各部位的协调配合和动作的流畅性。为了提高协调性，需要采取一系列的训练方法，可采取平衡训练、球类练习、空间定向训练、游泳等方法。其具体训练方法和注意事项如下。

（一）平衡训练

平衡训练是一种有效的协调性训练方法。可以在平衡板上进行平衡训练，通过站在平衡板上，根据身体的平衡调节机制，使身体保持平衡。也可以使用瑜伽球等器械进行平衡训练。

第一，静态平衡训练，单脚站立在平衡板上，双手自然放在身体两侧，双脚并拢，保持身体直立。身体不要晃动，保持 5 秒钟。然后逐渐增加单脚站立的时间，以增强静态平衡能力。

第二，动态平衡训练，在静态平衡训练的基础上，双手拿哑铃或重物，将其放在身体前方或两侧。然后缓慢地做半蹲动作，同时将哑铃或重物向左右两侧平举至与肩齐高。最后再缓慢地将身体恢复直立状态，重复以上动作。

第三，侧向平衡训练，在静态平衡训练的基础上，双手放于身体前方，单脚支撑身体，另一只脚向外侧迈出一步。然后缓慢地向侧向迈出脚的方向倾斜身体，直到单脚无法支撑为止。然后缓慢地将身体恢复直立状态，再换另一只脚进行练习。

第四，前倾平衡训练，在静态平衡训练的基础上，双手拿哑铃或重物，将其放在身体前方，然后缓慢地向前弯腰，直到自己的平衡被打破为止。然后缓慢地将身体恢复直立状态，重复以上动作。

（二）球类练习

球类练习是一种非常有趣的协调性训练方法。可以选择一些球类，如足球、篮球、排球等，进行传接球、投球等练习。可以根据自身情况制订球类练习计划，进行适量的训练，以提高身体的协调性和灵活性。具体方法为：①抛球练习，在抛球的过程中，需要保持眼睛注视着球体，并注意控制手臂的力量和动作，以便准确地抛出球体。②抓球练习，通过抓球的方式，锻炼手眼协调能力。在抓球时，需要注意控制手指的力量和动作，并保持眼睛注视着目标。

（三）空间定向训练

空间定向训练是对定向运动和体验式培训的一种全面提升与综合创新。它主要发展空间定位能力，这种能力涉及大脑的多个区域，特别是前额叶、顶叶和颞叶。

空间定向训练可以采取多种方法，包括但不限于：使用地图和指北针穿越未知地带，高效完成特定任务。通过固定滚轮、活动滚轮、旋梯和转椅进行空间定向能力的训练，增强受训者承受强负荷的能力，改善判定方位的能力，提高抗眩晕能力和保持身体平衡的能力。通过固定投掷距离的方式提高人体的肌肉控制能力，通过投准的方式提高控制器械的能力。

空间定向能力的主要评价指标是对技术动作的精确控制水平。这种能力对投掷运动项目有着重要的作用。在训练过程中，可以借助多种工具和方法进行空间定向训练，以提高受训者的空间定向能力。

（四）游泳提高身体协调性

游泳是一项全身性的运动，可以锻炼身体的协调性。在游泳过程中，身体各部位的肌肉、关节和神经系统都需要密切配合，以实现游泳动作的流畅和协调。这种全身性的锻炼可以促进身体各部位的协调发展，提高整体的身体协调性。此外，游泳还具有低冲击性，对关节的负担较小。在水中进行运动时，需要不断调整自己的身体姿势和动作，以适应水流的阻力和压力。这种适应过程有助于提高人体对空间和方向的感知能力，使人体在日常生活中更加准确地判断距离、方向和速度。长期坚持游泳锻炼不仅可以提高身体的平衡能力，而且可以增强前庭器官的功能，提高人体的平衡能力和对姿势的控制能力。

二、协调性训练注意事项

在进行协调性训练之前，需要进行适当的热身活动，以达到温暖身体、增加肌肉温度的目的。可以进行轻度有氧运动或动态拉伸等，以预防肌肉拉伤等运动损伤。进行平衡性训练时，需要穿着合适的鞋子，以提供足够的支撑和稳定性；在进行平衡性训练时，需要注意身体姿势，保持直立、稳定和放松的状态；在进行平衡性训练时，需要注意环境因素，如避免在光滑或不稳定的地面上进行训练。

第六节　大学生铅球运动力传导的爆发性训练

铅球运动力传导的爆发性是指在推铅球过程中，将下半身的力量迅速地传导到上半身，使上半身肌肉迅速收缩，从而产生强大的爆发力，将铅球远距离推出的能力。这一过程需要协调上下肢的运动，同时需要大量的肌肉力量传导和释放。在推铅球过程中，学生需要在投掷线上做出一个转体的动作，这个动作需要将下半身的力量顺畅地传导到上半身。

因此，铅球力传导的爆发性训练就是通过一系列的训练方法，帮助学生增强上下肢协调性和肌肉爆发力，从而提高推铅球的效果。加强铅球运动力传导的爆发性训练的方法和注意事项如下。

一、爆发性训练方法

爆发性的训练方法包括杠铃／哑铃平推、连续蛙跳、击掌俯卧撑、俯卧撑跳、爆发力深蹲练习、跳箱练习等。

（一）杠铃／哑铃平推

杠铃／哑铃平推是一种提高爆发力的训练方法。具体方法是选择合适重量的杠铃／哑铃，将杠铃／哑铃放在胸前与肩齐高，双手抓住杠铃／哑铃，掌心朝向胸部。保持手臂稍微弯曲，然后快速向前推出，直到手臂伸直。然后主动用力快速拉回杠铃／哑铃，回到起始位置。如此连续完成动作。在进行杠铃／哑铃平推时，需要注意的是，初学者应该选择相对较轻的重量进行练习，在适应当前重量后，可以逐渐增加重量或增加动作的难度。进行平推时保持身体直立，背部稍微向前倾斜，核心肌群收紧以保持稳定。在推举过程中，吸气并保持胸部扩张，同时在用力推举时保持屏气，以帮助提供更多的力量。这个动作可以有效提高手臂和胸背部肌肉的爆发力。

（二）连续蛙跳

连续蛙跳是一种有效的爆发力训练方法，可以锻炼腿部和腰腹部的肌肉爆发力。具体方法是两脚分开与肩同宽，膝盖微微弯曲，上体稍前倾。用力蹬伸双腿，充分伸直髋、膝、踝三个关节，同时双臂迅速前摆，身体向前上方跳起，用全脚掌落地屈膝缓冲，两臂摆成预备姿势，重复进行跳跃。在进行连续蛙跳时，跳跃时要注意脚掌先着地，然后过渡到脚趾，以避免受伤。同时要保持身体的平衡和稳定。在跳跃过程中，要保持呼吸顺畅，避免屏气和憋气。初学者可以从较低的次数开始练习，之后可逐渐增加跳跃的次数以提高肌肉耐力和爆发力。

（三）击掌俯卧撑

击掌俯卧撑是俯卧撑的爆发性运动，主要锻炼爆发推力，也是俯卧撑的进阶练习。具体方法是用常规俯卧撑姿势，双手撑地，双手手掌尽量靠近，用大拇指和食指组成一个钻石般的菱形。下沉身体，然后爆发用力推地，双手腾空，在胸前快速击掌。双手触地后，身体注意顺势下降缓冲。在进行击掌俯卧撑时，需要注意对手腕进行专门热身，以避免受伤。击掌俯卧撑主要锻炼爆发推力，需要掌握正确的击掌姿势和技巧，逐渐增加训练的难度和重量。初学者可以从较低的次数开始练习，之后可逐渐增加击掌俯卧撑的次数，以提高肌肉耐力和爆发力。

（四）俯卧撑跳

俯卧撑跳是一种结合俯卧撑和跳跃的动作，主要锻炼爆发力和全身肌肉。具体方法是俯卧撑姿势，双手撑地，双手与肩膀同宽或略宽，脚尖着地。手掌快速推地，同时双腿用力向上跳起，双脚离地后在空中迅速完成一次俯卧撑动作，然后双脚再次落地。在进行俯卧撑跳时，需要注意在跳跃过程中，要保持核心肌群收紧，以保持身体的稳定和平衡。手臂要具备足够的推力，以推动身体向上跳起。初学者可以从较低的次数开始练习，之后可逐渐增加俯卧撑跳的次数以提高肌肉的耐力和爆发力。

（五）爆发力深蹲练习

爆发力深蹲练习主要锻炼腿部和臀部肌肉的爆发力。具体方法是站立姿势，双脚分开与肩同宽或略宽，脚尖微微向外分开，膝盖方向与脚尖方向保持一致，背部挺直，收腹，控制好呼吸。保持背部挺直，控制好身体重心，迅速下蹲，膝盖弯曲至90度左右，然后迅速站直。在下蹲和站直的过程中，要尽量用爆发力快速完成动作，以锻炼肌肉的爆发力。保持身体姿势正确，避免膝盖内扣或脚跟抬起等不良姿势。在适应当前重量后，可以逐渐增加重量或动作的难度，例如在动作过程中加入跳跃动作。

（六）跳箱练习

跳箱练习是一种常见的爆发力训练方法，主要锻炼腿部和髋部肌肉的爆发力。具体方法是站在一个适当高度的箱子或台阶上，双脚与肩同宽，膝盖微微弯曲，手臂自然下垂。用力蹬伸双腿，同时向上跃起，身体腾空后在空中完成一次双腿的交换，然后双脚同时落地。在进行跳箱练习时，需要注意跳跃姿势规范，保持身体平衡和稳定。双脚同时落地时要注意脚掌先着地，然后过渡到脚趾，以避免受伤。初学者应该选择相对较低的高度和较轻的重量进行练习，逐渐适应后再增加难度。训练结束后要进行放松和拉伸，以帮助肌肉恢复和预防肌肉酸痛。总之，跳箱练习是一种非常有效的爆发力训练方法，但需要正确的姿势和逐渐增加难度和重量才能获得最佳效果。

二、爆发性训练注意事项

在进行爆发力训练时，应根据学生的实际情况和水平制订个性化的训练计划。逐渐增加训练的难度和强度，循序渐进地提高学生的爆发力水平。同时，注意休息和恢复，避免过度训练和受伤。在进行训练时，要注意适当的热身及逐渐增加训练强度、呼吸、休息和营养的补充。要注意姿势和技术的掌握和操作，以确保训练的安全和有效性。可以寻求专业教练的指导和帮助。要根据自身情况和训练目标进行合理的训练计划和安排。注重身体的反应和感觉，及时调整训练强度和方法，以达到更好的训练效果和健康保护。

第七节　心理素质训练

大学生铅球运动不仅需要注重身体素质和技术水平的提高，同时也需要注重心理素质、自信心和意志力的训练。心理素质是指一个人在认知、情感、意志和人际关系等方面的表现和发展状况。心理素质在大学生铅球训练中具有不可替代的重要作用，它可以帮助学生调节情绪，保持冷静，从而在比赛中保持稳定的发挥。自信心在大学生铅球训练中也具有重要的作用。可以帮助学生更加专注于训练，更加自信地面对训练中的各种挑战和困难，从而提高训练效果。意志力是指一个人在面对困难和诱惑时，能够坚定自己的决心，保持自我控制和自律的能力。意志力在大学生铅球运动中非常重要。接下来，将分别探讨大学生铅球训练中的心理素质和意志力的训练方法。

一、心理素质的训练

铅球运动不仅需要强大的身体素质和技术水平，还需要运动员具备良好的心理素质来面对挑战、保持专注和应对竞争压力。因此，对大学生来说，进行心理素质的训练同样至关重要。接下来，本书将探讨一些针对大学生铅球运动的心理素质训练方法。

（一）自信心训练

自信心训练是一种通过增强自信心来提高表现和成就水平的方法。具体方法为：①自我肯定：通过积极的自我肯定来增强自信心。②形成积极思考的习惯，避免消极的想法和态度，用积极的方式看待自己和自己的表现。例如，当遇到挫折时，思考如何从中吸取教训并且寻找解决的方法继续前进。③自我效能训练，通过学习如何掌握新技能和提高能力来增强自信心。例如，学习新的工作技能或提高运动能力。④社交互动，与他人建立良好的关系并积极参与社交活动。与他人互动可以增加自信心，并且能够更好地了解自己和他人。⑤自我调节，学会控制自己的情绪和思维，以保持冷静和自信。可以通过深呼吸、放松身体和平静思维来控制紧张和焦虑。⑥自我反思，定期反思自己的行为和表现，并从中学习。例如，回顾自己的经历并思考自己在其中收获的经验。

（二）压力管理

比赛中的压力和紧张感往往会影响学生的发挥，而压力管理是一种应对压力的方法，可以帮助学生群体有效应对铅球比赛中的各种压力。具体方法为：①认识和接受压力：首先要认识到压力是一种正常的生理和心理现象，不要过于担心和焦虑。②调整心态：保持积极乐观的心态，学会从压力中寻找乐趣和动力。③学会放松和休息：定期进行身体和心理的放松，如做瑜伽、冥想、深呼吸等，以减轻压力对身体和心理健康的影响。④学会说"不"：不要过于追求完美和承担过多的责任，学会拒绝不必要的任务或要求。⑤寻求专业帮助：当自我管理无法有效缓解压力时，可以寻求心理咨询等专业帮助。

（三）注意力控制

在比赛中，注意力的稳定和集中对于推铅球的表现非常重要。铅球运动的注意力训练是一种针对铅球运动的专业训练方法，旨在帮助运动员提高注意力和专注度。主要方法为通过观察铅球的飞行路线和方向，训练眼睛的聚焦能力，提高视觉注意力的集中程度。通过听取教练员的口令和反馈，训练耳朵的聚焦能力，提高听觉注意力的集中程度。通过快速做出反应，训练身体的敏捷性和反应速度，提高在比赛中的应对能力。通过适当的身体训练，提高身体的综合素质和体能水平，为注意力训练打下更好的基础。

二、意志力的训练

意志力在大学生铅球训练中具有重要的作用，它可以帮助学生更好地坚持训练计划，保持训练的连贯性和稳定性，从而增强训练效果。对于大学生铅球运动员来说，培养强大的意志力是取得成功的关键。铅球运动的意志力训练是提高运动员意志品质的重要手段之一，旨在帮助学生在比赛中保持坚定的意志，克服困难和接受挑战，从而取得更好的成绩。主要方法为明确比赛目标，并制订具体的计划和步骤，使学生能够积极面对比赛挑战。通过心理训练，如自我暗示、自我激励等，帮助学生增强自信心和意志力。通过模拟比赛中的失败和挫折，让学生面对比赛失利时学会保持冷静和情绪稳定。通过培养学生的自我约束和自律能力，使他们能够更好地掌控自己的情绪和控制自我行为，从而在比赛中取得更好的成绩。制订逆境应对策略，比如如何处理失误、如何调整心态等，使学生在遇到挫折时能够迅速恢复状态。

第八节 大学生铅球训练的比赛策略训练

比赛策略训练在大学生铅球训练中同样具有重要作用。它可以帮助学生更好地了解比赛规则和对手情况，制订适当的比赛准备计划和技术战略，从而更好地应对比赛带来的挑战和压力。可以帮助学生在比赛中更加自信和专注，更好地掌控比赛局面，更好地发挥自己的实力和技术水平。可以帮助学生制订更加科学和有效的比赛策略，从而提高比赛成绩水平，并且在比赛中取得更好的成绩。可以帮助学生增强心理素质，如自信心、意志力等，从而更好地应对比赛中的各种挑战和压力，发挥出最佳水平。

实践中，比赛策略的训练需要综合考虑学生的个体差异和具体情况，制订个性化的训练计划，并注重训练的科学性和系统性。在具体的训练过程中，要注重身体和心理的反应和感觉，及时调整训练方法和训练强度。同时要注意安全，避免过度训练或超出自身能力范围的训练。

一、比赛策略训练方法

比赛策略在大学生铅球运动中极为重要。有效的比赛策略可以帮助学生在比赛中更好地应对竞争，最大限度地发挥他们的实力。接下来，我们将探讨一些针对大学生铅球运动比赛策略的训练方法。

第一，熟悉比赛规则。在进行铅球比赛前，需要熟悉比赛规则和计分方法，了解各个环节的要求和限制。可以通过查看比赛规则和参加模拟比赛等方式，来提高比赛策略和技巧。

第二，分析比赛对手。在进行铅球比赛前，需要了解对手的实力和特点，以制订针对性的比赛策略。可以通过观看对手的比赛录像和参加模拟比赛等方式，来分析对手的实力和特点。

第三，制订比赛计划。在进行铅球比赛前，需要制订具体的比赛计划和应对策略，并根据对手和比赛情况进行调整。可以通过一些模拟比赛和实战训练，如进行不同强度和环节的训练，在比赛前制订出最佳的比赛计划和策略。

第四，调整比赛策略。在比赛过程中，需要随时调整比赛策略，根据比赛情况进行相应的调整。例如，当遇到不同的风向和力度时，需要及时调整出手的力量和角度等。

第五，模拟比赛情况。在训练过程中，可以模拟比赛情况，如进行模拟比赛、增加比赛训练等。这可以帮助学生更好地适应比赛环境，提高比赛策略的实际应用能力。

第六，学会总结比赛。在进行铅球比赛后，需要总结比赛经验和教训，及时调整训练计划和比赛策略，以便改进和提高自身技术水平。

二、比赛策略训练注意事项

在进行比赛策略训练时，需要考虑一些注意事项，以确保训练的有效性和比赛的顺利进行。通过遵循这些注意事项，大学生铅球运动员可以进行有效的比赛策略训练，提升比赛的战略意识和应对能力，为取得优异的成绩奠定基础。

比赛策略最重要的一点是制订训练计划要个性化。不同的学生可能具有不同的技术特点和个人优势，因此，比赛策略训练需要根据个人情况制订个性化的训练计划。这可以帮助学生更好地发挥自己的优势，提高比赛成绩。

合理安排比赛前的准备工作。比赛前的准备工作非常重要，包括充分地休息，以及饮食和心理准备等方面。因此需要保证自己在比赛前有充足的休息和健康的饮食，并通过心理的训练和调整，保持良好的心态和状态。

比赛策略训练应该根据实际需要进行，根据比赛的不同环节和对手的不同特点进行针对性的训练和技巧磨炼。通过模拟比赛和实战训练，来提高应变能力和反应速度，增强实战经验和技巧。另外，比赛策略的训练需要长期坚持，需要按照计划进行训练，逐步提高比赛策略的实际应用能力。在训练过程中，需要注意训练的科学性和系统性，避免因过度训练导致身体不适和运动损伤。

尤其需要注意的是，比赛策略是一个动态的过程，需要根据比赛情况随时调整和改进。在实际比赛中，需要总结经验和教训，及时调整和改进训练计划和比赛策略。

第九节　大学生铅球训练内容的阶段性计划

阶段性计划即分阶段规划。将铅球训练内容分阶段进行计划，是为了确保训练的系统性和科学性，让学生逐步提高自己的能力和技术水平，达到最佳竞技状态。具体来说，将训练内容分为不同的阶段，每个阶段都有明确的目标和任务，训练内容和训练强度也会根据阶段的不同进行调整和改变，这有助于确保训练的系统性和连续性，避免训练内容和强度的混乱和重复。通过制订不同的阶段性计划，学生可以逐步提高自己的能力和技术水平，从而达到最佳竞技状态。每个阶段的训练内容和训练强度都会有所不同，这有助于让学生逐渐适应新的训练强度和技术要求，从而提高自己的能力和技术水平。通过制订不同阶段的训练计划，可以控制训练强度和训练量，避免过度训练和运动损伤的发生。每个阶段的训练强度和训练量都会根据大学生的身体状况和训练效果进行调整和改变，从而确保学生的身体健康和训练效果。

实践中，训练内容的分阶段计划要结合学生的实际情况和目标，制订具有阶段性和系统性的训练计划，选择适合的训练方法，并要对训练效果进行评估。同时，需要注重训练的系统性和连续性，避免训练中断和失去训练效果。

一、训练计划的制订

铅球训练内容的训练计划应该根据训练目标和实际水平,分为不同的阶段并制订具体的训练计划。可以将训练分为基础训练阶段、竞技训练阶段和稳定训练阶段(参考前面讨论过的内容),每个阶段所要达到的训练目标和训练方法各有不同,同时在制订计划时还要考虑各个阶段不同的训练时间及训练强度等。

二、训练方法的选择

训练方法应该根据不同阶段的训练目标和实际水平进行选择和调整。可以采用力量训练、技术训练、柔韧性训练、协调性训练、爆发性训练、心理素质训练、比赛策略训练等训练方法。具体见本章第二节至第八节的内容。

三、训练效果的评估

大学生铅球训练效果的评估要从多个角度进行,其评估内容包括技术水平、身体素质、心理状态等方面。技术水平评估主要是通过对学生的技术动作、技术细节和技术规范等方面进行考核,来评估大学生的技术水平。评估可以采用录像回放、实地观察等方式进行,评估内容包括技术动作的正确性和稳定性、技术细节的处理能力和技术规范的程度。身体素质评估主要是通过对学生的身体素质指标进行测试和统计,来评估学生的身体素质水平。评估可以采用体能测试、身体成分测试等方式进行,评估内容包括力量水平、速度水平、柔韧性水平和耐力水平。心理状态评估主要是通过对学生的心理素质进行测试和分析,来评估学生的心理状态。评估可以采用心理测试、心理问卷等方式进行,评估内容包括自信心水平、应对压力的能力和心理调节的能力。

评估者主要是专业评估机构、体育老师或教练,以及个人。专业评估机构具有权威性和客观性,可以对学生的技术水平、身体素质和心理状态等方面进行全面的评估和分析。体育老师或教练对学生的训练和比赛情况有较为全面的了解,可以根据大学生的表现和训练情况进行评估和指导。学生个人可以通过自我评估来了解自己的铅球训练效果:技术水平的评估,可以考虑自己的姿势、动作是否正确、力量控制是否合理等方面;身体素质的评估,可以考虑自己在这些方面的表现是否有所提升;训练量和频率的评估,可以考虑自己的训练计划是否合理,是否能贯彻执行;成绩提升的评估,可以比较自己在训练前后的成绩,以此来评估自己的训练效果;心理状态的评估,可以考虑自己在训练中是否有信心,是否有积极的态度。需要注意的是,自我评估可以提供参考,但最好还是要结合教练的指导和其他评估方法来进行综合评估。

第五章　大学生铅球运动的专项训练

铅球运动非常注重力量。对大学生来说，力量的大小会对其铅球专项成绩乃至其他素质的提高产生直接影响。因此，教师应注重加强大学生躯干、上肢、下肢、核心力量、髋关节的专项力量训练。同时，也应加强大学生推铅球的技术专项训练，并注重技术与力量的综合训练。

第一节　上肢专项力量训练方法

大学生铅球训练中，上肢专项训练的作用是帮助学生提高上肢力量、爆发力和协调能力，从而增强推铅球的核心力量和稳定性。具体来说，上肢专项训练可以通过重复训练上肢肌肉，提高肌肉力量和爆发力，从而增强学生推铅球的力量；可以帮助学生提高上肢肌肉的协调能力，使得推铅球的动作更加流畅和稳定；可以帮助学生熟练掌握推铅球技术的要领和细节，从而提高技术水平和出手的精准度；可以通过增强上肢肌肉力量和协调能力，减少学生在推铅球过程中的运动损伤风险。

上肢专项力量训练是大学生铅球专项训练中非常重要的一环。上肢专项力量训练需要根据个人情况制订具体的训练计划和细节操作，以免造成不必要的伤害。建议在体育教师或教练的指导下进行训练。

一、哑铃、杠铃训练方法

哑铃和杠铃训练是常见的重量训练方法，它们在健身和体能训练中发挥着重要的作用。诸如增强肌肉力量、增加肌肉耐力、增强核心稳定性、提升代谢率、增强骨骼健康等。需要注意的是，在进行哑铃和杠铃训练时，要确保正确的姿势和技术，逐渐增加重量和难度，并在合适的训练计划下进行。以下是一些哑铃、杠铃的训练方法。

（一）单臂哑铃推举

单臂哑铃推举可以有效地训练肩部和三头肌的力量。具体训练方法是，站直身体、双脚分开与肩同宽，手持哑铃，将哑铃从肩部向上推举至直臂，再将哑铃缓慢放下至肩部。重复动作进行训练。也可以选择以坐姿进行，将哑铃放在同侧的肩部，另一只手臂可以自然垂在体侧，也可以伸直放在同侧，以保证身体的平衡，不要让身体出现向一侧倾斜的现象。吸气，同时用单边臂向上推起哑铃，直到手臂几乎打直（肘关节不要锁死），手臂和肩膀不能出现摇晃。动作完成后呼气，缓慢降下哑铃，使单边臂屈肘回到起点。

整个运动过程中要保持核心肌群的稳定，脊椎在中立位，不能出现关节超伸的情况。同时要保持呼吸节奏，哑铃向上运动时要呼气，降落时要吸气。可以根据个人情况适当调整哑铃的重量和推举的次数，以达到最佳的训练效果。

（二）单臂哑铃划船

单臂哑铃划船可以有效地训练背部和肱三头肌的力量。具体锻炼方法是，双脚站在平凳侧方，一只手臂支撑在凳子表面，同侧腿屈膝跪在凳子上，臀部向后,向前俯身并保持背部挺直,俯身至上半身几乎与地面平行,外侧腿微屈,外侧手臂握住哑铃自然下垂,肩胛收紧。呼气,背部肌群发力带动手臂屈肘,使手臂沿着身体向臀部方向滑动,顶点稍停收缩背部肌肉然后吸气,慢慢还原并感受背部肌肉的伸展。单臂哑铃划船是一种非常有效的背部训练动作,可以锻炼背部肌肉、提高上肢力量和稳定性。但要注意动作的正确性和身体的稳定性,避免受伤。

(三)哑铃俯身侧平举

哑铃俯身侧平举也称立姿俯身侧平举,是后肩锻炼用得最多的动作,只需借助哑铃即可,可以有效地训练侧肌群和肱三头肌的力量。具体锻炼方法是:两脚分开站立与肩同宽,两手掌心相对持哑铃,上体向前屈体至与地面平行,两腿稍屈,使下背部没有拉紧感,背部保持挺直。两手持铃向两侧举起,直至上臂与背部平行(或略微超过),稍停,然后放下哑铃还原,重复做。要注意呼吸要领,向侧上抬臂时吸气,放松还原时呼气。建议分组进行练习,每组进行 8～12 个。在整个动作过程中思想都要集中在收缩的三角肌后束。

(四)杠铃反向卧推

杠铃反向卧推是一种新颖的训练胸部的方法,与传统的平伏身卧推相比,反向控制卧推提升了 30% 的胸肌激活。同时,这个动作还能锻炼上胸部和下胸部,以及肱三头肌和三角肌。具体训练方法是,仰卧于器械上,手持杠铃,将杠铃推向胸部,再缓慢放下。重复动作进行训练。坐在卧推凳上,双手各持一个哑铃,双臂向上伸直。背部平贴垫面,腹部绷紧,直上直下,让哑铃杆始终垂直于锁骨位置，小臂垂直地面。吸气，同时用双手将哑铃缓慢向胸部方向推起，直至肘部呈90度弯曲。稍停，然后呼气，同时用双手将哑铃缓慢还原至起始位置，重复进行。需要注意的是，杠铃反向卧推需要使用质检合格的哑铃和卧推凳，以确保安全。另外，初学者可以先用较轻的杠铃进行练习，之后可逐渐增加杠铃的重量，以达到更好的训练效果。

（五）杠铃单臂半曲臂弯举

杠铃单臂半曲臂弯举可以有效地训练肱二头肌和前臂肌肉的力量。具体锻炼方法是，站姿或坐姿，单手抓住杠铃杆的中间部位，另一只手放在体后。动作过程中，持杠铃杆的手臂上臂夹紧身体，集中肱二头肌的力量将杠铃杆弯举起至最高位后，稍停。然后再集中肱二头肌的力量，控制着慢慢还原至起始位置。练习时身体保持稳定，不要晃动。这个动作使用的杠铃重量要轻一些，不要太重，否则可能无法弯举起杠铃杆。同时，保持身体稳定，不要前后晃动。另外，动作过程中持杠铃杆的手臂上臂夹紧身体，集中肱二头肌的力量将杠铃杆弯举起至最高位后，稍停，然后再集中肱二头肌的力量控制着慢慢还原至起始位置。

此动作需要一定的基础和技巧，初学者可以先进行站姿弯举或哑铃弯举等简单的训练方法，逐渐提高难度和重量，以达到更好的锻炼效果。同时，为了避免受伤，建议在专业人士的指导下进行练习。

（六）杠铃或哑铃肩部推举

杠铃或哑铃肩部推举可以有效地训练肩部和三角肌的力量，提高肩部力量和形态。具体锻炼方法是：双脚与髋同宽，杠铃放在颈前，采用全握姿势，注意要用掌根支撑杠铃，不要将重量全部压在手腕上。肘关节位于杠铃正下方稍前的位置，保持身体中立位，核心紧绷。将杠铃沿直线举过头顶，直到双臂伸直并锁定，再将杠铃或哑铃缓慢放下至肩部。重复动作进行训练。需要注意的是，杠铃或哑铃肩部推举对三角肌的锻炼效果较好，保持正确的姿势和选择合适的重量才能达到最佳效果。

二、其他训练方法

除了哑铃和杠铃训练方法，还可以通过其他方法进行上肢专项力量训练。如弹力带拉伸、抓握垂吊、站姿绳索前平举、拉力器侧平举、器械绳索器头顶臂屈伸、双杠臂屈伸、坐姿负重屈腕、健身球指力训练等。

（一）弹力带拉伸

弹力带拉伸可以有效地训练肩部和背部的力量。具体训练方法是，将弹力带固定于墙上，手持带子，将带子向后拉伸，直至肩部和背部肌肉感到紧张。保持该状态一段时间后，再松开带子。需要注意的是，在起始位置要保持弹力带有一定的张力，不可松懈无力影响训练效果。

除了弹力带拉伸，还可以使用弹力带进行俯卧撑练习。具体方法是：俯卧在瑜伽垫上，手臂弯曲，双手抓住弹力带。吸气，将手臂伸直将弹力带拉起，使胸部有紧绷感并保持2秒。吐气，慢慢将手臂弯曲，使胸部和肩部有拉伸感。重复该动作，15次为1组，建议做3组。

（二）抓握垂吊

抓握垂吊可以有效地训练手臂和前臂肌肉的力量，可以通过在单杠上练习来锻炼上肢肌肉。具体锻炼方法是，手握单杠，身体悬空，做引体向上，然后将身体缓慢放下，能锻炼前臂肱桡肌的力量。也可以使用身体自重做静力性锻炼，在单杠上用手指半握法垂吊身体，可锻炼手腕和前臂的耐久力。

（三）站姿绳索前平举

站姿绳索前平举是一种针对三角肌前束的练习方法。具体方法是，双脚微微打开站立，挺胸收腹，双手于体前抓住绳索把手，双臂伸直保持手肘微屈。肩部发力向上拉起绳索至与肩同宽，拉至顶点稍停后主动控制速度慢慢还原。可以根据自己的实际情况和需求进行选择，调整重量和动作幅度，以达到最佳效果。

（四）拉力器侧平举

拉力器侧平举是一种针对三角肌中部的运动，这个动作有助于锻炼三角肌中部的肌肉力量与线条。具体锻炼方法是，自然站立，单手持把柄下垂体前，两肘部稍弯曲，拳眼向前。握起拉力器把手，钢缆从身后拉起，另一手可扶实器械以保持平衡。慢慢拉起直至手臂与地面平行，手肘与手掌应处同一高度。在高点时，稍停一秒，慢慢放回起始点，然后重复此动作。要注意的是，手持把手的手肘需要放松微曲，不要将肘关节锁得太紧或超伸，以免造成压力。上举打开时手不要高于肩水平位置，以免造成肩峰突夹挤使冈上肌受伤。这个训练也可以利用弹力带或拉力绳代替。

（五）器械绳索器头顶臂屈伸

器械绳索器头顶臂屈伸是一种针对肘臂单关节的抗阻力训练动作，可以有效地锻炼肱三头肌和三角肌。具体训练方法是：站在绳索器下，面朝绳索拉杆方向。双手握住绳索拉杆，双脚与肩同宽，腰背挺直，核心收紧。然后双臂屈肘，向头顶上方推起绳索拉杆，直到手臂伸直或接近伸直。在顶端稍停顿，感受肱三头肌和三角肌的收缩。然后控制力量，慢慢下放绳索拉杆，还原到起始位置。需要注意的是，这个动作需要保持身体的稳定和平衡，避免前后晃动或左右摇摆。同时，要注意呼吸的配合，向上推起时呼气，还原时吸气。初学者可以先使用较轻的重量进行练习，之后逐渐增加重量和难度，以达到更好的锻炼效果。

（六）双杠臂屈伸

双杠臂屈伸主要锻炼胸肌、肱三头肌和三角肌（前束），兼练背阔肌和斜方肌。所需器材仅为双杠即可，对于初学者且力量不佳者，可选择长凳、床等生活家具，采取同样动作进行（因脚踩地可降低体重负荷）。具体练习方法是：双手分别握杠，两臂支撑在双杠上。头正挺胸顶肩，躯干、上肢与双杠垂直。屈膝后小腿交叠于两脚的踝关节部位。肘关节慢慢弯曲，同时肩关节伸屈，使身体逐渐下降至最低位置。稍停片刻，两臂用力撑起至还原。

在做双杠臂屈伸时，如果双腿向下伸直，身体会前后晃动，容易出现借力的现象，很难保证动作质量。为了稳定身体，可以将两侧小腿向后交叉，同时向上屈膝45度，小腿不要过度上抬。在这种姿势下训练，不仅可以锻炼手臂和肩部肌肉，还能锻炼胸肌下部、背部、腰腹部肌肉，整体训练会更全面。

（七）坐姿负重屈腕

坐姿负重屈腕可以有效地训练前臂肌群和手腕的力量。具体训练方法是：坐姿于器械上（最好选择平稳的长凳），双手正握或反握杠铃（没有杠铃也可以用哑铃代替），前臂置于凳或膝盖上，手腕悬空。然后，用双手正握或反握杠铃，腕部由下向上做屈腕举动作。重复动作进行训练。可以根据自身情况调整动作的难度，例如增加哑铃的重量或者增加动作的组数等。

（八）健身球指力训练

健身球指力训练可以借助健身球来锻炼指浅屈肌、指深屈肌等肌肉，有效强化手掌和手指的敏捷性和力量。具体训练方法是：准备两个健身球，将两只手掌内以手指拨动旋转，锻炼手指的灵活性。练习一段时间后，可以尝试将健身球放在掌心内，用手指拨动旋转，锻炼指浅屈肌、指深屈肌等肌肉。坚持长期锻炼，手指力量会逐渐增强，体力也会随之增强。需要注意的是，健身球指力训练需要坚持长期锻炼才能取得良好的效果，同时也要注意动作的正确性和身体的稳定性，避免受伤。

第二节 躯干专项力量训练方法

铅球运动需要有一个强壮的躯干，以便在训练和比赛中能够更好地发挥力量和技能。躯干专项力量训练的作用是帮助大学生提高躯干的稳定性和核心力量，从而增强推铅球的稳定性和控制力。通过躯干专项力量训练，可以提高核心肌群的力量和稳定性，从而增强学生推铅球的力量；可以帮助学生增强躯干的稳定性和控制能力，使得推铅球动作更加流畅和稳定，也可减少学生在推铅球过程中的运动损伤风险；可以帮助学生熟练掌握推铅球技术的要领和细节，从而提高技术水平和准确度。

一、躯干专项力量训练方法

铅球运动的躯干专项力量训练对提高学生的爆发力、稳定性和铅球控制能力非常重要。具体方法包括前抛铅球训练、后抛铅球训练、摆腰训练、俯卧撑、仰卧起坐、坐姿划船、反向飞鸟和杠铃深蹲等，这些训练方法可以提高躯干肌肉的力量、爆发力和稳定性。

（一）前抛铅球训练

前抛铅球是铅球项目中的一项技术动作，也是一项强度较大的训练项目。可以帮助提高学生的爆发力和下肢的力量，同时也可以提高躯干的稳定性和协调性。具体训练方法是：将铅球从头上或髋下向前抛出，同时踩踏地面，用下肢的力量将铅球推出。如果只是以锻炼躯干力量为目的，可以将铅球替换为实心球。相较于铅球，实心球受场地限制较小，锻炼更为方便。

（二）后抛铅球训练

后抛铅球技术动作需要掌握正确的技巧和姿势。后抛铅球训练可以帮助提高学生的爆发力和躯干的力量，同时也可以提高躯干的稳定性和协调性。具体训练方法是：背对投掷方向，双手持铅球，双臂伸直将球置于体后，同时身体重心后移，双腿微曲，臀部后翘。双手同时用力将铅球向后上方抛出，注意控制手臂和腰腹肌的力量，将球抛出。多次重复该动作，逐渐增加抛出距离和高度。需要注意的是，在练习过程中要注意控制身体的平衡和铅球出手的角度，避免受伤。同前抛铅球训练一样，如果只是以锻炼躯干力量为目的，也可以将铅球替换为实心球。

（三）摆腰训练

摆腰是铅球项目中重要的技术动作之一，可以增强腰部和腹部的肌肉力量。这种训练方法可以有效地提高身体的灵活性和稳定性，同时还有助于燃烧脂肪、身材塑形。具体训练方法是：双脚开立与肩同宽，膝盖微微弯曲，上身放松，保持正直。双手放在腰间，手指向下。向左摆腰，腰部肌肉收缩，同时呼气；向右摆腰，腰部肌肉伸展，同时吸气，重复该动作多次。在适应基础摆腰训练后，可以在腰部增加重量或者增加摆动的幅度和速度，以增加训练的难度。在摆腰训练过程中，要注意腰部的柔韧性和肌肉的控制能力，避免因过度摆动导致受伤。同时，要注意身体的稳定性和平衡性，避免因摆动过大而导致失去平衡。

（四）俯卧撑

俯卧撑是一种常见的增强上肢和躯干力量的训练方法，主要锻炼胸大肌、肱三头肌和三角肌等肌肉群。具体训练方法是：双手撑地，与肩同宽，手指向前，双手与地面平行，脚趾着地，保持身体平直。吸气，慢慢将身体向下推，直到肘部弯曲成90度，胸部贴地。呼气，用胸大肌和肱三头肌的力量将身体推起，直到手臂伸直。重复该动作多次，直至达到所需的锻炼效果。需要注意的是，在俯卧撑过程中要注意身体的稳定性和姿势的正确性，避免依赖肩部和手臂的力量来进行练习。

（五）仰卧起坐

仰卧起坐是一种常用的锻炼方式，主要的目的是增强腰腹力量，长期训练能够提高躯干的稳定性和爆发力。具体训练方法是：仰卧在地上，面朝上，双手放在耳旁，膝盖弯曲，双脚着地。收缩腹部肌肉，抬起上半身，直到肘部碰到膝盖，然后慢慢放下。可以根据自身情况以 10 个或 20 个为一组进行练习。在仰卧起坐过程中，要注意身体的稳定性和姿势的正确性，避免借力颈部和手臂来进行练习。

（六）坐姿划船

坐姿划船是一种增强上、中背部，肩带后侧和肘关节前侧肌肉力量的多关节的复合式上身训练动作。它经常被用来优化上身肌力和体态，对腰椎产生的压力相较于杠铃划船或其他划船动作要更低，经常被用于在肌力增强训练的初级阶段运动员和非专业运动员。具体训练方法是，选择合适的重量，做好准备姿势。脚踏斜板，膝关节自然弯曲，手不要超过足尖，避免过度延展腰椎，手松握 V 形拉杆，如果大重量可以适当紧握。双肩下沉并向前展成含胸姿态，背部肌群呈弧形向两侧全面伸展至最大限度，腹部一定要保持收紧状态。进入动作阶段，肩部从前展向后展过渡，回到中立位保持不变。开始屈肘，肘部保持贴着体侧向下运动的趋势。手拉握把向腹部位移，注意腹肌始终处于收紧状态。背部肌群一旦进入收缩过程，背部和大腿的夹角逐渐增大，背部开始挺直。

坐姿划船采用三点式支撑，与两点支撑相比，对腰椎产生的压力要更低。每次重复动作时要协调一致地完成拉到上腹部或胸下部的动作，并避免用力摇晃，也避免突然朝着躯干向后猛发力。

（七）反向飞鸟

反向飞鸟是一种哑铃训练动作，有助于锻炼背部和三角肌后束。具体锻炼方法是：选择合适重量的哑铃，躺在长凳上，腹部靠在长凳上，抓住哑铃，手掌相对，保持宽握的手法，哑铃与地面平行。手臂向前伸展，与凳子垂直，双腿保持静止，同时腿部不要悬空，脚与地面接触。手肘微微弯曲，抬起哑铃，动作全程都要保持平稳的速度。让肌肉进行更好的收缩，要充分挤压肩胛骨，同时继续抬高手臂，直到与地面平行。在动作的最高点要保持 1～2 秒，只有这样肌肉才会有更强烈的泵感，同时也会延长肌肉处于张力状态的时间。重复以上步骤，练习一段时间后可以逐渐增加哑铃的重量，以达到更好的训练效果。在做反向飞鸟时一定要保持身体的稳定性，不要用肩部和手臂的力量来抬起哑铃，同时要注意正确的技术要领，才能够有效地锻炼背部肌群和三角肌后束。

（八）杠铃深蹲

杠铃深蹲是一项全身性的运动，需要用到很多肌肉群，包括腿部、臀部、背部、腰部等，这些肌肉群共同协作才能完成深蹲动作。通过练习杠铃深蹲，可以锻炼这些肌肉群，提高它们的力量和稳定性，从而增强躯干力量。同时，杠铃深蹲还可以提高身体的代谢率，促进脂肪燃烧，使身体的肌肉线条更加明显，让身体更加健康和强壮。具体训练方法是：双脚分立，比肩稍宽，脚尖与膝盖同方向，全程保持腰背挺直，双臂握住杠铃放于颈后。缓慢下蹲，从侧面看膝盖不要过于超过脚尖，蹲至大腿与地面平行。起身时脚趾抓地挺髋蹲起，重心始终位于脚底中部，腰腹背始终收紧。需要注意的是，杠铃深蹲动作过程中要收紧腰腹部，动作过程中膝盖不要超过自己的脚尖，动作过程中下蹲时吸气，起立时呼气。杠铃深蹲大重量的时候，建议需要同伴在一侧进行保护，因为大重量杠铃深蹲属于比较危险的练习动作。

二、躯干专项力量训练注意事项

大学生群体在躯干专项力量训练过程中，为了确保安全和有效性，应该在专业指导下进行训练，并逐渐增加训练的难度和强度。

训练过程中，要注意正确的姿势和动作，避免因错误的姿势或动作导致受伤。训练的动作难度要适当，要根据自己的能力选择合适的难度，避免过难或过易的动作影响训练效果。躯干专项力量训练需要持之以恒地训练才能获得最佳效果，不能急于求成，要逐渐增加重量，以达到逐步提高力量的目的，避免一次性增加过多重量导致肌肉受伤。要根据个人情况制订合理的训练计划，控制训练的频率和强度。训练过于频繁或过于剧烈会增加受伤的风险，同时也会影响身体的恢复和修复。

同时，在训练过程中，要注意腹侧、背侧、体侧肌力的均衡发展，避免某一侧的肌肉过于发达，影响身体的平衡和健康。训练后要进行适当的拉伸和放松，帮助肌肉恢复和生长。训练环境也很重要，要选择合适的场地和器械进行训练，避免不合适的场地和器械导致受伤或影响训练效果。

第三节　核心专项力量训练方法

核心力量训练的作用是帮助大学生群体提高核心肌群的力量和稳定性，使得推铅球动作更加流畅和稳定。所谓"核心"是人体的中间环节，就是肩关节以下、髋关节以上包括骨盆在内的区域，是由腰、骨盆、髋关节形成的一个整体，共包含29块肌肉。核心肌肉群的训练对于提高身体的稳定性和控制能力非常重要。通过加强核心肌肉的锻炼，可以提高身体的平衡性、灵活性和耐力，从而更好地应对各种运动挑战。核心肌肉的锻炼可以通过各种方式进行，如平板支撑、俄罗斯转体、仰卧起坐、深蹲等练习，这些练习可以帮助激活和强化核心肌肉，提高其力量和稳定性。

一、核心力量及其部位

核心肌肉群承担着稳定重心、传导力量等作用，是整体发力的主要环节，这些肌群位于躯干的中心位置，包括腹肌、背肌、臀肌和腰部肌肉等。对四肢的活动、发力有着承上启下的作用，它们在身体活动中起着枢纽作用。核心肌肉群在运动中不仅起到支撑和稳定身体的作用，还与身体的动力链密切相关。它们通过协调和整合不同肌肉群的活动，确保身体的整体发力效果和动作的协调性。当身体进行上下肢活动或用力时，核心肌肉群会发挥关键作用，确保力量的有效传递和控制身体的运动。

腹肌是核心肌群中最为重要的肌肉之一，腹肌在核心肌群中扮演着非常重要的角色。包括腹直肌、腹外斜肌、腹内斜肌和横膈膜等。腹直肌是腹部肌肉中最大的肌肉，可以控制躯干向前弯曲和向后伸展的动作。腹外斜肌和腹内斜肌则分别位于腹直肌的两侧，可以控制躯干的旋转和侧弯。横膈膜则位于腹腔和胸腔之间，可以控制呼吸和腹部的稳定性。在核心肌群的训练中，腹肌的训练是必不可少的一部分。各种针对腹肌的训练方法，如仰卧起坐、平板支撑、悬挂抬腿等，都可以有效地锻炼和强化腹肌。通过持续进行腹肌训练，可以提高核心肌群的稳定性和整体运动表现。

背肌也是核心肌群中重要的肌肉之一，它们通过收缩和伸展来支撑脊柱的稳定性和姿势，还可以协调呼吸和参与身体运动。包括背阔肌、斜方肌和多裂肌等。背阔肌位于腰背部和胸部外侧皮下，可以控制躯干向后伸展和旋转的动作。斜方肌和多裂肌则分别位于背阔肌的两侧，可以控制躯干的侧弯和旋转。引体向上、倒立撑、坐姿划船等训练方法，都可以有效地锻炼和强化背肌。

臀肌包括臀大肌、臀中肌和臀小肌等，位于腰部和髋部之间。臀大肌是臀肌中最大的肌肉，可以控制髋关节的伸展和旋转。臀中肌和臀小肌则分别位于臀大肌的内外侧，可以控制髋关节的外展和内收。臀大肌主要负责髋关节伸张的动作，在一些较激烈的躯干伸张动作和下肢伸张、外展和外转动作中起到明显的作用。臀肌的锻炼可以帮助大学生群体改善身体姿态和形体，使臀部更加丰满紧实，从而增加身体的美感。

腰部肌肉主要包括腰方肌、腰大肌、腰小肌等，它们通过收缩和伸展来支撑腰椎的稳定性和姿势，还可以协调呼吸和参与身体运动。腰部肌肉是维持身体上半身稳定性的重要结构之一，通过维持和增强脊柱的稳定性，帮助身体保持平衡和稳定。腰部肌肉还与核心肌群中的其他肌肉协同作用，共同维持身体的平衡性和稳定性。这些腰部肌肉在躯干的稳定性、脊柱的运动以及核心力量的发挥中起着重要的作用。在运动、举重、姿势控制和日常活动中，这些肌肉群的协调和强度都是至关重要的。

二、核心力量训练方法

人体核心肌群力量训练专注于加强腹部、背部、腰部等核心肌群的力量和控制能力。在大学生铅球运动中，通过综合运用这些训练方法，大学生可以全面提升他们的爆发力、稳定性和运动控制水平。

（一）腹部肌肉群的训练方法

腹部肌肉群的锻炼可以通过平板支撑、卷腹、踩单车、俄罗斯转体等动作来进行。这些动作可以增强腹肌的力量和稳定性，从而提高人体的爆发力和平衡能力。腹部肌肉群的训练方法具体如下：

第一，平板支撑。双肘至双手的部位紧贴地面，双脚紧贴地面，类似俯卧撑。

第二，平板撑侧抬腿。双手平板支撑在地面，肩部与臀腿呈直线的状态，单侧腿屈膝向前提，反复进行。

第三，动态侧支撑。以左侧为例，左臂肘部以下置于地面。双腿并拢，左脚置于地面。右臂肘部屈曲，右手置于腰部。

第四，踩单车。躺在地上，双手置于头后，手肘反向并朝腿部聚拢，然后双腿动作似踩单车，这样可以燃烧腹部的脂肪。

第五，西西里卷腹。坐在地上，双脚微微分开，双手交叉放在胸前。吸气，肚脐用力收紧，使身体上半部分逐渐靠近地面，直到感觉到腹肌有明显的收缩发力感。保持这个姿势，然后呼气，同时慢慢地把头抬起来，尽量使眼睛能看到天花板。在呼气的同时，把身体上半部分慢慢地抬起，逐渐远离地面，直到感觉到腹肌有明显的伸展感。重复上述步骤，进行多次练习。

第六，两头起卷腹。平躺在地上，四肢伸直，双臂置于头部上方，然后四肢慢慢由地面向上靠拢，最好能四肢向触。

第七，俄罗斯转体。臀部置于地面，上半身向上抬起75～80度，双下肢抬起约30度，然后双手指尖靠拢、掌心向下，从左侧下方移至右侧下方，再从右侧移至左侧，如此循环，使腹部持续紧张，转向的过程中，感受到腹部发力明显。

（二）背部肌肉群的训练方法

背部肌肉群的训练方法可以通过杠铃划船、引体向上、哑铃背部训练、杠铃耸肩等动作来进行。这些动作可以增强背部肌肉的力量和稳定性，从而提高人体的爆发力和平衡能力。背部肌肉群的锻炼方法具体如下。

第一，杠铃划船。手握杠铃，双脚间距与肩同宽。双手正握的距离要在大腿外侧。吸气准备腰背挺直，以髋关节为轴心，上半身向前倾斜，同时腿部微屈。上半身与地面的夹角保持在0～45度。手臂上拉，用背部肌肉带动手臂进行训练。在动作顶端，手肘成90度。需要注意保持动作的幅度，手臂伸直时，肩胛骨必须保持一定的紧张，不能为了伸展肌肉而完全放松肩胛骨。在杠铃划船时，正反握的选择会影响锻炼效果。正握的时候，肩关节是内旋状态，背阔肌可以更加充分地收缩；反握的时候，肩关节是外旋状态，对三角肌后束的锻炼更加有效。

第二，引体向上。跳起以正手抓住单杠，随即牵引上升至下巴于单杠上的位置。维持躯干稳定，收缩腹部肌群、肩部肌群，将身体重量支撑住。维持1～2秒后，身体放松回到原点。引体向上的种类包括静力引体向上和借力引体向上（借力引体向上可以摆动身体）。

第三，哑铃背部训练。①俯身哑铃划船，双脚微微分开站立，微屈膝，背部挺直，核心收紧，屈髋向前俯身至与地面呈45度左右，双手各握哑铃垂于体前，保持身体稳定，保持背部挺直，背部肌群发力带动手臂向腹部方向移动顶点稍停，收缩背部肌群，然后控制速度慢慢还原。②哑铃直腿硬拉，双手各握一个哑铃，掌心向内，两脚与肩同宽站立。保持背部挺直，屈髋屈膝下蹲，至哑铃触及膝盖后，站起还原。③单臂哑铃划船，单手持哑铃，另一手掌和膝支撑于长凳上，距离20～30厘米。抓哑铃然后伸臂做准备动作，尽量提拉哑铃至最高处，保持肘部朝后。提拉的手臂与身体保持接近距离。

第四，杠铃耸肩。挺身站直，双脚开立与肩同宽，双手在身前抓握杠铃，正握（掌心朝向大腿）。握距应比肩略宽，可以使用腕带来辅助抓握。在耸肩的过程中，要尽量使肩膀向上抬起，这样可以有效地锻炼斜方肌和肩部肌肉。在动作过程中，手臂应全程伸直或微屈但保持全程紧张，不要用肱二头肌的力量拉动杠铃。在动作过程中，要注意呼吸的控制，尽量在呼气时完成动作，缓慢地还原至起始位置，同时吸气，重复以上动作。在练习时，可以根据个人情况逐渐增加杠铃的重量和次数，以增强肌肉力量和耐力。

（三）腰部训练方法

腰部肌肉群的训练是核心肌肉群中容易被忽视的。腰部训练可以通过平板支撑、仰卧抬腿、俯卧撑和侧卧举腿等动作来进行。腰部肌肉群的训练方法具体如下。

第一，平板支撑。平板支撑是一种类似于俯卧撑的肌肉训练方法，但无须上下撑起运动，在锻炼时主要呈俯卧姿势，身体呈一条直线并且保持平衡，可以有效地锻炼腹横肌，被公认为训练核心肌群的有效方法。平板支撑要选择柔软度合适的平面，瑜伽垫最为适宜。然后在垫子上做好俯卧撑的准备姿势。在俯卧撑动作的基础上，手臂的肘关节处弯曲，使手臂呈90度状态，前臂要贴近地面，手掌掌心向下贴合地面。两手臂之间的距离和肩宽相近。双脚前脚掌着地，脚掌适度弯曲，身体腾空，离开地面，头部、颈部、肩部、背部、臀部和脚踝部保持一条直线，躯体用力伸直。需要注意的是臀部不要翘起，腰部不要下凹。做支撑时腹部发力，收紧腹部肌肉，同时也收紧臀部，这是在锻炼腹肌和盆底肌。运动过程中，不要抬头，双眼可以注视地面，保持匀速呼吸。

第二，仰卧抬腿。仰卧于垫子上，双手自然贴于身体两侧，双腿并拢，膝盖弯曲，用腹肌收缩的力量将双腿向上抬起，至与地面成90度。保持上身不动，双腿再向上抬高至与地面呈一条直线，注意臀部不要离开地面。保持数秒后缓慢放下双腿，重复以上动作。

第三，俯卧撑。身体呈一条直线，双手撑地，向下弯曲手肘的同时躯干向地面靠近，然后再慢慢撑起身体，每组重复 10～15 次，做 3～4 组。

第四，侧卧举腿。侧卧在地上，用手肘支撑头部，上身微抬，单腿发力，绷紧肌肉，抬至 45～60 度，再慢慢放下，恢复原状，每侧重复 15 次，做 3～4 组。

第四节　髋关节专项力量训练方法

髋关节是人体最大的关节之一，也是进行多种体育项目中最为重要的关节之一。髋关节专项力量训练在大学生铅球训练中具有重要作用。通过训练髋关节周围的肌肉和韧带，可以提高髋关节的稳定性和灵活性，减少受伤的风险。通过训练髋关节的内旋和外旋肌肉，可以增加髋关节的活动范围，有助于提高运动表现和日常生活的身体舒适度。在竞技体育中，髋关节专项力量训练可以提高人体的下肢力量和爆发力，增强运动表现。

一、髋关节专项力量训练方法

髋关节专项力量训练对提高人体的爆发力、下肢力量和稳定性至关重要。在铅球运动中，髋关节的力量和稳定性对于推动和控制铅球的动作非常关键。以下是一些常见的髋关节专项力量训练方法。

(一) 髋关节外展训练方法

髋关节外展训练是一种针对髋关节外展肌群的训练方法，主要作用是增强髋部外展肌群的力量和稳定性，有助于改善髋部外展肌力量薄弱的情况。髋关节外展训练的步骤为侧躺在瑜伽垫上，将一只手肘支撑身体，另一只手放在腰部，将腰部向上抬起。保持这个姿势数秒，然后放下，再换另一侧进行练习。在练习时，需要注意保持正确的姿势，避免借力其他部位和憋气等不良习惯。

（二）髋关节外旋训练方法

髋关节外旋训练主要可以锻炼髋关节的内旋和外旋肌肉，有助于增强神经肌肉控制。具体训练方法是：站姿横向打开骨盆进行髋关节外旋分离，当横向旋转髋关节时，骨盆向内转动或者向反方向活动，有利于激活髋部肌肉。

（三）髋关节后伸训练方法

髋关节后伸训练主要可以增强髋关节周围肌肉韧带的力量，起到保护髋关节的作用。可以锻炼臀大肌、腿二头肌等肌肉，提高髋关节的稳定性和力量。具体训练方法是，俯卧姿势做下肢后伸的动作，可以直接锻炼下肢后侧的臀大肌、腘绳肌。

（四）踏空锻炼训练方法

踏空锻炼，主要是锻炼髋关节周围的肌肉和软组织，具体方法为仰卧姿势后髋关节与膝关节同时屈曲，可以锻炼膝关节的软组织。小腿悬于空中，双腿交替进行腕关节的屈伸运动，可以锻炼髋关节周围肌肉和关节，以防股骨头塌陷、肌肉萎缩。

（五）踝泵训练

踝泵训练是一种针对踝关节的锻炼方法，有助于促进下肢血液循环，但也可以间接锻炼髋关节。在踝泵训练中，当脚背绷直时，可以拉伸髋关节的内收肌和髂腰肌等肌肉，从而增强这些肌肉的力量和柔韧性。坐姿，双足自然下垂，脚心朝前。缓慢、用力、有节奏地绷直脚背，保持1～2秒，然后缓慢放松脚背至起始姿势。一组动作完成后，停顿1～2秒，然后重复上述动作。建议每天进行3～4组，每组10～20个动作。

二、髋关节专项力量训练注意事项

在进行髋关节专项力量训练之前，需要明确自己的训练目标，并根据目标制订相应的训练计划和训练强度。

髋关节专项力量训练包括多种训练方法，需要选择适合自己的训练方法，并根据自己的训练目标和身体状况进行调整。在进行髋关节专项力量训练时，需要注意正确的姿势和呼吸方式，避免养成借力和憋气等不良习惯。在进行训练时，需要根据个人情况和训练目标进行合理的训练强度的安排，训练强度过大可能会导致肌肉拉伤、关节损伤等问题。在进行髋关节专项力量训练时，需要注意保护髋关节周围的肌肉和韧带，避免过度拉伸和扭曲。如果感到疼痛或不适，应该停止训练并寻求专业人士的建议。训练后需要进行适当的拉伸和放松运动，以促进肌肉的恢复和预防肌肉疲劳。

第五节　下肢专项力量训练方法

下肢专项力量训练的作用是帮助大学生群体提高下肢肌肉的力量、爆发力和稳定性，从而增强推铅球的核心力量和稳定性。通过针对性的训练，可以增强下肢的肌肉力量，提高下肢的支撑和运动能力。针对性的下肢力量训练可以提高肌肉的耐力，使人体在比赛或训练中能够更持久地发挥。针对性的下肢力量训练可以增强下肢肌肉的力量和稳定性，从而提升运动表现力和竞技水平。

一、下肢专项力量的训练方法

下肢专项力量的训练方法，包括深蹲训练、跳跃训练、腿举训练、坐姿腿屈伸训练和臀桥训练等，训练方法具体如下。

第一，深蹲训练。深蹲是一种经典的训练方法，可以有效地锻炼下肢肌肉力量，包括臀大肌、大腿前侧和后侧的肌肉。在深蹲过程中，需要保持正确的姿势，包括挺直腰部、收腹、抬头挺胸等，同时需要注意呼吸方式，避免养成憋气和过度用力和借力等不良习惯。深蹲训练可以采用不同的形式，如徒手深蹲、抱头深蹲、杠铃深蹲和哑铃深蹲等。这些训练方法可以有效地锻炼下肢肌肉，提高下肢的力量和稳定性。

第二，跳跃训练。跳跃训练可以有效地锻炼下肢肌肉力量，包括大腿、小腿和臀部等部位的肌肉。在跳跃训练过程中，需要下肢肌肉的协调运动和爆发力，从而增强肌肉的力量和耐力。跳跃训练可以采用不同的形式，如单脚跳、双脚跳、连续跳和跳高等。这些训练方法可以有效地锻炼下肢肌肉，增强下肢的力量和稳定性。在跳跃训练中，需要注意保持正确的姿势和呼吸方式，避免出现过度疲劳和损伤。

第三，腿举训练。腿举训练主要针对大腿及小腿肌肉，能够有效地提高腿部肌肉的力量和耐力。腿举训练的步骤，先将腿举机座位调整到适当的位置，踏板起始位置调整到最高点，再平稳地坐在座位上，腰背部挺直，腰臀贴紧垫子，屈膝，双脚蹬住踏板，调整好足间距。然后吸气，用力向上蹬起踏板，直到双腿膝关节伸直后，缓慢地弯曲膝关节，将踏板逐渐还原。重复上述动作。腿举训练有多种变体，如标准脚间距、窄脚间距、宽脚间距和双脚放高等，分别针对不同的腿部肌肉进行训练。腿举训练对膝关节有一定的冲击力，建议在专业人士的指导下进行训练，避免受伤。

第四，坐姿腿屈伸。坐姿腿屈伸是一个单关节练习动作，可以孤立地训练大腿前侧的股四头肌。股四头肌是全身体积最大的肌肉，有四个肌头：股直肌、股内侧肌、股外侧肌和股中间肌。具体方法是坐在腿部伸展器上，选择好重量后，脚踝在垫子后面，脚面紧贴脚踝垫，勾脚尖，坐直，臀部、下背部紧靠座椅，抬头，挺胸，收腹，面向前，握着座椅边沿或握柄。呼气的同时，用股四头肌，全范围地缓慢伸展膝关节，最大限度伸展双腿。确保身体的其他部分在座位上保持不动。在肌肉紧张的位置保持1秒。吸气的同时，慢慢将重量降低至最初的位置，确保在小腿之前不要超过90度。进行练习时尽可能往后坐，保持臀部和下背部全程紧贴座椅。当腿部完全蹬直后，膝盖不要完全伸直，将力量大多让肌肉承担，否则很容易造成膝盖受伤。

第五，臀桥训练。臀桥训练主要针对臀部肌肉，但同时也能锻炼到腿部和腰部肌肉。锻炼方法是仰卧在垫子上，双腿弯曲，双脚分开踩在地面上，略为大于肩宽。臀部为主要发力部位，使臀部以及背部下半部分离开垫子，直至大腿、臀部与背部下半部分处于同一水平线上，停顿1～2秒。身体下落时，背部贴近垫子，但臀部依旧保持悬空状态。其间保持均匀地呼吸，不要憋气。每组20个,做2～4组,组间休息20秒,可根据实际情况增加或减少一定的训练组数。需要注意的是,臀桥训练过程中不要过度挺腰,主要发力部位应该是臀部,而非腰部。

二、下肢专项力量训练注意事项

在进行下肢专项力量训练时,需要根据个人情况选择适宜的训练强度和训练方法,以免造成不必要的伤害。建议在教练的指导下进行训练,同时注意饮食和休息,以保证身体的恢复和训练效果的提高。具体的注意事项如下所述。

铅球训练中下肢专项力量训练的重点在于提高肌肉的力量和耐力。因此,需要选择合适的训练重量和次数,以达到适当的肌肉负荷和刺激效果。一般建议以60%～80%的最大负荷为宜,每组重复次数控制在6～12次。

在下肢专项力量训练中,动作的规范性和正确性非常重要。动作的规范性,需要注意身体的姿势和动作过程中的动作路径,避免出现不正确的动作和姿势。要综合训练肌肉群,不仅要注重大腿肌肉的训练,还需要注重腹肌、臀肌、腰背肌等肌肉的训练,以达到全面提高下肢专项力量的效果。另外,训练周期和强度需要根据个人的情况来制订,不同的人具备不同的训练状态和训练能力,需要根据自身情况来量身定制训练计划。一般建议每周进行2～3次下肢专项力量训练,每次训练时间在60～90分钟。同时,下肢力量训练需要消耗大量的能量和营养物质,因此要注意合理的饮食搭配,保证足够的营养和能量供给。同时,适当的休息也是必要的,可以帮助肌肉恢复和生长。

第六节　专项力量训练注意事项

从整体上讲，大学生铅球训练的专项训练要结合实际，注重力量训练，只有选用符合肌肉力量训练的方式，科学地进行组织，以及坚持正确的训练原则，才能体现力量训练的功能，最终使成绩提高。

一、注意系统化训练

在大学生铅球训练中，专项力量训练的系统化非常重要，这是因为系统化的专项力量训练对于学生的身体发展、伤病预防、技术提高和训练管理都具有重要意义。通过科学、有序的力量训练，可以为学生打下坚实的基础，提高其竞技水平和成绩表现。

在进行铅球专项力量训练之前，需要明确训练目标。训练目标应该是具有可行性、明确和量化的，以便更好地制订合理的训练计划和监督训练过程。要根据训练目标，制订合理的训练计划。训练计划应该包括训练强度、训练量、训练频率、休息时间和恢复等方面的安排，以便更好地控制训练过程并避免出现过度训练和受伤等情况。根据不同的训练阶段，制订不同的训练计划。铅球专项力量训练的不同阶段需要注重不同的力量训练和技术训练。在力量训练方面，需要注重底力训练、稳定性训练和爆发力训练等方面的训练；在技术训练方面，需要注重平衡力和协调力等方面的训练。

在训练过程中，需要不断地监督训练进程，并根据实际情况进行调整。需要检查训练计划的执行情况和训练效果，及时发现问题并采取相应的措施。同时，要定期评估训练效果，并根据评估结果进行调整。通过评估和调整，可以更好地控制训练过程，防止训练效果的下降和受伤的发生。

二、注意规范性训练

在大学生铅球训练中，注意规范性训练非常重要。规范性训练可以提高学生的安全性，减少受伤风险；培养正确的动作技巧和运动模式，提高动作的效率和质量；帮助学生更好地利用训练时间和精力，提高力量输出和爆发力；提升竞技水平，让学生在比赛中表现出更高水平和更好的成绩。通过注重规范性训练，学生可以建立良好的基础，发展出稳定、准确和高效的技术动作。

训练之前要制订科学合理的训练计划。训练计划需要根据学生的身体素质、训练状态、年龄、性别等方面的不同，量身定制个性化的训练计划。训练计划需要包括训练强度、训练频率、训练时间、训练内容等方面的具体细节。

训练过程中，训练场地需要符合安全规范，场地的条件和设施需要满足训练需要。训练场地需要保持整洁和安全，以避免学生在训练中受到意外伤害。训练方法需要根据训练目标和训练内容进行选择，需要遵循科学的训练原则，避免出现过度训练和错误训练。需要保证训练方法的正确性和有效性。教练要在训练过程中进行监督和管理，要对学生的训练状态进行监督，及时调整训练计划和训练强度，以达到最佳的训练效果。教练要对训练过程进行管理，保证训练的科学性和安全性。教练对训练成果进行评估和反馈，要对学生的训练效果进行评估，了解学生的训练进展和成果，以调整训练计划和训练方法。同时，教练需要对学生进行正面的反馈，鼓励学生继续努力。

三、注意个性化训练

个性化训练需要根据每位学生的特点和需求进行量身定制，以最大限度地发挥其潜力和优势。每个学生都具有独特的身体条件、技术能力和训练反应。因此，个性化训练可以根据学生的特点和目标来调整训练计划、选择适合的训练方法和强化重点。通过个性化训练，学生可以获得更好的训练效果，提高技术水平，充分发挥自身优势，并更好地适应比赛需求。个性化训练还能够增强学生的自信心和动力，促进其积极参与和持续进步。因此，重视个性化训练是确保学生铅球运动员取得优异成绩和持续发展的关键。

在进行个性化训练之前，需要对学生的身体素质进行全面的评估。评估的内容包括力量、速度、柔韧性、平衡力等方面。通过评估，可以了解学生的身体素质状况，从而根据实际情况制订个性化的训练计划。要根据学生的身体素质和训练状态，量身定制个性化的训练计划。对于身体素质较弱的学生，需要注重基础力量的训练；对于身体素质较好的学生，需要注重爆发力和稳定性的训练。需要针对不同的训练阶段，制订不同的个性化训练计划。

在个性化训练中，要重视技术和姿势的训练。不同的学生在技术和姿势方面存在差异，需要根据个人情况进行训练和调整。通过技术和姿势的训练，可以提高学生的技术水平和比赛表现。教练要不断地监督学生的个人进展，并根据实际情况进行调整。另外，在铅球专项力量训练中，营养和饮食同样非常重要。需要根据学生的个人情况，量身定制个性化的饮食和营养计划，以保证学生的身体得到充分的营养和能量的支持。

四、把握训练量和训练强度

训练量指的是训练的总体量和频率,而训练强度则是指训练的负荷和强度程度。正确把握训练量和训练强度可以确保训练的有效性和安全性。合理的训练量能够满足学生的身体适应能力,逐渐增加训练负荷,促进身体的适应和进步。同时,适度的训练强度可以刺激肌肉和身体系统的发展,提高学生的身体力量和爆发力。然而,过度的训练量和过高的训练强度可能会导致肌肉疲劳、关节损伤和成绩退步。因此,了解学生的具体情况、合理安排训练计划,并根据训练反馈和体能测试来调整训练量和强度非常重要。这样可以确保训练的持续性,最大限度提高训练效果,同时减少受伤风险,使学生能够持续进步和取得优异成绩。

训练计划是制订训练量和强度的依据,需要根据学生的身体素质、训练状态、年龄、性别等方面的不同,制订个性化的训练计划。训练计划需要包括训练强度、训练频率、训练时间、训练内容等方面的具体细节,以确保训练量和强度的科学性和有效性。

训练计划执行过程中,要根据训练原则,包括渐进式超负荷、个性化、循序渐进等方面,实施合理的训练量和强度,避免出现过度训练和错误训练。要对学生的身体状态进行定期评估和监测,包括身体状况、训练反应和心理状态等方面。根据监测结果调整训练量和强度,以保证训练效果和安全性。要根据学生的训练反应调整训练量和强度是把握训练量和强度的有效方法。如果学生的训练反应良好,可以适当增加训练量和强度,以提高训练效果;如果学生的训练反应不好,需要适当减少训练量和强度,以避免出现过度训练和伤害。要听取学生的反馈,了解学生的感受和身体状况,以调整训练量和训练强度。需要充分考虑学生的意见和建议,以提高训练效果和学生的参与度。

五、训练设计与动作特点相统一

推铅球动作具有独特的技术要求和特点，包括对运动员爆发力、协调性、稳定性等方面的要求，因此训练设计应该与这些动作特点相统一。通过与动作特点相统一的训练设计，可以更好地培养学生所需的身体能力和技术能力，帮助他们更好地掌握和应用推铅球动作技术。训练设计应该注重提高爆发力和动作的协调性，以增强学生的动作效率和力量输出。此外，稳定性训练也是至关重要的，以确保学生在动作过程中的身体的稳定性和控制能力。通过与动作特点相统一的训练设计，大学生可以更好地适应铅球运动的要求，提高技术水平，并在比赛中发挥出更好的水平。因此，训练设计与动作特点相统一是确保学生有效训练和取得进步的重要因素。

铅球运动的专项力量训练需要根据铅球运动的特点来制订。训练内容应该注重肌肉力量的爆发性和协调性的提高，强调上肢的力量训练，同时也要注重下肢的力量训练。针对不同的训练目标，需要选择不同的动作特点来进行力量训练。例如，如果训练目标是提高下肢肌肉的力量和爆发力，可以选择深蹲、硬拉、推举等动作；如果训练目标是提高上肢肌肉的力量和爆发力，可以选择卧推、引体向上、哑铃反向飞鸟等动作。随着训练的深入，训练目标和训练阶段也会不断变化，因此需要根据不同的训练阶段和周期进行训练计划的调整。例如，在力量训练的初期，可以重点训练肌肉力量的基础，采用高强度、低重量的动作；在训练的中后期，可以逐渐增加训练的复杂度和难度，采用低强度、高重量的动作，以提高肌肉的爆发力和速度。在力量训练中，技术动作的规范性也是非常重要的，需要强调动作的正确性和规范性，避免出现不良的动作习惯和姿势，以减少学生在训练中受到伤害的风险。

第七节 推铅球专项技术训练方法

推铅球专项技术训练的作用是帮助大学生熟练掌握推铅球的技术动作和技巧，从而提高技术水平和投掷精度。通过推铅球专项技术训练，可以帮助学生通过正确的技术动作，将身体的势能有效转化为铅球的推力；可以帮助学生提高身体各部位的协调能力，使得推球动作更加流畅和稳定；可以帮助学生掌握正确的动作节奏和呼吸方式，从而提高推铅球的效果和稳定性；可以帮助学生避免一些不必要的动作失误，减少在推铅球过程中的运动损伤风险。

一、推铅球专项技术训练方法

推铅球专项技术训练在大学生的铅球技术发展和竞技成绩中起着至关重要的作用。该训练旨在培养学生的技术能力、力量输出和运动协调性，涵盖了正确的姿势、技术动作、模拟等多个方面。通过系统、科学的训练，学生可以提高技术水平、力量输出和动作的稳定性，从而更好地提高成绩。

第一，掌握正确的姿势。正确的姿势是推铅球的基本要求。学生需要通过专业教练的指导，学习正确的准备姿势、滑步动作、转体姿势和出手姿势等，以培养使用正确姿势的习惯。以最简单的原地推铅球为例，其正确的姿势（以右手推铅球为例）：站在投掷圈内，双脚分开与肩同宽，面对投掷方向。然后，将铅球放在锁骨窝处，贴于颈部，下颌向右转，右臂屈肘，掌心向内，上臂与肩齐平或略低于肩，左臂自然上举，两眼平视前方。最后用力时，右腿积极蹬伸，推动右髋向投掷方向转动，上体在转动中逐渐抬起，同时躯干的肌群积极收缩。左臂和左肩高于右肩，铅球尽可能保持较低位置，重心压在右腿上。右腿蹬伸，进一步将右髋向投掷方向送出，右臂迅速而有力地将球推出。铅球快出手时，手腕稍向内转同时屈腕，快速而有力地拨球，使铅球从手指离开。

第二，技术分解训练。通过推铅球的技术分解训练，可以帮助学生更好地掌握每个技术环节。技术分解训练是指将一个完整的技术动作分解为若干个部分，然后分别进行有针对性的训练。这种训练方法有助于学生更好地掌握技术要领，提高技术水平。在铅球运动中，技术分解训练可以将整个推铅球动作分解为多个步骤，如握持铅球、准备动作、转体、推铅球和保持平衡等。每个步骤都需要进行详细的讲解和示范，并要求学生在训练中逐渐掌握每个步骤的技术要领。

第三，视频分析法。在铅球运动中，视频分析法可以用于评估技术动作和表现，帮助教练员和学生进行有针对性的指导和训练。具体来说，视频分析法可以通过以下四个方面来评估学生的技术和表现。①动作姿势分析，通过视频回放，对学生的动作进行逐帧分析，观察每个动作细节是否符合技术要求，包括握持铅球、准备动作、转体、推铅球和保持平衡等。教练可以针对学生的动作姿势进行指导和纠正，提高技术水平。②推球轨迹分析，通过视频回放，对学生推铅球的轨迹进行分析，观察铅球的飞行路径是否直、稳，以及分析出手的角度、高度和速度等参数。这可以帮助教练评估学生的技术水平和推铅球的效果，进而进行有针对性的训练。③力量分析，通过视频回放，对学生推铅球时的力量进行评估，包括蹬伸力量、转体力量和手臂力量等。教练可以通过力量分析来了解学生的力量特点和技术瓶颈，进而制订相应的训练计划。④节奏和平衡分析，通过视频回放，观察学生的身体姿态和重心转移是否合理。这可以帮助教练员指导运动员调整节奏和平衡，提高技术表现力和稳定性。视频分析法在铅球运动中具有重要的作用，可以帮助教练全面评估学生的技术和表现，发现技术瓶颈和问题，进而进行有针对性的指导和训练。同时，视频分析法还可以提高学生对自身技术的认识和理解，促进技术水平的提高。

第四，模仿训练法。模仿训练是通过观察和模仿其他优秀运动员的技术动作，来提高自身的运动水平。例如，可以通过观察周边成绩好的同学，也可以通过各大运动会的录像，来分析并模仿著名铅球运动员的技术动作，学习他们推铅球的方法，从而提高自身成绩。不过，需要取长补短，仔细斟酌和辨别选择适合自己的方法，别人的投掷方法与技术动作并不一定完全适合自己，所以模仿训练要在教练的指导下进行。

二、推铅球专项技术训练注意事项

大学生推铅球专项技术训练，要注意安全第一、专业指导、技术规范、适量训练和均衡训练等。

要有安全第一的意识，铅球运动是一项有着较高风险的运动项目，教练和学生在比赛和训练的过程中，应当始终将安全放在首位。在进行推铅球训练时，应该注意场地的安全和设施的完好性，选择适合的运动装备，避免受伤。此外，在日常训练中，要注意周围环境，在场地平整、无障碍物和周边没有其他人员的情况下进行。

训练过程中，教练和学生应该注重技术动作的规范和细节，避免养成不良的动作习惯和姿势。在训练过程中，要不断检查和调整投掷技术，确保技术动作的规范和稳定性。同时，推铅球训练需要有计划地进行，铅球技术需要长时间的训练和磨炼，要坚持不懈地进行练习和改进，逐步增加训练量和训练强度，避免因过度训练而导致运动损伤。同时，要注意结合个人特点和实际情况，制订个性化的训练计划，提高训练效果。同时，推铅球训练不仅要注重专项技术的训练，还需要配合全身力量和协调性训练，教练和学生应该注重综合训练，均衡发展各方面的能力，提高整体的运动水平。

第六章　大学生铅球比赛技术战术

铅球运动中的技术和战术是比赛中获胜的关键。大学生铅球比赛需要具备扎实的技术基础和熟练的技术操作，根据比赛情况灵活调整战术，具备良好的心理素质，这样才能取得最佳的比赛成绩。

第一节　大学生铅球比赛技术分析

从铅球运动比赛的实践来看，能够影响成绩的关键是正确的准备动作、投掷时的起动和加速的正确性、控制支撑的力度和角度、把握推拨球的力度和时机、出手后维持身体平衡。大学生只有掌握这些技术并达到要求，才能在赛场上获得更好的成绩。

一、正确的准备动作

准备动作是推铅球前的准备姿势。准备动作包括站姿、手臂姿势、铅球放位、腿部姿势。

站姿是推铅球的基础。需在场地上找到合适的位置站稳，双脚分开约一肩半宽或略宽，重心完全落于蹬地腿上，身体稍向后拧紧。同时，要保持膝盖微微弯曲，以便后续的起动和加速。脚尖稍微向外指，有助于保持身体平衡和稳定。将身体的重心放在脚尖上，有助于提供稳定的支撑和保持身体的平衡。腰部微微向前弯曲，有助于保持身体平衡和稳定，同时可以提供更多的力量。

手臂姿势。以右手推铅球为例，需保持左臂放松自然，右手持铅球于颈部。在后续的推拨球动作中，手臂需要协调配合，保持球体的稳定，以确保铅球的准确投掷。右臂应该弯曲，有助于提供更多的力量和准确性。左臂应该伸展并指向右臂的相反方向，有助于保持身体平衡和稳定。

铅球放位。铅球放到锁骨内端上方，贴紧颈部，有助于提供稳定的支撑和保持身体的平衡。肩膀位置需要保持肩膀平衡，避免出现肩膀前倾或后仰的情况。在起动和加速时，肩膀需要尽可能地放松，以便身体的自然运动。

腿部姿势应该保持稳定，以控制投掷时的平衡。应将腿部分开约一肩半宽，并保持膝盖弯曲的状态。腿部姿势还需要提供足够的力量传递，以产生推动力和加速度。在准备动作中，通常会将重心完全落于右腿，然后通过腿部的推力将身体向前推进。腿部姿势也需要与其他身体部位的动作协调一致。在准备动作中，腿部的推动力需要与转体动作相结合，以达到最佳的投掷效果。应该通过训练和练习，使腿部的动作与上半身的动作协调配合。此外，腿部的灵活性和柔韧性对于正确的腿部姿势至关重要。灵活的腿部可以提供更大的活动范围和更好的动作控制。因此，应该进行适当的腿部伸展和柔韧性训练，以增强腿部的灵活性和运动能力。

二、投掷时的起动和加速

起动动作和加速动作直接影响到推铅球的力量和速度，进而影响到比赛成绩。正确的做法是，在起动时，需要控制好身体的平衡，然后再通过快速加速来增加出手的力量和速度。

在起动时，需要控制好身体的平衡。尽量保持低姿势，身体放松，膝盖弯曲。这样可以降低身体重心，提高稳定性。肩膀要放松，不要过度用力。这样可以减少身体的僵硬程度，提高灵活性。眼睛要注视前方，不要低头看地面。这样可以更好地判断方向和距离。双脚分开约一肩半或略宽，膝盖微屈，同时，身体的重心落于右腿上，以便后续的加速。

在起动后，需要快速加速，增加推铅球的力量和速度。在加速时，要利用髋部的旋转来增加力量。通过向投掷方向旋转髋部，可以将下半身的力量有效地传递到手臂和铅球上。要逐渐加速，不要一开始就过度用力。逐渐加速可以保证力量的持续传递，使铅球获得更快的初速度。要保持身体的协调性，这包括身体各部位的配合和力量的传递顺序。保持身体协调可以提高力量的传递效率，提高投掷效果。同时要掌握好投掷角度，合适的投掷角度可以保证铅球在空中呈现完美的抛物线，减少空气阻力的影响，提高投掷距离。

需要注意的是，在启动和加速之前，需要注重呼吸和身体的放松。深呼吸可以增加肺活量，提供足够的氧气供应，从而增加身体的耐力和持久力。身体的放松可以减少肌肉的紧张和疲劳，提高身体的反应速度和敏捷度。

三、支撑的力度和角度

"撑"在这里是指保持高重心的有力支撑。支撑就是在最后用力中，支撑腿向前上的支撑动作。学生需要控制好支撑的力度和角度，以保持身体的平衡和稳定。

支撑的力度需要掌握好，如果支撑的力度过大，会导致身体的不稳定，从而影响投掷的准确性；如果支撑的力度过小，会导致身体无法获得足够的动能，从而影响投掷的力量和速度。因此，需要掌握好支撑的力度，并根据实际情况进行调整。

支撑的角度也是非常重要的。支撑的角度需要与身体的姿势相协调，以保持身体的平衡和稳定。在支撑时，需要将腿部向前转动，同时，膝盖需要微屈，脚尖需要朝向前方。支撑的角度需要适当调整，以确保身体的平衡和稳定。同时，也需要注重支撑的时机和节奏。支撑的时机需要在最后用力的适当时刻，支撑的节奏需要与身体的动作相协调，以保持身体的稳定性。

四、推铅球的力度和时机

"推"是指在投掷铅球过程中，将铅球从脖子推向投掷方向的动作。该动作需要掌握好力度和时机。

需要注意的是，在推铅球时，过度用力会导致身体僵硬和失去控制。因此，需要避免过度用力，影响投掷的准确性。但如果推的力度过小，又会导致铅球无法获得足够的动能，影响投掷的力量和速度。因此，学生需要通过不断地练习和实践，掌握好推的力度，以确保投掷的准确性和效果。

推的时机需要在支撑的动作完成后，铅球向前移动到适当位置时进行。在推球时，需要注重身体的平衡和稳定，避免出现身体的晃动和失衡。推球时也需要注意节奏，应使节奏与身体动作相协调。推球的速度需要根据实际情况进行调整，以确保铅球获得足够的动能和速度。在推球后，要快速进入铅球动能释放的动作。铅球出手的动作需要掌握好时机和姿势，再加上正确的拨球动作，以确保铅球的准确投掷和远度。

五、出手后维持身体平衡

出手后维持身体平衡是指在结束后，身体处于非常不稳定的状态，通过控制身体的姿势，保持身体的平衡。

在铅球出手后，需要尽快控制好身体的姿势，保持身体的平衡和稳定。同时要尽快调整好身体的重心。在铅球出手后，可以迅速交换双腿位置，以全脚掌着地，屈膝降低身体重心或改变身体重心运动方向，以维持出手后身体平衡。在铅球出手后，手臂的力量也需要控制，以避免过度用力导致身体失去平衡，因此可以采取一些技巧，如放松手臂和肩部等，以减少阻碍力量传递的阻力。

第二节　大学生铅球比赛的赛前战术分析

铅球比赛的赛前战术分析是指在比赛前，针对不同的竞争对手和比赛环境，制订出合适的比赛策略和战术，以取得更好的成绩。

一、了解比赛规则，分析竞争对手

在比赛前首先要仔细研究比赛规则和评分标准，特别需要明确动作的规范和犯规的判定，有助于更好地规划比赛策略，避免出现失误和犯规。同时，分析竞争对手也是比赛前重要的一环。充分了解竞争对手的比赛历史、动作特点、身体素质、心理素质，将有助于制订更加科学和针对性的战术，从而能更好地发挥自己的实力。

了解竞争对手的比赛历史，可以查看其比赛的历史记录，了解其之前的成绩和比赛表现。然后将自己与竞争对手的历史记录进行比较，则能比较准确地评估自己与竞争对手之间的实力差距，这将有助于接下来制订更科学的比赛战术。

观察竞争对手的动作特点，可以通过观察其动作是否稳健、是否有规律可循、是否具有爆发力等，来了解其实力和技术特点。也可以通过观察竞争对手的身体素质来了解其实力和水平。比如，竞争对手的身体素质是否优秀，包括身高、臂展、力量等。还可以通过观察竞争对手的表情、动作等来了解其自信程度、紧张程度等，进而了解竞争对手的心理素质，也将有助于比赛战术的制订。

二、制订比赛战术

制订正确的比赛战术可以帮助学生在比赛中更好地发挥自身实力。要根据不同的情况和竞争对手采取不同的战术，以获得更好的成绩。

在面对实力强劲的竞争对手时，可以采取稳扎稳打的策略。当对方的实力比较强时，如果自己过于冒险，可能会导致比赛失误，最终造成成绩下降。因此需要保持冷静，专注于发挥自己的实力，逐渐提高自己的成绩。在比赛中，可以采取缓慢增加力量的方式，逐步提高推出的距离，等待对手失误的机会，从而取得更好的名次。

当自己实力明显优于竞争对手时，可以更自信地发挥自己的实力，采取更具攻击性的策略，积极进取，争取用良好的成绩一举击败对手。但也要注意不要过于冲动，防止出现失误。

除了针对竞争对手的实力和自身实力的差异而采取不同的战术之外，还需要考虑其他因素。比如，比赛时的天气、场地等因素都会对比赛产生影响，需要针对这些因素进行灵活调整，制订相应的战术。在天气较差的情况下，可以采取更为稳健的策略，避免因为天气的影响导致出现失误；而在天气较好的情况下，则可以采取更为冒险的策略，争取获得更好的成绩。

三、培养应变能力

在大学生铅球比赛中，应变能力可以帮助学生在比赛中应对强劲的竞争对手、突发状况以及自身状态不佳等各种情况。应变能力需要培养，以下方法可供参考。

多加练习是培养应变能力的关键。在练习中，可以模拟比赛中可能出现的各种情况，包括面对竞争对手、突发状况等。通过多次练习增强自己的自信心，提高应对各种情况的能力。多参加比赛也是一种练习，这是培养应变能力的最好方法。通过参加比赛，学生可亲身经历各种情况，包括突发状况、自身状态不佳等，有些情况只有真正面对过，才能积累相应的经验，借以逐渐提高自己的应变能力。

培养应变能力需要快速的思维和判断。因此，需要进行思维训练，包括想象力、决策力和创新思维等。培养应变能力也需要良好的心理状态和情绪控制。因此运动员需要学会放松心态、增强自信和集中注意力等，以应对比赛中产生的压力和带来的挑战。另外，培养应变能力还需要增强自身的观察能力，在比赛中要有意识地密切观察竞争对手和场地的情况，及时调整自己的战术，从而更好地应对各种情况。

四、训练与比赛的衔接

在铅球比赛前，这一阶段的训练要注重训练与比赛的衔接，注意避免因训练造成的身体疲劳、受伤等情况的出现。实现训练与比赛的衔接，应在训练前制订针对比赛的训练计划，计划要与比赛要求保持一致，同时应包括比赛所需的各种技术动作、力量等。在训练中，应逐步提高训练强度，包括逐步提高推球的距离、提高单位时间内推球的次数等，以更好地适应比赛强度，从而提高比赛水平。另外，还应针对比赛要求进行特殊训练，包括加强特定技术动作的训练、提高有氧耐力等。

参加模拟比赛是训练与比赛相衔接的一个好方法。模拟比赛有内部比赛、校内赛事等。通过参加模拟比赛，学生可以更好地了解比赛的实际情况，包括比赛的时间、场地、规则等。同时，参加比赛还可以帮助学生检验自己的训练效果，并且在比赛中适应比赛环境，提高应变能力。

为了在比赛中发挥出最佳水平，学生还需要在平时保持健康状态，包括健康的饮食、充足的休息等。合理的饮食和休息可以帮助运动员恢复体力，避免出现受伤和疲劳，从而更好地投入训练和比赛。

第三节 大学生铅球比赛的心理素质

在大学生铅球比赛中，学生需要具备出色的身体素质和技能，同时也需要具备坚定的意志品质和心理素质。强大的心理素质能够帮助学生调节竞技状态、调整心理状态、控制和应对比赛压力。心理素质好的学生能够在比赛中保持冷静，不会因为紧张、焦虑等情绪的影响而发挥失常。只有集中注意力，才能认真对待每一个推铅球的动作，发挥出自己应有的水平。心理素质好的学生能够积极应对这些压力，保持自信和镇定，从而更好地应对比赛中的挑战。因此，除了在日常训练中培养自身的心理素质，也要掌握在比赛中调节心理状态的方法。

一、竞技状态的调节

竞技状态是指运动员在比赛或训练中表现出的最佳状态，包括身体和心理两个方面。竞技状态指的是在比赛时的身心状态和表现。调节竞技状态可以对学生在比赛中的表现和成绩产生直接影响。进入竞技状态，学生可以保持专注、控制情绪、提高自信心，并在比赛中发挥出最佳水平。竞技状态取决于学生通过训练后机体内部各系统功能的和谐积聚，即学生的运动素质、技术水平和战术水平已形成一种较高级的平衡，神经系统调节能力达到顶点。

进入竞技状态，需要在比赛前进行充分的准备工作，包括规律的训练、充足的睡眠和健康的饮食等。这些可以帮助学生保持良好的体能和精神状态，从而更好地适应比赛的强度。热身是赛前调节竞技状态的重要环节，可以帮助学生提高身体温度、增强肌肉弹性和灵敏度，从而更好地应对比赛。

同时，情绪的波动也会影响竞技状态。在比赛过程中，可能会出现一些紧急的突发情况，如天气变化、设备故障等，可以通过放松训练、深呼吸、冥想等方式来帮助自己保持冷静和镇定。

二、心理状态的调整

心理状态对于大学生在铅球比赛中的表现和成绩具有重要影响。通过适当的心理状态调整，可以减轻焦虑和紧张，增强自信心和积极性，保持专注和集中。这需要进行心理素质的训练、采用有效的心理调整技巧，并在比赛前进行充分的心理准备，以确保心理状态的调整能够为其取得优异的成绩提供支持和帮助。

要调整好心理状态需要正确认识比赛，不要过分强调胜负与比赛名次，要以自己的表现为主要目标。建立自信心，在比赛前要对自己的能力和技巧有充分的信心，相信自己可以取得好成绩。同时避免在比赛中出现情绪波动，要学会在比赛中控制自身情绪，面对比赛中的压力，积极应对，通过深呼吸和放松等来保持冷静和镇定。如果在比赛中出现失误或处于不利的情况，要及时调整心态，积极面对接下来的比赛，专注当下的表现。

三、压力控制与应对

在体育竞技中，运动员不仅要面对身体疲劳的挑战，还要面对来自比赛成绩、自我要求和竞争对手的巨大压力，因此，大学生在铅球比赛中要学会有效地应对赛事压力。

想要控制比赛中的压力，就要先了解压力的来源。铅球比赛中的压力主要来自内部和外部两个方面。内部压力往往是来自自身的期望和要求，基本上每个人都希望自己在比赛中取得良好的成绩并达到自己设定的目标。而外部压力除了面对竞争对手，也有一部分来自外界的期盼与评价，包括教练、家人、朋友对自己的期待。

为了在比赛中能够有效地控制与应对压力，大学生运动员需要学会管理自己的情绪。赛事压力往往会引发一系列负面情绪，如焦虑、紧张、恐惧等。这些情绪如果得不到有效的管理，会严重影响比赛时的表现和心理状态。除了基本的放松训练，与他人交流也是一种有效的情绪管理方式，可以通过与教练、队友或心理咨询师的沟通来减轻压力和释放情绪。同时，建立积极的心理素质也是非常重要的。心理素质是指运动员在面对压力和挑战时所表现出的心理能力和特质。一个拥有良好心理素质的运动员能够更好地应对赛事压力，并在压力下保持稳定和积极的心态。建立积极的心理素质需要长期的训练和培养，包括自信心、专注力、耐心、决心等。可以通过参加心理训练课程、与心理咨询师合作以及与其他运动员交流经验等方式来提升自己的心理素质。此外，还可以通过制订明确的目标和计划来提前应对比赛的压力。明确的目标和计划能够帮助运动员更好地组织和管理自己的训练和比赛，减少不必要的压力和焦虑。

在铅球比赛的过程中，要专心于自己的每一次投掷，一次投掷结束后，要及时放松心态，将注意力放在下一次投掷上。以积极的心态面对后续的比赛，关注当下，在比赛过程中不过度的关注比赛结果，也能为自己减轻压力。

第七章　原地推铅球的训练方法

原地推铅球最重要的是上下肢的爆发力量及协调素质，因此需要掌握技术要领，采取科学有效的训练方法，加强身体力量素质训练，熟悉推铅球最后用力时的技巧特点。只有在这些方面下足功夫，才能将原地推铅球这一技术动作发挥出更好的效果。

第一节　原地推铅球技术要领讲解

要掌握好原地推铅球，首先要了解原地推铅球的基本理论。这一节将讲解原地推铅球的握、持球，预备站位姿势以及推铅球的技术要领。

一、握、持球技术要领讲解

在原地推铅球训练中，握、持球技术的正确应用对于投掷表现和成绩至关重要。通过正确的握持方式、手臂和手腕动作以及适当的握持力度，可以实现更稳定、更准确和更具爆发力的投掷动作。

原地推铅球的握球方法（以右手推铅球为例）：首先，将五指自然分开，将铅球放在靠近食指、中指和无名指的指根处，拇指和小指贴在球体侧面，掌心空出，手腕背屈[1]，防止铅球滑动。握好球后，将球放到锁骨内端上方，

---

[1] 孙杏芳、丁志强：《原地推铅球技术及训练方法》，《课程教育研究：学法教法研究》2015 年第 19 期。

贴紧颈部，掌心向前，右肘微微抬起，右上臂与躯干约成 90 度角，右肘不可以高过肩，躯干与头保持正直。这样不仅可以更好地掌控球的位置和方向，而且可以保持身体的平衡和稳定性，加强控球能力。

握球方法可以根据个人情况进行调整。例如，手的大小、手指长度、手指和手腕的力量等因素都会影响握球方法的选择。比如，对于手指和手腕力量较强的学生，可以将铅球适当地移向手指的第二指节处；对于手指和手腕力量较弱的学生，则应将铅球放在更靠近指根处。因此，应该在实践中不断尝试、调整、改进，找到适合自己的握、持球的方法。

除了以上基本的持球方法，还需要注意以下几点：一是双手用力要均衡，避免单侧用力过大导致动作偏斜；二是手指要自然分开，握球但不要抓握用力过猛，以便更好地掌控球的位置和方向；三是要时刻保持头部的高度，这样可以更好地控制球体与颈部的稳定性。

掌握正确的握、持球技术要领可以提高学生的原地推铅球技术水平和比赛成绩，同时还可以降低在比赛中的失误率和受伤风险。因此，要在平时的训练中注重握、持球技术的练习，不断熟练掌握正确的适合自己的握、持球方法。

二、预备站位姿势要领讲解

在大学生铅球训练中，预备站位姿势的正确应用可以为学生提供稳定的起始点和平衡的基础。通过保持稳定的双脚姿势、正确的手臂位置和上身姿势，可以更好地转化力量和保持身体的平衡，为后续的投掷动作奠定良好的基础。

画一条长约 1 米的直线，分别在直线前端的左侧和后端的右侧各画一条长约 30 厘米的斜线，两条斜线与直线的夹角分别小于 45 度和 90 度。持球后，侧对或背对投掷方向，左右脚分别踏在前后两端的斜线上，方向同斜线一致。左脚尖和右脚跟大约在一条线上。双脚的位置要稳定，以便更好地掌控身体的平衡和稳定性。重心下降，右腿屈膝成半蹲，并将重心移至右腿上，以便更好地掌控铅球的位置和方向。上体向右转体约90度，并稍向前屈，微低头含胸，左臂放松垂直或屈肘微抬。左膝适当外展，右膝稍向内扣，右脚前脚掌着地向内扣。上体、右臂和左臂的前臂要适当放松，重心完全落在右腿上，身体重心向右移动至能够轻轻抬起左脚为宜，背部放松。

站姿要符合规范，正确的预备站位姿势应符合四个要点：一是左肩、右膝、右脚尖在一条垂线上；二是右臀尖与右脚跟在一条垂线上；三是右脚在投掷圈圆心附近，左脚在与投掷方向偏左夹角为30～45度附近，右脚跟与左脚尖处于一条直线上；四是身体左侧呈一条斜线。

正确的预备站位姿势是原地推铅球项目中非常重要的一环，它对于最终的效果和成绩都有着至关重要的影响。因此，要在平时的训练中注重预备站位姿势的练习，不断熟练掌握正确的预备站位姿势，在此过程中不断地完善以及应用，从而提高原地推铅球的技术水平和比赛成绩。

三、推铅球技术要领讲解

推铅球时，在站姿规范的前提下，要注重下肢与髋部肌肉的发力。推铅球的技术要领包括下肢与髋部肌肉的发力、左臂摆动与制动、双腿蹬伸、手腕运动与手指加速等。掌握这些技巧，将能在比赛中发挥出更好的水平，取得更优异的成绩。

首先，应以右腿为支撑，主动蹬伸，带动髋部迅速向前移动并向投掷方向转动。同时，上肢也需要保持稳定的姿势，将右臂压紧，以便伸臂肌群拉紧。另外，保持右肩低于左肩，使铅球处于较低的位置，有利于更好地发挥下肢的力量。

其次，通过加速右髋使左臂的自然摆动来向投掷方向送出。当右腿不停地蹬伸时，左臂需经过胸前向左上方摆动，同时上体在转动中逐渐抬起。左臂应尽量保持原来的位置与姿势，以便腰部肌肉扭紧。在右腿蹬转的过程中，髋部应继续向投掷方向移动，身体重心随后转移到左腿上。

再次，要在左臂摆至左侧时及时屈肘下压制动，加快右侧移动速度，使蹬转力集中传导至投掷方向，确保右臂能正确地推出铅球。双腿应充分蹬伸，同时抬头顶肩，迅速而有力地将球推出。在铅球即将离手时，需稍向外转手腕，并迅速屈腕，借助手指的力量完成最后的加速。这样可以使铅球以约40度的角度向投掷方向推出。

最后，为了避免出圈犯规，在铅球出手后应迅速交换双腿，降低身体重心，减缓向前的冲力，维持身体平衡。

第二节　原地推铅球的训练方法

一、原地推铅球的单项训练步骤

原地推铅球不仅需要爆发力和协调能力，平衡能力和稳定性也是决定成绩的关键因素。所以要通过训练，对这些能力进行训练。

（一）正面推铅球动作

在以右手推铅球的情况下，面对推铅球的方向，双脚左右分开站立，与肩同宽，单手持球。可以选择以下两种姿势将铅球推出：一种是在准备推球时,身体后仰形成一个背弓的姿势,迅速蹬转挺身将球推出;另一种是两腿弯曲成下蹲的姿势,快速蹬伸髋部、膝盖和踝关节,挺身、抬头,加速将铅球推出。

这两种姿势都要求动作始于两腿发力蹬地,由下而上连贯地用力。需要调动全身的力量,协调推球的动作。同时,身体的左半部及时制动和控制身体,与右半部的用力相配合。通过这两种姿势和用力原理,可以取得更大的推距。但这需要有很强的爆发力,才能在短时间内迅速调动全身力量,协调四肢的动作,将球推出。

(二)前后开立推铅球

原地前后开立推铅球动作是一项基础的技术动作,用于练习和改进大学生的推铅球技术。原地前后开立推铅球训练其关键在于前后开立及用力顺序等,所以在训练中要把握好这一要点,并经过反复的训练和指导,逐渐掌握和改进这个动作。

采用原地前后开立的姿势,要双脚分开,与肩同宽,左脚在前,微屈,右脚在后,弯曲并下沉重心,身体后仰,体重完全在右腿上。这个姿势能够保持平衡,稳定身体,完成蓄力动作。借助右脚的力量,将髋部向前上方推移,同时将重心转移到左腿。当重心移至左腿时,左腿需要及时配合,向上蹬伸,这样可以让学生的身体形成更大的支撑合力及推力。

挺身抬头,将右臂加速,将铅球向前上方推出。在这个过程中,学生需要体会自下而上用力顺序,利用全身力量协调推球。身体左侧及时制动与支撑,协同配合身体右侧用力,这样可以让学生的推球更加协调、自然。

(三）对墙正面推实心球训练

对墙正面推实心球是一种常见的训练方法，可以帮助大学生提高推球的技巧和力量。这种训练方法的主要目的是让学生体会发力集中和扣腕拨指的动作，从而更好地掌握推球的技巧。

练习的具体方法是：对着墙站立，距离约为1米。右手持球于右颈部，左手向前抬起，然后伸臂把球快速推到墙上。在推球的过程中，需要注意手腕、手指的用力，以便拨球更加准确。同时，在球推到墙上后，双手需要迅速接回球，保持连续性的训练。在进行训练时，球推在墙上的高度应该根据学生自己的身高等情况选定。通过不断地训练，可以逐渐提高自己的推球技巧和力量。

（四）快速向下推铅球

快速向下推铅球的训练方法的主要目的是让学生体会快速出手时的肌肉感觉，并掌握正确推球的感觉。在快速向下推铅球的动作中，关键在于快速下沉和强烈的下肢肌肉发力。通过反复的训练和指导，可以逐渐掌握和改进这个动作，提高推铅球的效果和成绩。同时，正确的姿势和技术要领也是确保快速下推动作正确执行的关键。

具体方法为：两脚开立，双脚与肩同宽。然后右手持球垂直提拉至靠近脖子处，左手扶球，将球快速垂直推向地面。在推球的过程中，需要注意手腕、手指的用力，以便拨球更加准确。同时，在球落地后，要求球的落点在两脚之间稍前处，这样可以更好地掌握球落点的感觉。在进行训练时，右臂需要加速用力，这样可以更好地体会快速出手时的肌肉感觉。

（五）原地"蹬、扣、转、送"徒手模仿练习

推铅球原地的"蹬、扣、转、送"是指在没有铅球的情况下，通过徒手模仿的方式进行推铅球的训练。这种训练方法的主要目的是让学生体会下肢的发力顺序，完成蹬地转右腿，内扣膝，推送右髋的练习。

具体方法为：预备站位姿势站立，然后右脚快速蹬地转右腿，推送右髋，身体重心从右腿移动到左腿。在转动的过程中，需要注意右脚蹬地的力量，右脚、右腿、右膝、右髋的转动迅速，并且每次都要转正，在转动的同时髋部积极向前上顶送。接着上身放松，不要积极转动或向上抬起，左臂放松，紧扣左肩使肩轴和髋轴形成交叉，身体处于扭紧状态。

除了单人练习，还可以与同伴一起做蹬、转、送、抬徒手模仿练习。先做好预备推铅球姿势，同伴在其后面抓住其右手，起到固定作用，反复进行蹬转送抬体练习。这种训练方法可以帮助学生更好地体会下肢的用力顺序，以及完成蹬地转右腿、内扣膝、推送右髋的动作感觉。

（六）左手握橡皮筋辅助练习

在推铅球训练中，左手握橡皮筋辅助练习是一种常见的训练方法。这个练习旨在帮助学生更好地掌握动作的节奏和力量的转移，以提高推铅球时的爆发力和力量传递。通过拉橡皮筋的阻力，可以更好地感受推铅球动作中上半身的参与和力量传递。在练习过程中，应该根据自身情况和教练的指导，逐渐增加橡皮筋的阻力，并注意保持动作的正确性和流畅性。

在进行左手握橡皮筋辅助练习时，需要将一根适当长度的橡皮筋的一端固定，左手握住橡皮筋的另一端并适当拉至锁骨处，做好最后用力的预备姿势。在转动的过程中，需要注意双脚和髋的转动迅速，在转动的同时髋部积

极向前上顶送。上体放松，不要积极转动或向上抬起，左臂放松，不能主动拉橡皮筋。

（七）原地徒手完成"蹬、扣、转、送、抬、挺、撑、顶、推、拨"的练习

原地徒手完成"蹬、扣、转、送、抬、挺、撑、顶、推、拨"练习是一种针对推铅球技术的综合训练方法，它有助于培养全身的力量、协调性和动作流畅性，其主要目的是让大学生体会正确的推铅球用力顺序，从而提高推铅球的技巧和力量。

练习时需要保持上体和上肢的适度放松，保持较好的左侧支撑，使学生体会完整的用力顺序。该练习的动作顺序为：蹬地、扣膝、转腰、送髋、抬体、挺身、撑身、顶肩、推手、拨球。在动作进行的过程中，需要注意动作的完成顺序和使用正确的技巧。同时，要注意保持左侧的支撑，以保证身体的平衡和稳定性。

（八）"弹振"推铅球练习

"弹振"推铅球练习是一种用于提高推铅球爆发力和推力传递效果的训练方法。这个练习方法的主要目的是通过上、下肢协调配合，利用蹬、转、送、抬的速度，增加推铅球过程中的弹性和动能，从而将铅球"弹振"出去。

具体方法是先做好推铅球的预备姿势站立，然后进行蹬转送髋、抬体、顶肩不伸臂的动作，利用蹬、转、送、抬的速度将球弹出。通过练习，可以逐渐掌握正确的用力顺序和技巧，从而解决只注重上肢用力，而不会下肢用力的问题。同时，还可以通过不断地练习来加强肌肉训练，增强身体的力量和耐力。

（九）推轻铅球练习

推轻铅球的练习可以帮助学生解决只注重上肢用力，而不会下肢用力的问题，从而提高推铅球的技巧和力量水平。相对于标准重量铅球来说，使用轻铅球进行练习可以帮助学生更快地掌握推铅球的技巧和动作节奏。

推轻铅球练习所使用的铅球轻于 5 千克（男）或 4 千克（女）。一般来说，在训练初期和进行以跑、跳速度力量为主的训练中投掷轻铅球是比较合适的选择。这可以帮助学生逐步适应推铅球的训练强度，提高技巧和肌肉力量。

需要注意的是，单独使用轻铅球的时间不宜过长。因为在单独使用轻铅球进行训练时，学生的肌肉力量和耐力得不到充分的锻炼，可能导致训练效果不佳。因此，在使用轻铅球进行投掷训练时，应该注意适量控制训练强度和训练时间，以保证训练的安全性和有效性。

（十）不同重量铅球混合练习

这种训练方法旨在提高大学生的技巧和适应能力。在训练课中和训练课间采用两个或三个不同重量的铅球进行练习，训练中应安排先重后轻的顺序进行训练。注意在考试的前期不应使用不同重量的铅球，应以标准铅球为主。混合使用不同重量的铅球，可以让学生逐渐适应不同重量的负荷，提高学生的技巧和适应能力。

在练习过程中，先使用重铅球进行练习，可以帮助学生逐步适应较大的负荷，提高肌肉力量和耐力；后使用轻铅球进行练习，可以帮助学生掌握更加精细的技巧，提高动作速度和幅度。

不同重量铅球混合练习还可以分化学生的感觉，减轻学生的疲劳。由于不同重量的铅球所产生的负荷不同，可以让学生在练习中感受到不同的力量和负荷，从而分化感觉，减轻疲劳。此外，不同重量铅球混合练习还可以防止动作节奏的僵化。通过使用不同重量的铅球进行练习，可以让学生更加灵活地掌握动作节奏和技巧，从而避免动作在长时间重复训练后出现僵化和不流畅的问题。

（十一）对斜坡推铅球练习

这种训练方法旨在改进出手角度，加强推铅球的练习强度，提高成绩。在训练课中采用站在斜坡脚2～3米处，把铅球推上斜坡的练习，可以有效地实现这些目标。站在斜坡脚2～3米处进行推铅球练习，会使学生的出手角度更加垂直，有助于提高成绩。斜坡推铅球练习还可以加强推铅球的练习强度，提高学生的力量和耐力。由于铅球需要被推上斜坡，相对于平地推铅球来说，需要投入更多的力量和耐力，从而可以有效地提高学生的推铅球能力。在进行斜坡推铅球练习时，需要保证斜坡的角度适当，以免对关节和肌肉造成过大的负荷。

二、原地推铅球技术的训练方法

原地推铅球技术的训练能够帮助改善力量输出、动作协调和技术细节。通过原地徒手转髋模仿训练，徒手转髋推物训练，原地徒手做转髋、挺身、抬头、顶肩、推球动作，侧向原地推铅球，推铅球完整技术训练，可以提高推铅球的技术水平和整体表现。

（一）原地徒手转髋模仿训练

原地徒手转髋模仿训练是一种简单而有效的锻炼方法，可以帮助人改善髋部灵活性、增强核心稳定性和提高身体协调性。具体训练方法为身体保持直立，两脚与肩同宽站立，将体重集中在右腿上。右手放在右侧髋部，用力向投掷方向转髋，蹬地的同时送髋。注意，动作要求提脚跟，蹬地的同时送髋，这样可以更好地刺激髋部肌肉群，提高训练效果。

（二）徒手转髋推物训练

徒手转髋推物训练是一种相对较为高难度的锻炼方法，不仅可以锻炼髋部肌肉群，还可以提高身体的平衡性和协调性，是一种综合性很强的训练方式。具体训练方法为身体保持直立，两脚分开站立，约一肩半宽，躯干右倾将体重集中在右腿上，右手放在被推物体上，左手指向投掷方向，用力向投掷方向转髋，蹬地的同时送髋。在进行这个动作的同时，将右手用力顶住墙、树干等被推物体。

（三）原地徒手做转髋、挺身、抬头、顶肩、推球动作

这是一种全身性的锻炼方法，它可以锻炼全身肌肉群，包括髋部、胸部、脖子和肩部等部位的肌肉，从而提高身体的协调性和力量。具体训练方法为身体保持直立，两脚分开站立，约一肩半宽，将身体重心集中在右腿上。右手呈持球动作，用力向投掷方向转髋，蹬地的同时送髋。挺身、抬头、顶肩，使肩轴超过髋轴。用力推球，让髋轴超过肩轴。在进行这个动作的同时，需要放松身体，上下肢协调配合，蹬、转、挺、抬、顶、推依次用力，大肌肉群带动小肌肉群依次用力，从而达到锻炼不同部位肌肉的效果。

（四）侧向原地推铅球

侧向原地推铅球训练时，需要用力蹬伸，可以锻炼下肢的肌肉群，包括大腿肌肉和臀肌等。同时，推铅球需要上肢的力量和协调性，可以锻炼肩膀、背部和手臂等部位的肌肉。此外，这项训练还可以提高身体的协调性和力量。具体方法为两脚开立，约一肩半宽，身体侧对投掷方向。右腿弯曲，上体向右侧屈，身体重心基本压在右腿上。右腿首先蹬转，推动右髋向投掷方向转动，身体逐渐抬起，左腿主动支撑，两腿充分蹬伸。在蹬伸的同时，要抬头，右臂迅速有力地将球向前上方推出。在出手时，铅球要快速离手。注意，做练习时要保持身体平衡和稳定，以免摔倒或受伤；同时，在出手时要确保铅球的速度快，这样可以提高训练的效果。

（五）推铅球完整技术训练

这是一项需要技巧和力量的运动，可以锻炼全身的肌肉群，特别是上肢和下肢肌肉的力量和协调性。这项训练完整的技术动作分为多个步骤，包括蹬转、送髋、伸臂和出手等动作。

第一，蹬转动作的要求是，两脚站立，约一肩半宽，身体直立；持球于颈部；右腿弯曲，上体向右侧屈，重心压在右腿上；右腿首先积极蹬转，推动右髋向投掷方向转动，身体逐渐抬起，左腿主动支撑，两腿充分蹬伸。

第二，送髋动作的要求是，在蹬转的过程中，当身体转动到一定角度时，双脚协调用力，使髋关节继续向投掷方向做功，左脚支撑，直到右髋超过左髋，推手将球送出。

第三，伸臂动作的要求是，在转体的最后，右臂向前伸直推球；伸臂时，手臂的肘部应该保持伸直，手掌稍向上，手指轻微分开。

第四，铅球出手动作的要求是，在伸臂的同时，手指手腕快速有力地拨球，利用手指的弹性拨球，给铅球增加最后出手速度；铅球出手时，身体应该稍向前倾斜，使球的出手方向更准确。

推铅球动作总体要求快速而精准。在训练时要确保手指和手腕快速有力地拨球，以此提高训练的效果。在练习中，可以根据个人的情况适当调整动作的速度和力度，以达到最佳的训练效果。

第三节　原地推铅球的身体力量素质训练

力量是提高铅球运动成绩的必备条件。原地推铅球所需的主要力量，包括上下肢力量，腰腹力量，胸部力量等。发展上肢、胸部力量的方法有卧推、高翻斜推等。发展腰腹力量的方法有负重体前屈直体起。发展下肢力量的方法有负重蹲跳等。

一、卧推、高翻斜推训练

卧推和高翻斜推是两种常见的力量训练方法，用于发展上肢和胸部的力量。卧推是一项主要针对胸大肌的训练方法，可以有效增强和增大胸肌的力量和体积。在卧推过程中，肩部和三角肌也承担了重要的作用，通过卧推训练可以增强这些肌肉群的力量和稳定性。卧推是一种复合动作，涉及多个上肢肌肉群的协同工作，包括胸肌、三角肌、肘屈肌群等，可以全面提升上肢的力量和爆发力。高翻斜推主要作用于上胸肌（胸大肌的上部），可以更加有针对性地开发和塑造上胸部的肌肉群。高翻斜推训练可以增加胸肌的厚度和立体感，使胸部看起来更加饱满和有线条感。在高翻斜推过程中，肩部也需要承担一定的稳定作用，因此可以增强肩部的稳定性和力量。

卧推是一种利用杠铃或哑铃进行的训练方法，可以有效地锻炼胸部、肩部和三头肌等上肢肌肉。具体方法如下：首先，躺在卧推架上，双手握住杠铃或哑铃，手指向前，手掌朝上，将杠铃或哑铃放在胸前。其次，缓慢将杠铃或哑铃向上推，直到手臂伸直。最后，缓慢将杠铃或哑铃放回胸前。在进行卧推训练时，需要注意保持身体的稳定和平衡，避免因过度用力导致伤害。同时，要注意呼吸，吸气时向上推，呼气时放回胸前。

高翻斜推是一种利用哑铃或杠铃进行的训练方法，可以有效地锻炼肩部和背部等上肢肌肉。首先，站在高翻斜板上，双手握住哑铃或杠铃，手指向前，手掌朝上，将哑铃或杠铃放在肩膀两侧。其次，缓慢将哑铃或杠铃向上推，直到手臂伸直。最后，将哑铃或杠铃放回肩膀两侧。在进行高翻斜推训练时，同样需要注意保持身体的稳定和平衡，避免因过度用力导致伤害。

二、负重体前屈直体起动作训练

负重体前屈直体起是一种利用负重增加难度进行的体前屈训练方法，可以有效地锻炼腰腹部的肌肉力量和协调性。

起始姿势采取躺姿，背部贴地，膝盖弯曲，双腿放平，双手握住负重物品通常是放在胸部或肩膀前。然后要用双手抓住负重物品，并将上半身稍微向前倾斜，这被称为体前屈。从体前屈的姿势开始，要利用腹肌和核心肌群的力量，迅速而连续地进行仰卧起坐动作。通过腹肌的收缩和背部的挺直，将上半身抬离地面，直到坐起并接近膝盖。在完成坐起动作后，要缓慢地控制下降，回到起始姿势。确保腹肌和核心肌群的控制，以保持稳定性并避免突然着地。

在负重体前屈直体起的动作中，负重物品的添加可以增加训练的强度，加强核心肌群和腹肌的动作。这有助于提高力量、稳定性和爆发力。需注意的是，要选择适当的负重物品和适量的负重，以确保能够正确执行动作，并避免过度负荷引起的受伤风险。在进行这个动作时，始终保持正确的姿势和控制，并根据自身的能力逐渐增加负重的重量。同时，要注意呼吸，吸气时向前屈曲，呼气时向后仰起。

三、负重蹲跳训练

负重蹲跳训练是发展下肢肌肉力量和爆发力的训练方法，具体包括负重半蹲跳、负重（穿沙衣或扛沙袋）五级蛙跳、负重半蹲起、负重深蹲起等。

第一，负重半蹲跳的方法为：双脚分开与肩同宽，双手握住负重，将它放在胸前。缓慢进行半蹲，然后迅速起跳，尽可能高地跳起，落地之后，重复进行。

第二，负重五级蛙跳的方法为：双脚并拢，双手握住负重，将它放在肩膀后方。进行五级蛙跳，即从蹲姿起跳，每次跳跃尽可能高，然后落地，重复进行。

第三，负重半蹲起的方法为：双脚分开与肩同宽，双手握住负重，将它放在肩膀后方。进行半蹲，然后迅速起身，直至身体呈直线状态，缓慢下蹲，重复进行。

第四，负重深蹲起的方法为：双脚分开与肩同宽，双手握住负重，将它放在肩膀后方。进行深蹲，直至大腿与地面平行，然后迅速起身，直至身体呈直线状态，缓慢下蹲，重复进行。

在进行上述几项负重蹲跳训练时，需要注意保持身体的稳定和平衡，避免因过度用力导致伤害。同时，要注意呼吸，吸气时缓慢进行半蹲或全蹲，呼气时迅速起跳或起身。

第四节 原地推铅球最后用力时的技巧特点

最后用力是推铅球技术的主要环节，动作是否正确直接影响出手速度和出手角度。下面就来讲解原地推铅球最后用力时的技巧特点。

一、最后用力的全过程解析

以右手推铅球为例，在做好预备站位姿势的条件下，学生应立即蹬转右腿，推动右髋向投掷方向推送，上体迅速抬起，在左臂牵引下，迅速转体挺身，在左侧有力支撑下，依靠身体侧弓反振动能，力量由下肢，经髋、腰、胸、肩、上臂、前臂、手腕，最后传至手指，将铅球有力地沿38～42度推拨而出。

在整个过程中，需要注意体会蹬、转、挺、推、拨五个主要技术。"蹬"就是右腿蹬地，是为了将腿上的力量作用于铅球；"转"就是右腿在蹬地的同时以前脚掌为轴转动依次带动腿、髋、胸转动；"挺"就是挺髋、胸；"推"就是向前上方推出；"拨"就是最后出手时手指拨球，使球能有更好的运动轨迹。

这里有必要解释铅球的出手角度。适宜的出手角度应该是38～42度，与理论上的斜抛物体的最大远度的发射角度45度略有差异。这已经考虑了空气或者说风速对器械的影响因素。如果是顺风时，铅球的出手角度应略大于42度，逆风时出手角度应稍小于42度，减小风的阻力。

由于出手点有一定的高度，再加上铅球运行过程中受到空气阻力，以及投掷项目的器械出手点高、落地点低，出手点和落地点之间的连线与地面水平线之间存在夹角,这一夹角被称为地斜角。所以投掷项目推铅球的出手角度应小于 45 度。

二、全身肌群全力全程参与

铅球运动是一项需要全身协同作用的运动项目,不仅需要手臂、肩膀等上肢肌肉的力量,还需要腰部、臀部、腿部等下肢肌肉的配合。因此,在进行推铅球训练时,需要充分动员和利用全身肌群,让全身肌群发挥协同作用,全力参与整个推铅球过程。

在站立姿势下,需要用双脚蹬地,并利用双腿的力量将身体向前推进。这一步骤可以有效地增加启动初速度和推铅球的冲击力。在这个过程中,需要关注蹬地的姿势和力量的施加,保持双脚平衡,并尽可能地利用腿部和臀部的力量,将身体向前上方推进。

在将铅球推出时,需要利用腰部和臀部的力量,将上半身快速稍向前倾斜,并增加肩膀和手臂的运动幅度。这一步骤可以有效地增加铅球的初始速度和推力。在这个过程中,需要保持身体的协调性和稳定性,并尽可能地利用全身肌肉的力量,将铅球推出更远的距离。

在推铅球的最后用力过程中,要充分利用全身肌群的力量,将所有肌肉的力量集中到手指上,将铅球推出更远的距离。这一步骤是整个推铅球过程中最关键的一步,需要大学生有足够的力量和技巧,才能将铅球推出更远的距离。在这个过程中,要注意手臂和手指的姿势和力量的施加,保持身体的协调性和稳定性,并尽可能地利用全身肌肉的力量,将铅球推出更远的距离。

三、充分利用力学原理

在最后用力过程中，需要集中全身的力量用力推出铅球，并在过程中保持平衡，避免失误。力学原理对于推铅球至关重要，最后用力过程涉及许多力学原理，下面就介绍一下其中的几个关键原理。

惯性会影响到铅球的运动状态，如果在最后用力的时候没有掌握好惯性力的作用，那么铅球的落点就会受到影响，从而影响成绩。因此，在最后用力的瞬间，需要将全身的力量集中在手臂和上半身，用力推出铅球。同时，为了保持身体的稳定性，需要将肩膀往后拉，以产生更大的推力。此外要保持呼吸和肌肉的协调性，以确保能够更好地发挥出自己的潜力。

力学原理还包括许多其他因素，如力的方向和大小、推力的产生和传递等。这些因素都对推铅球的最后用力过程有着重要的影响。例如，在最后用力的过程中，需要掌握发力的方向和大小，以确保能够产生最大的推力。

在推铅球的过程中，需要将体内的能量转化为推力，以使铅球能够得到更好的推力和速度。因此，在最后用力的过程中，需要充分利用自己的能量，将其转化为推力，以确保铅球能够得到最大的推力。

四、充分利用鞭打原理

推铅球最后用力的鞭打原理主要是利用全身的协调用力，将力量从脚、膝、髋、腰、肩、臂、肘等部位依次传递到手臂和铅球，以将铅球推出。在这个过程中，各个部位的动作应该协调流畅，像鞭子一样抽打出去，从而将力量最大化地传递到铅球上，使铅球获得最大的初速度和投掷距离。这个动作类似于拿着一根鞭子从上往下使劲打的动作，因此被称为"鞭打"，也有的称之为"大鞭打"。

鞭打动作是一种充分利用身体惯性的运动方式。在推铅球的最后用力瞬间，需要将手臂向上甩打，以利用手臂的惯性力产生更大的推力。在推铅球的过程中，手臂的甩打动作也是类似的，即手臂的一端产生了高速的运动，从而产生了更大的推力和速度。做鞭打动作需要注意以下几点：要将手臂向上甩打，而不是向下或向侧面甩动，以充分利用身体惯性力产生更大的推力；要在最后用力的瞬间进行，以确保能够产生最大的推力和速度；要注意身体的稳定性和平衡，以避免在鞭打动作中失去平衡，影响成绩。

五、突出最后用力的向前性

推铅球最后用力的向前性是指最后用力时，力量要完全向前推送，而不是向上或两侧。推铅球最后用力的向前性是指在推铅球的最后用力瞬间，需要将推力产生的方向尽可能地向前，以产生更大的推力和速度，从而将铅球推出更远的距离。这需要将全身的力量集中在手臂和上半身，用力推出铅球。这个动作涉及许多力的作用，如重力、惯性力和摩擦力等。其中，向前的推力是最为重要的，因为它是将铅球推出前进方向的力量来源。

为了突出推铅球最后用力的向前性，需要注意以下几点：要将手臂向前伸展，以产生向前的推力；要保持身体的稳定性和平衡，以确保推力产生的方向尽可能地向前；要掌握用力的方向和大小，以确保能够产生最大的向前推力；要注意推铅球的技巧和细节，如姿势、呼吸和肌肉协调等。

正确的姿势可以帮助学生更好地掌握用力的方向和大小，从而产生更大的向前推力。正确的呼吸和肌肉协调也可以帮助学生在最后用力瞬间产生更大的推力和速度，从而将铅球推出更远的距离。

第五节　原地推铅球常见错误与纠正方法

原地推铅球指在不移动位置的情况下，通过推动铅球的方式进行力量和技术训练，旨在帮助大学生提高技术水平和力量水平，从而为更高级别的铅球训练打下基础。在原地推铅球训练中，有的学生常常出现一些错误动作，导致推出去的铅球没有达到理想距离，而造成这些错误的原因也是多方面的，因此需要有针对性地予以纠正。为了方便起见，下面将分两个部分讲解，先将一些常见和比较有代表性的错误动作列出并分析原因，然后提出针对性的纠正方法。

一、原地推铅球各种错误动作及其成因

原地推铅球时可能出现各种错误动作，这些错误动作可能导致出现技术不准确、力量浪费或者受伤等问题。为了纠正这些错误动作，关键是进行系统的技术训练、力量训练和姿势纠正，并且接受教练的指导和反馈。通过持续的努力和正确的训练方法，可以逐渐改善技术，提高表现水平。（以右手推铅球为例）

第一，持球的手形不当。持球错误动作产生的原因，主要是持球的手形不当，会出现"满把抓"的情况；有些大学生会将球放在掌心中间，而不是置于食指、中指、无名指的指根处。

第二，用力顺序不正确，主要是由于推铅球的正确技术概念不够清晰，注意力分散在远处，破坏了正确的技术结构；全身用力不够协调，上肢发力过早。

第三，左侧支撑不稳固，是因为左手及左侧无效制动或过多导致了身体倾斜，此外左腿力量差也是原因之一。

第四，在推铅球时，肘关节下降抛球，主要是握持球时掌心向上，肘下垂。推球时球离颈过早以及上肢力量差也是造成肘关节下降推球的原因。

第五，团身屈膝姿势不正确，主要是团身的上体前屈不够或者变成"弯腰"，导致重心偏高，屈膝不屈体，屈体不屈膝，膝关节前移过度，使重心过度前移，重心的投影超越支撑腿脚尖。右腿和腰的肌肉纤维运动神经缺乏屈膝屈体的运动感觉，控制身体重心平衡能力差，腿部和腰部的力量较弱，也会导致团身屈膝姿势不正确。

第六，铅球在空中的运动轨迹与地面形成的夹角不合理，主要是对铅球如何获得合理的出手角度的理解存在偏差。常见的错误动作有抬臂过高或过低，过于强调从手臂的抬高或降低来获得出手角度，忽略了蹬伸、送髋、挺身等动作；肘关节下坠或上翘，上体过度后仰弹不回来；非推球手摆动方向不正确、上体往投掷方向过度前伸等因素也会导致铅球在空中的运动轨迹与地面形成的夹角不合理；蹬伸不充分、手臂过快回收引起对球的下拉动作，也可能影响出手角度的合理性。这些因素都可能导致产生铅球在空中的运动轨迹与地面形成的夹角不合理的问题。

第七，左肩和左臂摆动错误，是因为在推铅球（以右手推铅球为例）时，左肩后撤幅度过早或者过大，左臂摆动幅度过大，或者上体侧倒或侧屈，这些都会导致左肩和左臂摆动错误。对左肩和左臂摆动的动作要领和后阶段的技术动作要领不清楚，导致动作不协调，左臂没有制动或制动太晚，以为左臂摆动幅度越大，获得的加速度越大，这也是左肩和左臂摆动错误的原因之一。此外，换脚反撑时重心不稳，通过左臂摆动来维持平衡时，也会导致左肩和左臂摆动错误。

第八，铅球过早离开颈部的错误，主要是持球时上臂下垂、后撤过度，这会导致铅球离开颈部过早。身体过早转向投掷方向也可能导致铅球过早离开颈部。这些因素都会影响铅球的控制和稳定性，导致最终的推铅球效果不佳。

第九，重心过早前移的错误，是因为对动作的理解不透彻，可能在形成背弓或形成背弓之前重心已前移，导致重心过早前移。平时养成的惯性思维使支撑腿（即重心脚）过度侧向用力蹬地，蹬地时向上和向投掷方向用力分配比例不合理，找不到最佳配比，造成躯干过早前伸，形成重心前移过早，这也是造成重心过早前移的原因之一。这些因素影响重心的控制和稳定性，导致推铅球效果不佳，甚至造成犯规。

第十，铅球过早或过晚离手的错误，是因为在推铅球时，完整动作的空间建立不清晰、蹬地转髋不充分、肩臂手腕提前发力等因素都能引起铅球过早离手推出。动作不协调，只有上体转动而重心脚未转动或转动不充分也可使铅球提前离手；相反，转髋、转体过度或制动不及时、过度探肩送肘、上体侧屈等因素都能引起铅球过晚离手，导致球偏离落地区，使全身的各关节、各肌肉群力量无法形成合力。

第十一，维持身体平衡的能力差，导致球离手后容易冲出投掷圈造成犯规，是因为协调性差、右腿支撑能力差、过于关注球的落点、重心过早前移、上体往投掷圈外过度前伸，没有挺身、抬头，这些因素都可能导致身体随惯性前冲，造成犯规。动作不流畅、蹬地不稳、转体不充分、制动不及时，这些因素都可能影响身体平衡，导致球离手后容易冲出圈外。

第十二，铅球落点经常偏离出落地区的错误，是因为大学生对铅球的运行轨迹方向感出现偏差，准备姿势的两脚站立方向出错，这会影响推铅球的方向和落点。在换脚反撑时，支撑腿的撑点偏向、转髋幅度过大、制动时机过晚、撑球臂肘关节前送等因素都可能导致铅球落点偏离落地区外。这些因素都会影响铅球的控制和稳定性，导致不良的推铅球效果，造成铅球落点偏离落地区外。

第十三，最后阶段用力错误，是因为上体过早前移，并带动重心过早前移，这会影响推铅球的控制和稳定性，导致最后阶段用力错误。在右脚踏出之前，蹬转不充分，没有送髋、挺腰，形成比较合理的背弓；没有抬头、挺身，过早收腹，使下肢和腰部力量被阻断，使身体势能转化推力的传导突然消失。这些因素都会影响身体的协调性和稳定性，导致最后阶段用力错误。另外，右臂没有充分伸直、屈手腕、拨指，使铅球力传导续力不足，使前面已经获得的初速度大打折扣，从而造成只靠手臂力量推球，全身的力量无法充分发挥，导致最后阶段用力错误。

第十四，完成动作的时间太长，即动作速率差，是因为整体素质差，特别是爆发性力量薄弱，没有能力快速完成动作，这会影响铅球的初速度和飞行速度以及推铅球的距离。在动作执行过程中，动作僵硬，不协调，造成用力顺序颠倒，体内肌肉纤维用力之间互相抵制，以致造成对原地推铅球的用力顺序的内在机制理解不透彻，从而未能很好地使各关节肌肉群的力量形成合力，导致单靠手臂力量完成推球的错误动作。这些因素都会导致完成动作的时间太长，即动作速率差，进而影响推铅球的速度和效果。

二、原地推铅球针对错误动作的纠正方法

在上述原地推铅球各种错误动作及其成因分析的基础上，下面分别针对各种错误动作提出纠正方法。这些纠正方法需要持续不断地努力和正确的训练方法。教练的指导和反馈非常重要，他们可以提供个性化的指导和纠正，以帮助学生改善错误动作并提高技术水平。此外，反复练习和自我评估也是改进技术的关键，通过不断地反思和调整，逐渐纠正错误动作并建立正确的动作模式（以右手推铅球为例）。

第一，持球错误动作的纠正方法有以下两点：①详细讲解持球的动作要领，让学生明确正确的持球方式。正确的持球方式应该是：将球放置指根中心位置，手掌自然张开，手指稍微弯曲，手腕自然弯曲，用指根和手指托住球面。用不同重量的铅球或实心球反复进行持球练习，可以帮助学生逐步适应不同重量的球，提高手部肌肉的力量和灵活性。同时，可以帮助学生更好地掌握正确的持球方式的细节。②可以使用推球的手进行反复抓铅球练习或对墙推实心球，让食指、中指、无名指的运动神经体会球压指的感觉，使学生找到手指如何发力拨球的感觉，建立手指运动神经的条件反射。这样可以提高学生的手指力量和灵活性，使他们更加熟练地掌握正确的持球方式，从而减少持球错误动作的出现。

第二，用力顺序不正确纠正方法：①讲解示范正确用力顺序，并反复体会下肢蹬伸及转髋动作；降低难度，放慢速度，反复体会正确用力顺序。②发展全面的、整体的身体素质，提高人体协调性。

第三，左侧支撑不稳固纠正方法：重心左移时，左脚积极蹬伸；发展腿部力量。

第四，肘关节下降抛球的纠正方法：①讲解正确动作并示范；徒手体会正确动作，多做正面推球，肘关节抬平。②发展上肢力量，抵住学生右手，反复体会推球动作。这样可以帮助学生掌握正确的推球动作，避免肘关节下降和抛球等错误动作，同时提高上肢力量和稳定性。

第五，团身屈膝姿势不正确的纠正方法：①通过团身蹬起至脚跟尽量离地、半蹲跳、轻负重半蹲跳、单足跳起收腿、沙坑屈腿跳等练习，加强腿部支撑和平衡重心的能力。这些练习可以帮助学生增强下肢的力量和灵活性，提高身体的协调性和平衡能力，从而更好地掌握团身屈膝姿势。②通过负重体前屈、负重体转、负重蹬转的练习，使腰部的肌肉纤维的运动神经建立正确的运动感觉。通过反复练习以上动作，可以帮助学生增强腰部的力量和灵活性，提高身体的协调性和平衡能力，从而更好地掌握正确的团身屈膝姿势。

第六，铅球在空中的运动轨迹与地面形成的夹角不合理的纠正方法：①在讲解动作时，要明朗透彻，需要详细讲解正确的出手角度和影响出手角度的各种因素，包括身体姿势、用力方向、手部用力等。通过深入分析每个学生的问题，找出不同的症结，制订针对性的训练计划。②找出适合其特点的辅助动作进行练习，根据不同特点、不同错误动作，辅以不同的辅助练习，甚至为其单独制订训练计划。根据每个学生的特点和错误动作，进行相应的辅助练习，例如通过身体姿势调整、手部用力调整等方法来纠正出手角度不合理的问题。③通过各种多级跳、负重深蹲、半蹲、沙坑纵跳等提高下肢的力量。下肢力量是影响出手角度的重要因素之一，通过这些练习可以帮助学生增强下肢的力量和灵活性，从而更好地掌握正确的出手角度。④通过原地阻力练习和负重蹬转等纠正挺身和蹬地的用力方向。挺身和蹬地的用力方向也是影响出手角度的重要因素之一，通过这些练习可以帮助学生纠正挺身和蹬地的用力方向，从而使铅球的出手角度更合理。

第七，左肩和左臂摆动错误的纠正方法：①讲解、示范清楚技术要领，让学生建立完整的动作概念。在讲解动作时，需要详细讲解正确的左肩和左臂的摆动方式和技术要领，同时给出示范动作，让学生能够形成完整的动作概念，从而更好地掌握正确的技术动作。②强调左臂摆至身体左侧时，要及时屈肘制动，加大已获得的初速度。左臂的制动能够帮助控制球的方向和速度，通过强调制动的时机和力度，可以帮助学生更好地控制左臂的摆动。③学生通过做徒手练习或持轻重量的铅球练习体会臂摆动到制动的感觉。通过这样的练习，可以帮助学生更好地体会左臂摆动到制动的感觉，从而更好地掌握制动的技术要领。④强调躯干在最后用力阶段一定要挺身。躯干的稳定性对推铅球的效果有很大的影响，通过强调躯干的稳定性，可以帮助学生更好地掌握正确的技术动作。⑤通过持球手抓肋木做蹬转、送髋、挺身动作的练习，能够较好改变上体侧屈的错误动作。这些练习可以帮助学生改变上体侧屈的错误动作，提高躯干的稳定性和改善推铅球的效果。

第八，铅球过早离开颈部的纠正方法：①在讲解准备动作时，需要强调肘关节尽量与肩同高，球一定要放在锁骨内端上方，贴紧颈部。这样可以确保球在发力时能够顺畅地离开颈部，避免过早离开颈部的错误。②通过使用实心球或重量较轻的铅球进行反复体会练习，可以帮助学生更好地掌握正确的动作技巧，确保球在离开颈部时的时间点和角度都是正确的。③通过增加肩部和手臂的力量，可以帮助学生更好地控制球的位置和运动轨迹，从而更好地掌握正确的技术动作。④通过定期进行视频分析，可以帮助学生更好地发现自己的问题和不足之处，及时进行纠正和调整，从而更好地提高推铅球的效果。

第九，重心过早前移的错误的纠正方法：①把动作要领和力学原理讲解透彻。在讲解动作要领时，需要详细讲解正确的动作技巧和力学原理，让学生理解重心前移的错误会导致推铅球效果的下降，从而更好地掌握正确的技术动作。②特别强调身体重心一直到形成背弓时重心还是落在右脚上（即准备姿势时的重心脚）。这样可以帮助学生更好地控制自己的身体重心，避免出现重心过早前移的错误。③可采用单脚支撑完成原地推铅球动作至形成背弓动作时为止的辅助练习来改变大学生日常生活的惯性思维所形成的习惯，使肌肉纤维运动神经建立正确的用力方向（用力比例）。通过这样的辅助练习，可以帮助学生更好地掌握身体重心的控制，从而避免出现重心过早前移的错误。④可采用右手拉肋木或橡皮绳做原地推铅球动作，让学生体会转髋、挺身动作的用力方向，同时反复强调"转"髋，而不是"伸"腰，从而使大学生的重心变化时机合理。这样可以帮助学生更好地掌握正确的技术动作，避免出现重心过早前移的错误。

第十，铅球过早或过晚离手的纠正方法：①讲解清楚完整动作的要领。

在讲解动作时，需要详细讲解正确的动作技巧和要领，让学生建立完整的动作概念。②通过慢动作练习，或者持轻重量的铅球或实心球进行练习，可以帮助大学生更好地掌握球的离手时机和角度，从而减少过早或过晚离手的错误。③通过原地阻力练习，可以帮助学生更好地控制球的位置和运动轨迹。④通过无球练习，可以帮助学生更好地掌握身体的协调性和平衡性。⑤如果学生在动作中存在严重的问题，可以通过动作分解，重新分析问题所在并且逐个纠正问题，再逐步练习完整的动作。

第十一，维持身体平衡的能力差，球离手后容易冲出投掷圈造成犯规产生的纠正方法：①加强协调性的练习，如跳绳、柔韧性训练等。这样的练习，不仅可以帮助学生提高身体的协调性和平衡性，而且可以更好地控制球的位置和运动轨迹。②向学生强调不要过于关注球的落点。球离手后，把注意力集中在控制身体的平衡上，这样可以帮助学生更好地控制自己的身体平衡。③加强挺身、抬头目望左后上方可改变身体过度前伸和重心过早前移的问题，可以帮助学生更好地控制自己的身体姿势和重心位置。④加强下肢各关节的力量练习，提高换脚后支撑腿的支撑能力，如多级跳、负重深蹲、半蹲等力量练习。以上练习，不仅可以帮助学生提高下肢肌肉的力量和支撑能力，从而更好地控制身体平衡，避免出现身体过度前倾和重心过早前移的情况，而且也可以避免出现球冲出落地区的情况。

第十二，铅球落点经常偏离出落地区外的纠正方法：①加强对铅球落地区的讲解和规则的讲解。通过图解增强学生对铅球在手里和离手后的运行轨迹方向感，让学生更好地理解落地区域的边界和投掷纵轴，从而更好地掌握正确的站位和投掷方向。②在投掷圈内标出投掷纵轴和投掷落点区域边线与圆心连线，让学生在此找出合理正确的站位。同时，在抵趾板的下沿标出换脚反撑点的大概位置，加强动作讲解，特别是左臂的摆动幅度和制动时机及方法。这样的练习，可以帮助学生更好地控制投掷方向和铅球的落点位置。

③通过杠杆原理让学生认识到持球臂肘关节前送的弊端，让学生明白这种动作会导致球的离心力不足，从而影响球的飞行轨迹。通过反复做中慢速、轻球体的练习，可以帮助学生纠正这一错误，从而改善球的飞行轨迹。

第十三，最后阶段用力错误的纠正方法：①讲解清楚完整动作各阶段的动作要领及力量的传送的过程、路线和基本原理，特别最后用力阶段的姿势和用力方法以及用力的感觉。这样可以帮助学生更好地理解整个动作的要领和力量传递的过程，从而更好地掌握最后用力阶段的姿势和用力方法。②强调一定要在送髋、挺身的基础上最后用力推球。这样可以帮助学生更好地控制整个动作的力量和节奏，从而避免出现最后用力错误的情况。③可采用徒手练习或持较轻重量的铅球或实心球进行练习，体会用力顺序正确时肌肉运动神经的感觉，适当放慢蹬转动作的速度形成最后用力阶段的背弓姿势的练习，或右手背拉橡皮筋或肋木练习蹬转、送髋、挺身练习。这样可以帮助学生更好地感知正确的用力顺序和姿势。④强调右手手臂一定要充分前伸，加大出手的初速度。可采用负重快挺、卧推、负重蹬转等进行辅助练习。这些练习可以帮助学生增加推球的速度和力量，并且更好地掌握正确的推铅球的姿势。

第十四，完成动作的时间太长，即动作速率差的纠正方法：①通过各种力量练习，如负重的各种练习和多级跳等来巩固提高学生的绝对力量和爆发性力量。这样可以帮助学生提高整体运动速度和爆发力，从而缩短动作完成的时间。②通过跳绳、徒手练习、拉橡皮筋、推轻球体等练习，发展学生的协调性，并帮助学生找出合理、正确、协调的用力顺序，使各关节肌群的力量形成合力。这样可以帮助学生更好地掌握正确的技术动作和用力顺序，从而缩短动作完成的时间。③通过抓举、挺举、快速挺举、负重体前屈、负重半蹲、半蹲跳、短距离多级跳、短距离快速跑等，提高学生的爆发性力量。这样可以帮助学生更好地掌握正确的用力时机和节奏，从而缩短动作完成的时间。

第八章　侧向滑步推铅球的训练方法

　　侧向滑步推铅球的前身是半侧向滑步推球。半侧向滑步推球出现在铅球运动技术发展六个阶段中的第二个阶段，即从1896年到1910年前后。相比此前的跳步推球技术和半侧向滑步推球，侧向滑步推铅球对身体重心、滑步助跑速度、肌群的预紧张程度、最后用力的工作距离和球出手时的初速度等都有了改进。侧向滑步推铅球技术的真正形成是在第三个阶段，即1920年前后，这种推铅球的技术相对于之前的半侧向滑步推球在技术方法上有了更多的创新和改进，它加大了推铅球工作肌群的预紧张程度，提高了铅球出手时的初速度。掌握此推球方法有助于大学生在推铅球时发挥更大的力量和速度，从而创造出更好的成绩。

第一节　侧向滑步推铅球动作要领与技术要点

　　侧向滑步推铅球就是在推铅球时发力脚及整个身体朝向既定一侧滑行，主要用于将身体的重心转移，以便将球推出更远的距离。它要求学生能够充分发挥身体的优势，使投掷动作的力量得到充分发挥，因此需要掌握其动作要领与技术要点。

一、侧向滑步推铅球动作要领

运用运动生物力学方法分析侧向滑步推铅球的发力顺序就可以知道，其发力顺序是先从脚发力即首先蹬地，然后转髋，接着挺身，左侧支撑向上，形成合力，之后顶肩，再向前推手，最后拨指，将身体的势能转化为铅球的推力。运用语文学科的相关知识，可将这个发力顺序简化为"蹬、转、挺、撑、推、拨"六字口诀，所有动作尽在其中。

动作的详细步骤（以右手推铅球为例）为：①做准备动作，即右手持球，站立在投掷圈的后部，身体左侧对着投掷的方向，同时左腿向投掷方向摆出，右脚落于投掷圈的中心位置，形成最后用力的开始姿势。②右脚快速蹬转，使右髋部向投掷方向转动，并侧向抬起上身，当上身左侧移至与地面垂直的瞬间，双腿迅速蹬伸。同时，在制动时，左臂应配合动作，挺右胸，送右肩，最后用右臂迅速将球推出。③在球离开手后，要降低重心并迅速交换双腿，以保持身体平衡。

在实际训练中，需要不断练习和调整，逐渐掌握正确的动作和发力要领。可以从腿部力量训练、身体平衡和协调能力等方面入手，逐步提高自身的技术水平和成绩。此外，也可以通过视频分析教学训练的方式，观察和分析优秀选手的技术动作，进一步提高自身的技术水平和竞技能力。

二、侧向滑步推铅球技术要点

侧向滑步推铅球的技术要点在于每个动作都要做到正确，并且要注意其中的细节。下面以右手推铅球为例进行具体讲解。

(一)握持铅球要正确

正确握持铅球是侧向滑步推铅球中重要的因素。通过正确的握持姿势和手部控制，学生可以获得更好的稳定性、力量传递和投掷准确性，从而提高推铅球的效果和竞技表现。因此，在推铅球训练中，正确的握持姿势和手部控制应该受到重视，并在实践中加以训练和完善。

侧向滑步推铅球时握持铅球的正确方法为：五指张开，将铅球放在指根，用拇指和小指控制铅球。指根应该紧贴着铅球，中指、无名指和食指应该轻轻地托住铅球，以便更好地控制铅球的重心。将铅球放在锁骨窝处，头部稍向右，铅球和颈部以及下颌贴紧，右手抵球，肘部稍外展，完成持球动作。同时，应该注意保持肘部的放松，可以更好地控制铅球的运动轨迹和力量输出，确保推铅球的准确性和力量。

(二)准备姿势要正确

在侧向滑步推铅球中，准备姿势要正确。以右手推铅球为例，身体要转向右侧，双脚分开站立，右手持球，五指将球托起，手心为空，将球顶在右侧锁骨窝处。同时，注意保持重心位置和上体姿势的平衡。在实际训练中，需要对准备姿势进行熟练掌握，并且依据自身情况需要进行灵活运用。通过不断的技术练习，可以逐渐提高自身的技术水平和竞技能力，以期在比赛中取得更好的成绩。注意准备姿势的正确性，这样可以帮助学生减少不必要的身体伤害和疲劳，保护身体健康。

（三）滑行衔接要流畅

滑行衔接是侧向滑步推铅球中的关键技术动作之一。它是将准备姿势和最终推铅球的动作衔接在一起的过程，其流畅性对于推铅球的准确性具有至关重要的影响，不仅对整个推铅球动作的协调和连贯性起着至关重要的作用，还对推铅球的姿势和力量控制具有重要的影响。

为了实现流畅的滑行衔接，动作上确实需要注意摆动腿摆动、支撑腿侧向蹬地滑步，并将右脚侧向蹬起，左腿向左摆动。同时，左臂向前延伸，右肩部稍稍下压，肘部稍稍抬起，将铅球置于肩低处。在滑步落地时，右脚应落于投掷圈中心点附近，左脚靠近抵趾板内沿地面落地，身体重心落于右腿，团身蓄力。这样做是为了确保身体的平衡和稳定，以便能够更好地控制身体的动作和力量的传递。除了动作上的要求，要想实现流畅的滑行衔接还需要多加练习和反复实践。只有通过不断的练习和反复的实践，才能逐渐掌握这个关键技术动作，并提高推铅球的成绩和技术水平。

在滑行衔接过程中，要注意身体姿势和肌肉力量的协调性。对于不同身体形态的学生，需要根据自身特点调整姿势，同时需要通过适当的训练来提高肌肉力量的协调性，以更好地完成滑行衔接动作。因此，需要不断地进行技术练习，通过模拟比赛场景来提高自己的竞技能力。同时，也需要注意滑行衔接的流畅性，以保证推铅球的准确性和力量输出。

（四）掌握正确的推铅球姿势

侧向滑步推铅球的姿势（以右手推铅球为例）为：①握持球手位，将五指自然分开，将铅球放在靠近食指、中指和无名指的指根处，拇指和小指贴在球体侧面，掌心空出，手腕背屈，握好球后，将球放到锁骨内端上方，贴紧颈部，掌心向前，右肘微微抬起，右上臂与躯干约呈90度角，右肘不可以高过肩，躯干与头保持正直。②准备动作，持球后，侧对投掷方向，双脚的位置要稳定，以便更好地掌控身体的平衡和稳定。重心下降，右腿屈膝成半蹲，并将重心移至右腿上，上体向右转体约90度，并稍向前屈，微低头含胸，左臂放松垂直或屈肘微抬。左膝适当外展，右膝稍向内扣，右脚前脚掌着地向内扣。上体、右臂和左臂的前臂要适当放松，重心完全落在右腿上，背部放松。③预摆和滑步，在开始滑步前，通常做1～2次的预摆。预摆时左腿微屈以大腿带动小腿向投掷方向摆动，上体稍右倾，接着右腿屈膝下蹲，左腿屈膝回摆靠近右腿，上体右倾，收腹含胸，预摆过程中一定要控制好身体的平衡：身体重心向左移动，左腿向左侧摆出，同时右腿用力侧蹬，"摆""蹬"同时进行；右腿充分蹬伸后，迅速收拉小腿，使前脚掌沿地面滑至投掷圈中心附近，脚尖稍内扣，使脚约与投掷方向成直角，同时左脚积极下压，以前脚掌内侧着地，形成最后用力前的良好姿势。④最后用力和维持身体平衡，最后用力和滑步动作是紧密连接的，当左脚一着地，即开始最后用力。首先右腿用力蹬转，髋部前移并左转，同时左臂稍内旋经体前带领左肩边移、边抬、边转至投掷方向；紧接着右腿开始蹬转，两腿进行爆发式蹬伸，左肩制动，右肩充分向前，抬肘、伸直右臂、用手指拨球，将铅球从肩上向前上方推出，当铅球出手后，及时换脚、降低身体重心，维持身体平衡。

（五）投掷重心要完全落于右腿

在右手推铅球的情况下，在推铅球的过程中重心应完全落于右腿。这是因为右腿可以提供更好的推动力量，以便将铅球推出的距离更远。同时，重心的稳定也可以提高投掷的稳定性和准确性，避免因为身体不平衡而影响最终推铅球的效果。在推铅球的过程中，要注意身体的姿势和平衡，以保证推铅球的准确性和力量输出。同时，也需要根据自身的身体条件和技术水平进行调整，以找到最适合自己的重心位置。

（六）落脚动作要及时

侧向滑步推铅球的落脚动作对于推铅球的稳定性和准确性具有至关重要的影响。落脚动作的具体要点有两方面，一方面，在滑步的蹬转动作完成后，要立即做出落脚动作，以稳定髋部状态。这个动作需要及时、准确，以避免因为身体不平衡而影响推铅球的效果。落脚动作应该以右脚为主，即左脚向前摆动，右脚蹬地后迅速收回并将重心再次落于右腿上。同时，左腿也需要进行相应的调整，以保持身体的平衡和稳定性。另一方面，在落脚动作中，需要注意身体的姿势和平衡，以保证推铅球的准确性和力量输出。

落脚动作是侧向滑步推铅球项目中非常重要的一步，需要进行反复认真练习，熟练掌握落脚动作的要点，以确保推铅球的稳定性和准确性。

三、侧向滑步推铅球动作易犯错误与纠正方法

侧向滑步推铅球训练中常见的错误动作一般出现在滑步时和推铅球时。纠正这些错误时，除了运用正确的方法及持续的训练和专注，还要积极地与经验丰富的教练合作，接受个性化的指导和反馈，进行技术细节的训练和调整，可以帮助学生逐步改进和优化推铅球的动作，并提高推铅球的准确性和效果。

(一)滑步训练时易犯的错误与纠正方法

在铅球滑步训练中,运动员常常会犯一些错误,这些错误可能会影响到技术的发展和投掷的准确性。纠正这些错误需要持续的训练和专注的努力。以下是一些常见的错误以及纠正方法。

第一,在滑步过程中,部分学生容易出现的错误是滑步距离太短。产生这一问题的原因可能是蹬地和摆腿力量不足、动作不协调或拉收小腿不积极。以下是几种纠正方法:①可以通过在训练时结合蹬地和摆腿动作来加强腿部力量和提高动作的协调性。②在练习中注重动作的规范性和连贯性,练习时可以先徒手,过渡至使用实心球,逐渐增加难度,最后带上铅球进行练习。③可进行连续的拉收小腿练习,以加强小腿的力量和灵活性,从而增加滑步距离。④可在地上画出两脚落地标志,要求滑步后落在标志上,以检查滑步距离是否足够。

第二,滑步时一些学生也会出现身体重心上下起伏的问题。当蹬地或摆腿时,如果力量过于向上,就会导致身体重心上下起伏。如果右腿未蹬直,或者过早收小腿,就会导致身体重心上下起伏。以下是几种纠正方法:①可以在进行侧向滑步推铅球动作之前,先将身体重心稍稍向后移动,以帮助减轻身体重心上下起伏的问题。②可以在进行左腿摆动时,要求触及后方(投掷方向)的标志物,以帮助控制身体的重心。

第三,在进行侧向滑步推铅球动作时,一些学生经常会出现滑步结束后不能保持投掷前的正确姿势的问题。这种问题的产生原因可能是右腿拉收动作不完善,或者滑步中左臂向左摆动或头向投掷方向转动,带动上体的移动。以下是几种纠正方法:①可以在进行侧向滑步推铅球动作之前,先进行徒手或持球的收腿动作练习,以帮助加强右腿拉收动作,从而保持正确的身体姿势。②可在进行侧向滑步推铅球动作时,教师在学生右侧(稍后)拉住学生的右肘，或在背后压住上体，以帮助控制上体的移动。

第四，滑步后停顿也是一些学生会出现的问题。当进行侧向滑步推铅球动作时，如果左腿摆动过高或着地不积极，就会导致滑步后停顿。同时，如果右腿力量不足，或者滑步后重心下降太大，也会导致滑步后停顿。以下是几种纠正方法：①可以背对投掷方向，两脚左右开立，两腿弯曲，上体前倾，然后左脚后撤一步，积极着地后，右脚快速蹬地。这个练习可以帮助大学生加强左腿着地和右腿蹬地的动作，从而避免滑步后停顿的问题。②可以结合右腿蹬地动作，以帮助减轻滑步后重心下降太大的问题。③可以加强腿部力量训练，以帮助增强右腿蹬地的力量和提高速度。

（二）推铅球时易犯的错误与纠正方法

除了上述滑步方面的错误，还有推铅球动作的错误。在推铅球的过程中，一些学生可能会犯一些常见的错误，这些错误可能会影响到推铅球的准确性和效果。纠正这些错误需要持续的训练和专注，通过反复的练习和积累竞技经验，可以逐渐熟练掌握正确的推铅球技术，并在比赛中发挥出最佳水平。

一些学生会出现手指、手腕用力不当的错误动作，这可能会导致身体损伤。手部推球动能过于主动或手指完全放松，手指、手腕力量较差，用力过于突然，都会导致手指、手腕用力不当的错误动作。以下是几种纠正方法：①推铅球的最后用力顺序要正确，下肢及躯干的蹬转动能要传导足够。应注意握球时手指有一定的松紧程度，以帮助加强手指、手腕的力量。在平时的训练中，要注重发展手指、手腕的力量，并进行相应的训练，以帮助纠正手指、手腕用力不当的错误动作。②在进行侧向滑步动作时，可以先使用较轻的铅球进行练习，并注意用力的顺序，以帮助加强手指、手腕的力量和掌握正确的用力方法。还有一些学生经常会出现肘关节下降，形成抛球的错误动作。如果持球臂肘部过低，或者头部过早转向投掷方向，都会导致推铅球时肘关节下降，形成抛球的错误动作。以下是几种纠正方法：①应注意持球时手臂的动作，要求肘关节上抬，以避免出现肘关节下降的错误动作。可以多做正面推球，以帮助掌握正确的推球动作和肘关节上抬的技巧。②注意滑步和开始推球时，保持两眼仍看前下方，以避免头部过早转向投掷方向导致肘关节下降的错误动作。

做推铅球动作时，一些学生还会出现用不上腰背肌肉和下肢力量，单纯用手臂的力量的错误。以右手推铅球为例，如果右臂过早用力，用力顺序不明确，或者身体各部分动作不协调，以及用力时姿势不正确，身体重心在两腿之间，都会导致出现这种错误动作。以下是几种纠正方法：①应该学会做好预备推球姿势，以帮助协调身体各部分的动作。在进行推铅球动作训练时，教师可以在前面抵住学生的右手，或者在后面拉住学生的右手，让学生反复做蹬伸、抬体动作，以帮助协调身体各部分的动作和掌握正确的用力顺序。②可以在学生身后用左手压住学生左肩，结合学生进行蹬伸时，用右手推右髋向投掷方向转动，以帮助其掌握正确的用力顺序和姿势。学生自己应该注意利用下肢和上体鞭打动作将球顺势推出，以发挥腰背肌肉和下肢力量的作用。

有些学生会出现臀部后坐的错误动作。如果蹬地不充分，髋部未能转至正对投掷方向，或者最后用力时两脚前后之间的距离过长，以及制动脚力量大，怕出圈犯规，都会导致出现臀部后坐的错误动作。以下是几种纠正方法：①做推铅球动作训练时，教师可以站在学生后面，两手扶在学生的髋的两侧，推球时帮助转髋、送髋，以帮助学生充分蹬地和正确转动髋部。②学生自己可以徒手做最后用力练习。这个练习要求学生用右手触及前上方一定高度和远度的标志物，以帮助学生掌握正确的用力时机和姿势。

学生在推铅球时会出现出手角度过低的错误，这会导致推球的高度不够，影响铅球的飞行距离。在右手推铅球的前提下,如果左脚支撑无力或膝关节弯曲,推球时低头或向右后下方转动,推球动作慢,就会导致推球时出现出手角度过低的错误动作。以下是几种纠正方法:①可以在投掷前上方一定高度和远度处悬挂一标志物,要求推出的球触及标志物,以帮助学生掌握正确的出手角度。②可以设立一定高度和远度的横杆,要求学生将球推过横杆,以帮助学生掌握正确的出手角度和推球力度。

第二节 侧向滑步结束后最后用力的训练方法

侧向滑步结束后的最后用力动作有"蹬、转、挺、撑、推、拨"六字口诀,即蹬地、转髋、挺身、支撑、推球、拨指,下面就针对六字口诀,探讨训练方法。

一、蹬地动作训练方法

最后用力中的蹬地动作是推铅球过程中至关重要的一步。在滑步动作完成后,当学生完成滑步并开始最后用力时,蹬地动作对身体的力量向上转化为铅球的推力具有关键作用,其可以帮助推出的铅球获得更佳的高度和远度。蹬地是为了将腿上的力量作用于铅球上,可以为推铅球提供强大的发力支撑。以下是训练侧向滑步推铅球蹬地动作的一些建议。

第一,提高蹬地力量。蹬地是推铅球的关键动作,需要有足够的蹬地力量来推动铅球。为了提高蹬地力量,可以进行重量训练,例如深蹲、硬拉、单腿蹲等。此外,也可以进行爆发力练习,例如跳跃、冲刺等。

第二,提高蹬地速度。蹬地速度是非常重要的,可以通过进行快速爆发动作的训练来提高。例如,可以进行快速跳跃、冲刺等训练。

第三，提高蹬地稳定性。在侧向滑步推铅球中，需要保持身体的稳定性，以便能够蹬地发力。为了提高蹬地稳定性，可以进行单腿平衡训练、核心稳定性训练等。

第四，练习侧向滑步。侧向滑步是侧向滑步推铅球的核心动作。需要练习掌握该动作的技巧和要领。可以在平地上进行侧向滑步训练，逐渐增加滑步的速度和难度，以适应推铅球的要求。

二、转髋动作训练方法

转髋是推铅球技术中一个最重要的要素。它可以实现将横向的滑步动作转化为推铅球的线性动作，使学生能够有效地将力量传递到铅球上。转髋是指在侧向滑步结束后，通过髋部的转动将身体转向正面，并将横向动作转化为纵向的推力。这个动作的关键在于髋部的灵活性和协调性。转髋动作可以帮助学生更好地控制身体的稳定性和方向，从而更好地发力推铅球。转髋动作训练的建议如下。

第一，左右转髋。平躺在瑜伽垫上，双腿屈膝90度尽可能靠拢，双手固定住自己的髂前上棘，也就是髋骨比较凸起的位置，让骨盆尽可能不发生明显移动。双腿向同一侧自然放松，在这个过程中，对侧的髂前上棘不要发生明显旋转，让自己的手尽可能固定住这个位置。在最大范围的角度保持3秒，对侧重复同样的动作。注意对侧髂前上棘的固定，不要发生骨盆明显旋转。10个为一组，每次锻炼2~3组，速度不要太快，幅度也不要过大。

第二，"4"字拉伸。平躺在瑜伽垫上，屈膝90度，一侧的腿像盘二郎腿一样盘到另一侧的大腿上方。屈膝、屈髋，双手抱着非拉伸腿的腘绳肌，尽可能用双手把膝关节往头的方向靠拢，会感觉到一侧的髋关节和臀肌都有明显的牵拉作用，保持10秒，重复3~5个，双侧交替。注意尽量保持身体的中立位，不要出现歪斜，双手抱腿拉伸时，不要过于追求动作的角度，只要感受有牵拉感即可。

三、挺身动作训练方法

挺身动作有助于维持良好的姿势和身体力量传递，从而提高推铅球的效果。挺身是指在最后用力时，蹬转过程中，通过胸部的抬起和拉伸来保持上半身的直立姿势。挺身动作可以帮助大学生加强胸部肌肉，改善姿势和增加肺活量。这个动作的关键在于胸部和腰背部肌肉的协调和力量控制。以下是一些常见的挺身动作训练方法。

第一，俯卧撑。俯卧撑是一种经典的挺身动作，可以锻炼胸肌、三头肌和肩部肌肉。可以在地面上或墙壁上进行，根据学生自己的能力和需求选择不同的难度。

第二，瑜伽下犬式。下犬式可以帮助学生加强胸部、肩部和手臂肌肉，还可以帮助拉伸背部和腿部肌肉。在瑜伽练习中，下犬式是非常重要的一个姿势。

第三，杠铃卧推。杠铃卧推可以帮助加强胸肌、三头肌和肩部肌肉，是一种非常有效的重量训练动作。需要注意正确的技巧和重量选择，以避免受伤。

第四，仰卧起坐。仰卧起坐虽然主要是锻炼腹肌，但也可以帮助学生加强胸部肌肉。在进行仰卧起坐时，要注意保持胸部挺起，避免背部塌陷。

第五，哑铃飞鸟。哑铃飞鸟可以帮助学生加强胸肌、肩部肌肉和手臂肌肉。可以使用不同重量的哑铃，根据自己的能力和需求选择不同的难度。

四、支撑动作训练方法

支撑动作可以帮助学生更好地控制身体使支撑形成合力，在右手推铅球的情况下，合理的左侧支撑可以更好地发力推铅球。支撑主要靠左腿左侧左手，其次还有肩部的动作。

（一）左腿左侧左手的支撑

以右手推铅球的情况下，左腿的左侧支撑动作在投掷项目中非常重要。通过将左腿及身体左侧站稳并制动，可以提供稳定性和支撑合力，有效防止身体倾斜或摇晃。这种支撑动作还可以帮助学生更好地利用腿部力量，将重心转移到手臂和肩膀，从而更有效地推动铅球。左手的支撑在左腿左侧支撑动作中起到了辅助作用。将左手放在身体的左侧，可以提供额外的支撑和平衡，帮助控制身体的姿势和重心。这样可以使学生的身体更加稳定，有利于提高推铅球的准确性和力量。

以上支撑动作的目的是确保在侧向滑步结束后保持稳定，避免失去平衡并保持正确的姿势。通过使用左腿的左侧和左手进行支撑，可以更好地控制身体的位置，为后续的动作做好准备，如转体、站立或进行其他技术动作。

（二）肩部辅助支撑动作

肩部是支撑动作的重要辅助点，因此需要加强肩部动作练习。肩部动作主要包括提高肩部力量、提高肩部稳定性和练习顶肩动作。推铅球需要有足够的肩部力量来支持，可以进行以下练习：①肩部肌肉静力收缩，在支撑动作的基础上，保持肩部肌肉静力收缩，即保持肩部肌肉的紧张和收缩状态，以增强肩部肌肉的力量和耐力。②横向移动，俯撑在地面，保持核心收紧，移动手臂带动身体向左右两侧来回移动。这可以增加肩部肌肉的灵活性和稳定性，同时也可以提高身体的平衡性和稳定性。③倒立练习，利用墙壁进行倒立练习，可屈曲髋部降低难度。练习时注意肩部肌肉的发力和控制。这可以增强肩部肌肉的力量和耐力，同时也可以提高身体的平衡性和稳定性。④支撑冲肩，俯撑在地面，屈曲髋部，臀部高抬；以肩关节为轴，摆动身体练习动作。这可以增强肩部肌肉的力量和耐力，同时也可以提高身体的稳定性和灵活性。

五、推球动作训练方法

推球动作发生在蹬、转、挺、撑结束后，当准备将铅球释放时。推球的正确使用可以帮助将身体的力量有效地传递到铅球上，从而实现更远的推球距离和更高的成绩。推球动作可以帮助学生更好地控制铅球的方向和速度，从而更好地发力推铅球。以下是关于推球动作训练的建议。

第一，提高手臂力量。推球动作需要有足够的手臂力量来支持。可以进行哑铃弯举、杠铃弯举、俯卧撑等训练来提高手臂力量。

第二，提高手臂稳定性。手臂的稳定性也非常重要，可以通过进行手臂稳定性训练来提高。例如，可以进行平板支撑、倒立撑等训练。

第三，练习推球动作。推球动作是推铅球中非常重要的一环，需要掌握正确的技巧和要领。可以进行推球动作的模拟训练，例如使用弹力带进行训练，逐渐增加难度和重量，以提高推球动作的能力。

六、拨指动作训练方法

拨指动作可以帮助学生将手部的力量有效地传递到铅球上，增加推力和更好地控制。拨指动作可以帮助学生更好地控制铅球的方向和速度，从而可以更好地发力推铅球。以下是拨指动作训练的一些建议。

第一，提高手指力量。拨指动作需要有足够的手指力量来支持。可以进行手指屈伸训练、手指夹力器训练等来提高手指力量。

第二，提高手指灵活性。手指的灵活性也非常重要，可以通过进行手指伸展、手指揉捏等训练来提高。

第三，练习拨指动作。拨指动作需要掌握正确的技巧和要领。可以进行拨指动作的模拟训练，例如使用弹力带进行训练，逐渐增加难度和重量，以提高拨指动作的能力。

第三节 侧向滑步推铅球的技术练习方法

在进行侧向滑步推铅球的技术练习时，可以先从简单的动作开始，之后逐渐增加难度。比如，先进行一些侧向滑步的练习，让学生熟悉滑步的动作，然后再进行推铅球的练习，让学生逐渐掌握推铅球的技巧。

一、基础能力练习方法

基础能力训练对于侧向滑步推铅球技术的掌握和提高至关重要。通过系统的基础能力训练，可以为学生提供更好的身体控制能力、爆发力和稳定性，从而在实际的侧向滑步推铅球训练中取得更好的效果。基础能力练习方法主要有力量训练和模拟比赛。

力量训练指的是在开始进行侧向滑步推铅球运动之前，要先进行一些基础能力训练。比如，进行一些力量训练，提高身体的稳定性和平衡性，同时也可以进行一些跑步训练，提高身体的协调性和灵活性。

除了体能方面的基础能力练习，还可以模拟比赛的情况，让学生在比赛的氛围中训练心理素质。比如，可以设置一些比赛规则，让学生在规定的时间内进行铅球训练，从而使学生丰富比赛经验和培养良好心态。

二、辅助工具练习方法

侧向滑步推铅球需要在推铅球过程中拥有平衡、稳定、协调、力量和速度等多方面的能力。在这个过程中，辅助工具的使用可以帮助大学生更好地掌握技术动作，提高训练效果。

在田径项目中，铅球是一种重量较大、由铅制成的球状器械，用于投掷训练和比赛。训练铅球和实心球作为一种常见的辅助工具，其重量和形状与真实的铅球相似，但相对较轻，可以让学生更容易地掌握技术动作。训练铅球可以用于多种训练方式，如推铅球姿势的练习、推铅球路线的掌握、推铅球的力量控制等。在使用训练铅球进行练习时，可以采用以下方法。

第一，模拟比赛。在使用训练铅球进行练习时，可以模拟比赛场景，选择一个适当的训练场地，进行多次推铅球练习，以便更好地掌握技术动作和提高比赛水平。

第二，增加重量。随着技术的提高，可以逐渐增加训练铅球的重量，以提高力量和控制能力。

使用训练铅球等辅助工具进行侧向滑步推铅球的练习可以帮助大学生更好地掌握技术动作，提高技术水平和比赛能力。但是需要注意，训练铅球重量的增加应该逐渐进行，并且需要注意正确的姿势和技术动作，以避免受伤。

三、加强体能练习方法

侧向滑步推铅球需要具备足够的体能储备，才能更好地完成推铅球的动作。因此，为了达到更好的训练效果，需要注重体能的训练，如增加上肢和核心肌肉力量的练习等。

第一，重量训练。增加上肢的力量是侧向滑步推铅球的关键之一，可以通过重量训练来增强上肢的力量，如哑铃卧推、杠铃卧推等。这些训练可以帮助学生提高上肢肌肉的力量，从而更好地完成推铅球的动作。

第二，核心肌肉训练。核心肌肉的训练可以帮助学生提高身体的稳定性和平衡性，从而更好地抵抗推铅球时的惯性力，避免身体晃动和不稳定。可以进行仰卧起坐、平板支撑等训练，以加强核心肌肉的力量和稳定性。

第三，跑步训练。侧向滑步推铅球需要一定的爆发力和速度。在训练中可以加入跑步训练，如短跑、爆发力训练等，以提高身体的速度和爆发力。

第四，有氧训练。有氧训练可以帮助提高肺活量和心肺功能，从而更好地适应比赛时的压力和负荷。可以进行跑步、游泳、骑车等训练，以提高心肺功能和体能储备。

四、反应速度练习方法

侧向滑步推铅球需要具备足够的反应速度，才能更好地完成推铅球的动作。因此，为了达到更好的训练效果，还需要进行反应速度的训练。例如：眼手协调训练，在比赛中，需要在极短的时间内做出反应，因此，眼手协调训练是非常重要的。可以进行一些简单的练习，如跳绳、击打球类运动等，以提高眼手协调能力；视觉训练可以帮助学生提高反应速度和精度，可以进行一些简单的练习，如闪烁灯光、快速识别图形等，以提高视觉反应速度；反应训练可以帮助学生提高反应速度和灵敏度。可以进行一些简单的练习，如手推球、击打反应球等；训练游戏可以增加运动的趣味性，同时也可以提高反应速度和手眼协调能力。可以选择一些简单的游戏，如打飞碟、打靶等，以提高反应速度和眼手协调能力。

五、视频分析练习方法

视频分析练习是一种利用录像重放技术来分析和改进侧向滑步推铅球技能的训练方法。这种方法可以让学生直观地看到自己的动作和技能问题,并通过反复观看和分析,改进和优化自己的技能表现。下一节将详细讲解此部分的内容。

第四节　侧向滑步推铅球视频分析教学训练

在进行侧向滑步推铅球的训练时,可以利用视频分析的方法,对学生的动作进行分析和评估。比如,可以录制学生推铅球动作的视频,然后对其进行分析,找出其存在的问题,从而帮助学生进行改进。

一、侧向滑步推铅球动作视频录制

录制侧向滑步推铅球动作视频可以帮助体育老师和教练更好地分析和评估学生的技术水平和动作表现,从而制订更为科学、系统的训练计划。

为了能够更好地捕捉学生的动作,最好使用高清摄像机进行录制,以确保画面清晰、细节清晰可见。同时要选择一个合适的拍摄位置。一般来说,应该站在铅球的侧面,与学生保持一定的距离,以便观察到侧向滑步推铅球的整个过程。

第一,录制多个角度可以让体育老师和教练更为全面地了解学生的动作表现。最好选择侧面和正面的角度进行录制。第二,要确保充足的光线。充足的光线可以确保画面清晰明亮,避免画面模糊或过暗。最好选择室外或有良好照明的室内环境进行录制。第三,要确定拍摄起止时间。在开始录制前,应该与学生沟通好录制的起始时间和结束时间,以便准确地捕捉到动作的整个过程。同时,也要确保拍摄的时间段不会与其他人或事物冲突。第四,要提供必要的指导和支持。在录制过程中,需要为学生提供必要的指导和支持,以确保他们的动作能够达到最佳效果。同时,也要确保学生的安全,避免发生意外情况。第五,要确保录制稳定。为了能够更好地观察学生的动作,录制应该尽可能地稳定,避免出现晃动或抖动。可以使用三脚架或其他稳定器来确保录制稳定。第六,要分段录制。侧向滑步推铅球的动作在不同阶段有不同的技术要求,可以分段录制,以便更好地分析和评估每个阶段的表现。另外,为了得到最佳的录像效果,建议进行多次拍摄。这样可以从不同角度观察学生的动作,并及时纠正他们的错误动作。

二、侧向滑步推铅球动作视频观看与分析

完成录制后,教师和学生需要反复观看录制的视频,以便发现自己在动作和技能方面的教学和学习问题。尤其是对于大学生来讲,在观看视频时,需要重点关注自己的姿势、动作流畅性、力量和速度等方面,以便找出自己需要改进的地方。

在观看视频的过程中,学生需要对自己的动作和技能问题进行分析,并找出改进的方向和方法。例如,如果发现自己的姿势不正确,可以通过加强身体的协调性和平衡性来改进;如果发现自己的力量和速度不足,可以通过增加力量训练和提高速度来改进。视频分析这一步非常重要,它是提高大学生训练水平和技术水平的重要手段之一。以下是一些分析方法。

（一）视频播放

视频播放可根据需要采取慢放、暂停、回放等方法。将视频缓慢播放可以帮助教师更好地观察学生的动作，从而更为全面地了解学生动作表现，发现问题和改进优化。在视频中暂停和回放可以帮助教师更为细致地观察学生的动作，发现细节问题，如手臂和腿部的位置、动作的节奏和速度等。

（二）整体观察

通过观察视频，可以了解学生的侧向滑步推铅球的整体流程，包括准备动作、滑步、蹬伸、转髋、拨球等。可以对这些动作进行分类、整理，以便进行后续的分析。

（三）全面分析

全面分析包括细节分析、对比分析、利用软件分析和结合实际情况分析。除了整体流程，还需要对动作的细节进行分析，可以从不同角度观察视频，注意观察学生的身体姿势、动作幅度和运动速度等。同时还要观察学生的运动轨迹，以便了解学生的运动路径是否正确。对比分析可以帮助教师更为准确地评估学生的技术水平，可以对多名学生的侧向滑步推铅球动作视频进行比较分析，例如动作幅度、运动速度、运动路径等，从而寻找优秀的动作特征和不足之处。现在有很多专业的运动分析软件，可以帮助教师更为全面、科学地分析学生的动作，如 Kinovea、Dartfish 等。这些软件可以对视频进行放缓、放大、旋转等操作，从而更好地观察和分析学生的动作。通过软件对视频进行处理，可以得到学生的运动轨迹、速度、加速度等数据，以便深入研究其动作特征。在进行视频分析时，还需要结合实际情况进行分析，如学生的身体特点、训练成果等，从而可以帮助教师和教练更具针对性地制订训练计划和改进方案。

三、基于视频分析结果，制订改进计划

在侧向滑步推铅球的视频分析教学训练中，基于视频分析结果制订改进计划可以帮助学生识别和解决技术上的问题，从而提高其推铅球的效果和成绩。这种方法帮助学生在技术细节上进行精确调整，并逐步提高推铅球的技术水平和成绩。其具体方法是根据分析结果，教师和学生需要制订一个针对性的改进计划，并制订具体的练习方法。

（一）确定改进目标

在制订训练改进计划之前，需要先确定改进目标。根据侧向滑步推铅球的动作视频分析结果，可以确定训练者需要改进的方面，例如姿势、动作流畅性、力量和速度等方面。在确定改进目标时，需要确保目标具有可实现性和可衡量性。

（二）制订训练计划

在制订计划时，需要考虑训练者的实际情况和能力水平，并制订具体的训练方法。如果训练者需要改进姿势，可以通过加强核心肌群的训练和进行拉伸等方法来改进；如果需要增加力量和速度，可以通过增加推铅球的次数和铅球质量，以及进行爆发力训练等方法来改进。计划需要具体、可行，并且可以量化和测量训练者的进步。

四、基于改进计划，进行实践练习

实践练习是视频分析教学训练的最后一步。教师与学生要将制订的改进计划践行，反复进行侧向滑步推铅球的练习并结合视频分析。通过反复训练与分析，能持续改进和优化技能表现，助力在比赛中获取更好成绩。

（一）实施改进计划

训练时需要依据计划中的训练方法展开训练并反复实践。训练过程中要注意调控训练强度与方式，确保训练者安全和训练效果。同时，需要持续监测学生进步情况，适时对计划进行调整与完善。

（二）进行视频分析

训练过程中，对学生的训练情况录像并作视频分析。借助视频分析能更明晰地发现问题与改进方向，还能帮助学生更好理解自身动作与技能表现，从而有针对性地改进和提升。

（三）反复训练与分析

经由反复训练与视频分析，学生能不断改进优化自身技能表现，同时不断调整改进训练方法与计划，达成最佳训练效果，利于在比赛中取得佳绩。

（四）评估训练效果

训练计划实施完毕后，要对训练效果进行评估，可通过对比训练前后的侧向滑步推铅球动作视频，或借助其他可量化指标来衡量。若训练效果不佳，需对计划予以调整改进。

第九章　背向滑步推铅球的训练方法

　　背向滑步推铅球技术是现阶段我国运动员最常用的一种推铅球技术动作，它是在侧向滑步推铅球技术的基础上发展起来的。背向滑步推铅球技术相较于侧向滑步推铅球技术，更加符合人体解剖学和运动生物力学原理，能够更好地发挥运动员的身体潜能，提高推铅球的成绩。

　　具体来说，背向滑步推铅球技术的动作流程为：预摆、团身、滑步、转体、出手。在动作过程中，运动员需要保持身体平衡，充分利用腰腹力量和手臂力量，将铅球从身体右侧推出。背向滑步推铅球技术的优势在于：①可以增加运动员在推铅球过程中的工作距离，使铅球在推出时获得更大的初速度；②可以让运动员更好地利用身体的力量，提高推铅球的力量和爆发力；③可以提高运动员的身体控制能力，使推铅球的动作更加准确和稳定。

　　然而，背向滑步推铅球技术并不是每个运动员都能够轻松掌握的。它需要运动员具备较好的身体条件和较高的技能水平，同时也需要经过长时间的训练和练习。因此，在训练过程中，教练员需要根据运动员的实际情况和个人特点，制订合理的训练计划，帮助运动员逐步掌握背向滑步推铅球技术。

第一节　背向滑步推铅球动作要领与技术要点

背向滑步推铅球技术是一项最实用、最常用的技术，这种技术从预备姿势到滑步直至最后用力，都离不开上下肢和躯干运动的协调作用。在快速完成这一动作过程中，有的技术环节是同时完成的，这是背向滑步推铅球技术的难点。下面讲解背向滑步推铅球动作要领与技术要点，以及背向滑步推铅球易犯错误与纠正方法。

一、背向滑步推铅球的动作要领

背向滑步推铅球使转体 90 度的侧向改变为 180 度，使铅球运动员手中的运行距离大大加长，可以产生较大的出手初速度，并用到最后出手的动作中，因而促使运动成绩大幅度提高。因此，背向投掷方法是推铅球技术的一次大变革。自从背向滑步推铅球方法出现后，多年来许多运动员在它的基础上表现出不同的技术特点，促使最后用力前上体更加充分地扭转和拉紧，以便推球时发挥更多肌肉群的力量，使铅球离手时获得更大的速度，这又推进了背向滑步推铅球技术的发展。

与侧向滑步推铅球一样，背向滑步推铅球的发力顺序也运用运动生物力学方法来分析，其分为预摆、团身、滑步、转体、出手五个步骤，可简化为"摆、团、滑、转、出"五字诀，所有动作尽在其中。下面就以右手推铅球为例，来看看整个发力过程的动作要领。

（一）预摆

在背向滑步推铅球的动作要领中，预摆是一个重要的技术要素。通过应用预摆技术，大学生能够充分利用摆动力量和原始惯性，在滑步开始时获得更强的推力和稳定性。这个动作要领需要经过反复的练习和教练的指导，以确保在实际推铅球中正确而有效地应用预摆。预摆即右腿支撑，左腿向后摆动，为滑步加速增加原始惯性。

背向滑步推铅球预摆的动作要领为：①在进行预摆动作时，要保持身体的平衡。右腿支撑地面时，身体重心应该保持在右腿上，使身体保持稳定。②左腿向后摆动是预摆动作的关键步骤之一。在向后摆动左腿时，需要保持腿部肌肉的放松和协调，使摆动幅度和速度得到最大化。③左腿向后摆动的幅度不宜过大或过小，应根据个人情况和比赛需要进行适当调整。摆动幅度过大可能会影响推铅球的平衡和稳定性，摆动幅度过小则可能会减少滑步的加速效果。④左腿向后摆动的速度需要保持稳定，不宜过快或过慢。过快的摆动速度可能会影响滑步的协调性和稳定性，过慢的摆动速度则可能会影响滑步的加速效果。⑤在进行预摆动作时，需要将身体的重心逐渐向后转移，以便进行滑步动作。重心转移要保持稳定和平滑，避免影响滑步的稳定性和加速效果。

（二）团身

团身是指在滑步之前，采取蓄势动作，为滑步奠定基础。通过在背向滑步推铅球中应用团身技术，学生能够蓄积能量、获得平衡，并为后续的滑步提供动力和稳定性。这个动作要领需要通过反复的练习和教练的指导来掌握。

背向滑步推铅球团身的动作要领为：①在投掷前，必须做好充分的准备，以便在投掷时能够发挥最大的力量。团身动作就是这个准备阶段的一部分，它通过将身体重心向后移动，来蓄积潜在的能量，为后续的推球做好准备。②团身动作是背向滑步实现的关键。在背向滑步推铅球中，必须做出一个后退一步的滑步动作，以将身体重心向后移动，并为后续的投掷提供初速度动能。滑步的关键在于保持身体的稳定性和平衡性，同时将身体的能量转移到后腿和臀部，以便在投掷时能够发挥最大的力量。③在团身动作结束后，学生必须迅速转移到下一个动作，即前脚着地并稳定支撑。这个动作的关键在于保持平衡和稳定性，同时将身体的能量由下至上，由后至前转移到臀部和上半身。最后，必须利用前臂和手腕的力量，将铅球推出去。

（三）滑步

滑步是指在推铅球过程中的动能蓄势动作，它帮助学生将蓄积的能量转化为推力和加速度。通过在背向滑步推铅球中应用滑步技术，学生能够将蓄积的能量转化为推力和加速度，实现更强大的推铅球效果。

背向滑步推铅球滑步的动作要领为：①在滑步开始时，身体应该保持团身，并向前倾斜，以便在后续的滑步动作中能够蓄积潜在的能量。②在滑步时，学生需要将身体的重心沉在右腿上，同时用右腿蹬左腿摆的力量将身体向后推进。在两腿蹬摆向后滑步后应迅速收右腿，落左腿，呈滑步结束落地动作，同时保持足部的稳定和平衡性，以便在后续的推铅球过程中能够发挥最大的力量。③在滑步动作结束后，学生需要快速地做出蹬转动作将身体的重心转移到前脚上形成双腿合力，并将身体的能量转移到臀部和上半身。④学生快速利用前臂和手腕的力量，将铅球推出去。

（四）转体

转体是滑步与最后用力之间的关键衔接动作。通过在背向滑步推铅球中应用转体技术，大学生能够将滑步的动能转化为推铅球的力量和速度，实现更高效的推铅球效果。这个动作要领需要经过反复的练习和教练的指导，以确保其在实际推铅球中正确而有效地衔接滑步与最后用力的转体动作。

背向滑步推铅球转体的动作要领为：①在进行滑步时，要将身体的重心向后移动，并将身体的能量转移到后腿和臀部。当滑步动作结束时，要将身体的重心迅速转移到前脚上，并将身体的能量转移到上半身和臂部，以便准备进行转体动作。②转体动作的关键在于将滑步和最后的用力动作衔接起来。在滑步结束后，要将身体向投掷方向转动，同时用上半身和臂部的力量将铅球推出去。在这个过程中，前脚应该着地，同时保持足部的稳定性和平衡以提供有力的支撑，以便在转体动作中能够保持平衡和稳定性。③在转体动作结束后，要将身体稍向前倾斜以提供更长的工作距离，并将身体的重心转移到前脚上，以便在投掷后能够保持平衡和稳定性。

（五）出手

出手即力量和速度的结合，把铅球推出最佳的出手角度，并在铅球出手后维持身体平衡。通过在背向滑步推铅球中应用正确的出手技术，学生需要将力量和速度结合起来，并在保持身体平衡的情况下将铅球推出最佳的出手角度。

背向滑步推铅球出手的动作要领为：①背向滑步推铅球中出手动作与转体动作是紧密连接的，出手动作的起点是在转体动作的基础上进行的，转体时要保持足部的稳定性和平衡，以便在出手动作中能够保持身体平衡和稳定。

②出手动作的关键在于将力量和速度结合起来。在进行出手动作时，需要用臂部和手腕及手指的力量将铅球推出去，同时通过快速的手臂摆动来增加出手的速度。在这个过程中，手臂应该保持伸直，并沿着一个固定的轨迹推出铅球。③在出手之后，要将身体迅速向前倾斜，并使身体重心转移到前脚上，以便在推铅球后仍然能够保持平衡和稳定。

二、背向滑步推铅球的技术要点

背向滑步推铅球的技术要点与侧向滑步推铅球一样，都是要将每一个动作做正确，并且要注意其中的细节。但是，二者又有所不同，需要认真体会其中的异同。下面以右手推铅球为例，对背向滑步推铅球的技术要点进行具体讲解。

（一）握持球方法要正确

五指自然分开，把球放在食指、中指和无名指的指根上，大拇指和小拇指扶在球体两侧。将球握好后，放在锁骨窝处，头部稍向右靠，用颈部和下颌贴紧铅球，右手抵球，肘部稍外展，完成持球动作。

（二）预备姿势要正确

身体背对投掷方向，重心落在右腿上，左脚以前脚掌或脚尖着地放在右脚的后面，左臂屈臂在胸前或自然下垂。

（三）预摆和滑步要正确

在开始滑步前，通常做 1～2 次的预摆。预摆时左腿微屈以大腿带动小腿向投掷方向摆起，上体稍右倾，接着右腿屈膝下蹲，左腿屈膝回摆靠近右腿，上体右倾，收腹含胸。预摆过程中一定要控制好身体的平衡，身体重心后移的同时，左大腿积极向后摆出，右脚做快速有力的蹬地动作。右脚蹬离地面后积极收拉右小腿，边收边转约 90 度落在投掷圈中心的附近，同时，左小腿积极向后插，脚掌稍外展，落在抵趾板内沿约 15 厘米处。

（四）最后用力和维持身体平衡

最后用力和滑步动作是紧密连接的，当左脚着地，即开始最后用力。以腿部和髋部大肌肉群发力，右腿用力蹬转，髋部前移并左转；同时，左臂稍内旋经体前带领左肩边移、边抬、边转至投掷方向；紧接着右腿继续转蹬，两腿进行爆发式蹬伸，左肩制动并稍下压，此时左肩应低于右肩，右肩充分向前，抬肘、伸右臂、用手指拨球，将铅球从肩上向前上方推出；当铅球出手后，及时换步、降低身体重心，维持身体平衡。

三、背向滑步推铅球动作易犯错误与纠正方法

背向滑步推铅球的动作技术较为复杂，如果大学生不能正确认识和掌握其技术要领，就很难达到快速有效提高自身竞技水平的目的。下面以右手推铅球为例，就背向滑步推铅球训练中所遇到的实际问题分析并提出几种常见错误产生的原因及纠正方法。

第一，滑步阶段左臂后撤是常见错误之一。原因是有的学生对左臂在滑步阶段的作用认识不足，对左臂在滑步阶段的动作概念认识不清。以下是几

种纠正方法：①教师要给学生讲明正确的动作要领及其功能。学生通过左手拉胶带做徒手背向滑步练习，利用胶带限制左臂后辙。②教师右手拉学生左手腕，在学生做滑步时稍用力向后牵引，使学生体验左臂向投掷反方向伸的动作。①

　　第二，最后用力阶段躯干没有形成侧弓姿势的错误，这会导致推球方向的偏移和球体不稳定，影响铅球的飞行距离。如果左肩过于后撤，并向左上方打开，或者躯干过早抬起，以及蹬转送髋不及时，造成肩、髋两轴难以扭紧，这些都会导致躯干没有形成侧弓姿势的错误动作。以下是几种纠正方法：①在进行背向滑步推铅球动作时，教师应给学生讲明躯干形成侧弓姿势的动作要领，帮助学生掌握正确的姿势。在滑步过程中教师右手拉学生的左手，左手稍用力压住学生的左肩部，限制其左臂后撤打开和躯干过早抬起，以帮助学生掌握正确的姿势和动作要领。②可以取适当长度的一条胶带，一端系于固定物上，另一端环绕系于学生胸前做滑步接蹬转送髋练习，以胶带限制左侧躯干过早抬起打开。③可以发展蹬转送髋技术，强化快速蹬转送髋意识，以帮助学生在蹬转送髋的过程中形成侧弓姿势。

　　第三，进行蹬转送髋时只是"蹬转"而未"送髋"，这会导致推球的力量和动能传导不足。原因有二，一是对蹬转送髋技术缺乏正确的理解，只把注意力放在了蹬转上，而忽略了送髋这个重要的动作。二是对"送髋"动作缺乏充分的体验，无法将其融入蹬转送髋的动作中，从而导致产生只"蹬转"不"送髋"的错误动作。以下是几种纠正方法：①在进行蹬转送髋动作时，教师应帮助学生明确送髋即右髋充分前顶的动作概念，帮助学生理解送髋对于铅球推动的重要性。②需要教师左手扶住学生的左髋，右手置于学生的右髋后，在学生做原地或滑步送髋时顺势推其右髋前顶，通过这种推髋助力的

---

① 沈永山:《谈背向滑步推铅球常见错误动作产生的原因及纠正方法》,《文理导航（下旬）》2012年第8期。

方法帮助学生充分体验右髋积极前顶动作，同时也有利于学生形成右髋积极前顶意识。

第四，在滑步过渡阶段头部出现左转，这会导致推球的力量不足和铅球飞行距离不理想。原因是学生对头部位置及其在滑步中的作用缺乏正确认识，导致在滑步过渡阶段头部方向出现错误。还有就是在滑步过渡阶段急于完成转体鞭打推球，而忽略了头部位置的重要性。以下是几种纠正方法：①在进行滑步过渡阶段时，教师应该讲解示范，帮助学生确定合理的头部位置，并让学生了解头部位置在滑步中的作用，以便将其融入滑步过渡阶段的动作中。②在做徒手或持球滑步蹬转送髋时，教师可以双手轻扶学生头部，帮助其体验正确的头部位置，从而逐渐改变原来错误的头部方向。③可以让学生始终看滑步反方向的一个固定目标，以便使其建立正确的头部位置，并逐渐形成肌肉记忆。

第五，滑步过渡阶段左脚着地角度与位置不正确，这会导致推球的力量不足和铅球飞行距离不理想。原因是对左脚着地瞬间的摆放角度及位置概念不清，导致出现错误。以下是几种纠正方法：①在进行滑步过渡阶段时，教师应该通过讲解示范，帮助学生树立正确的动作结构，让学生了解左脚着地瞬间的摆放角度及位置概念。②可以利用双脚呈反"八"字结构来引导学生确立左脚的摆放角度。③可以在进行投掷圈内的训练时采用十字画线法来帮助学生确定左脚的摆放位置，从而逐渐改变错误的左脚着地位置。

第二节　背向滑步推铅球发力顺序训练方法

背向滑步推铅球的发力顺序分为预备姿势、滑步、转体、出手四个步骤，可简化为"预、滑、转、出"四字诀，下面就针对四字诀探讨动作训练方法。

一、预备姿势训练方法

右脚尖抵住投掷圈后沿地面，正确握持球后将身体重心落至前脚，抬左手至上方，弯曲腰部和膝盖，将身体俯身重心下沉，左手垂直放下或稍向前抬起，最终形成"团身"蓄力姿势。

在进行预备姿势动作训练时，需要注意以下五点：①动作要流畅、自然，避免过于生硬：流畅的动作可以帮助学生更好地协调身体各部分，使力量得以更有效地传递。避免过于生硬的动作造成不必要的力量损失导致身体僵硬。②右手握持球动作要自然放松：右手握持球时，手指和手腕应保持放松，以便更好地控制球并使力量得以传递。过于紧张的握持会导致力量损失和灵活性降低。③左臂抬起放下要自然并起到辅助作用：左臂的抬起和放下动作应自然流畅，以帮助身体协调和平衡。在推铅球过程中，左臂可以起到辅助作用，帮助身体更好地转动和发力。④身体重心的转移要稳定、平衡：在背向滑步推铅球过程中，身体重心的转移是非常重要的。要确保重心的稳定和平衡，以便更好地控制身体的动作和力量的传递。重心的稳定和平衡还可以帮助学生更好地应对推铅球过程中的反作用力。⑤为后续团身动作做好准备：在背向滑步推铅球中，团身动作是力量的传递和协调身体的重要环节。要确保身体的团紧和平衡，以便更好地发力并将力量传递到铅球上。在动作过程中，要注意身体的姿势和肌肉的收缩与放松，以便更好地完成团身动作。

二、滑步动作训练方法

将身体重心放在右腿，向后蹬地，同时将左手向前摆出，右脚蹬，左脚摆，向后滑动，直到双脚着地，完成滑步动作。

在进行滑步动作训练时，需要注意以下四点：①动作流畅、自然：在进行滑步动作时，身体的动作要流畅、自然，避免过于生硬和机械。要协调好身体的各部分，使力量得以更有效地传递。同时，要注意身体的放松和呼吸的配合，以便更好地完成动作。②脚尖向外旋转：在滑步过程中，为了保持身体的平衡和稳定，脚尖需要向外旋转，以帮助身体转移重心。这个动作还可以提高身体的支撑能力，使滑步更加稳定。③保持身体稳定、平衡：在进行滑步时，要特别注意身体的稳定和平衡。要确保身体的重心在两腿之间，不要偏向一侧。同时，要注意膝盖和脚踝的配合与控制，以保持身体的稳定，防止摔倒等危险情况的发生。④膝盖微弯：在滑步脚着地时，要保持膝盖微弯，以吸收地面的反作用力并减少受伤的风险。同时，要注意腰腹部和大腿肌肉的配合与控制，以保持身体的稳定和平衡。

三、转体动作训练方法

滑步结束后迅速衔接最后用力，滑步落地后右腿迅速蹬地产生向上动能，主动转髋、送髋提供向前的推力，左手经胸前向左侧牵引，挺身向投掷方向，右手向投掷方向推球，左手在身体左侧形成制动以提供有效支撑。

在进行转体动作训练时，需要注意以下四点：①动作姿势正确、流畅：在进行转体动作时，动作姿势要正确，避免错误的转体姿势造成肌肉损伤。同时，动作要流畅，避免身体出现僵硬的现象。流畅的转体动作有助于学生协调身体各部分，从而更好地控制动作和使身体力量得到充分发挥。②保持身体稳定、平衡：在进行转体时，保持身体重心稳定，以免出现摔倒现象。同时，在保持身体平衡的情况下尽量放松身体，不要过于紧张，以免影响动作效果。③正确发力顺序：在进行转体时，要注意正确的发力顺序。从右腿的蹬地开始，通过腰部和腹部的扭转，再到左臂的牵引和右臂的推球，要保持手臂的力度和节奏，以便将球推出合适的角度。④注意呼吸：在进行转体动作时，要注意呼吸的配合，避免因憋气等原因影响动作的完成。同时，要注意呼吸与动作的协调与配合，以便更好地完成转体动作。

四、出手动作训练方法

转体末期手部应主动往投掷方向推球，使之前的势能集中于一个点，迫使身体势能形成直线加速的动能向前推出，直到手臂伸直，手指拨球，球离开手，飞向落地区。

在进行出手动作训练时，要注意以下两点：①手部主动推球时，手臂要伸直，并配合手指的拨球动作，以增加球的初速度。手指拨球的动作可以使球在空中产生旋转，提高球的稳定性。②手部主动推球时，要注意力量和节奏的控制。力量要适中，以控制球的速度和方向；节奏要稳定，以保持身体的平衡和控制球的飞行轨迹。

第三节 背向滑步推铅球的技术练习方法

背向滑步推铅球是一项技术含量较高的项目，需要进行系统的技术练习才能够掌握其技能。这不仅可以提高动作的技术水平、效果和准确性，还可以培养身体的协调性和安全性。通过系统的练习方法，可以逐步改进和完善自己的推铅球技术，从而在比赛中取得更好的成绩。本节将探讨一些背向滑步推铅球的技术练习方法。

一、基础技术练习方法

基础技术练习是掌握背向滑步推铅球技能的基础训练，需要进行充分的练习和熟练掌握。在练习过程中，要注意动作的流畅、自然、稳定，同时注意身体的平衡、手臂的力度和呼吸等细节，以便更好地掌握该技能。另外，在学习背向滑步推铅球之前，需要先掌握基本的姿势和动作要领，可以通过观察、模仿和练习他人的动作来逐渐掌握。以下提供两种基础技术练习方法供参考。

（一）预备姿势练习

背向滑步推铅球的站姿是该动作的基础，需要注意站姿的平衡、稳定和力量分配。在练习站姿时，可以单腿站立支撑，单腿略屈，感知承受重心，保持身体的稳定和平衡，并将注意力集中于腿部和腰部及躯干的肌肉，以便在后续动作中更好地发挥力量。

（二）预摆练习

预摆是背向滑步推铅球的第一步，也是该技能的关键之一。在预摆练习中，可以先直立，然后向后滑出一步，同时将左手向前拉，将球置于颈部，准备进行后续动作。在练习过程中，需要注意身体的稳定和平衡，以及手臂的位置和力度。

二、模拟练习方法

在掌握基本技术后，可以进行模拟练习，即在没有实际铅球的情况下，通过模拟动作的方式来练习背向滑步推铅球。模拟练习是背向滑步推铅球技能训练中的一种有效方法，可以帮助大学生在没有实际铅球的情况下，模拟出相似的动作，从而提高技能的掌握和表现。以下是一些模拟练习的具体方法。

（一）使用训练用球

训练用球是一种专门用于模拟背向滑步推铅球动作的器械，通常由一根长杆和一个球组成。在使用训练用球进行模拟练习时，要直立，将球置于颈部，然后进行预摆、滑步和转体等动作，最终将球推向目标区域。训练用球的使用可以帮助学生更好地掌握动作要领和节奏。

（二）使用练习器械

除了训练用球，还有一些其他练习器械可以用来模拟背向滑步推铅球的动作，如练习架、训练器等。这些器材通常包括一个与实际铅球相似的球体和一个可以进行预摆、滑步和转体等动作的平台，可以帮助学生更好地模拟推铅球的动作。

（三）模仿他人的动作

在没有训练用球和练习器械的情况下，可以模仿他人背向滑步推铅球的动作，从而掌握动作要领和技巧。可以在观察他人的动作后，自己进行模仿和练习，或者请他人对自己的动作进行指导和纠正。

三、动作分解练习

动作分解练习是背向滑步推铅球训练中的一种有效方法，可以将预摆、团身、滑步、转体、出手等整个动作分解成多个小的动作单元，逐一进行练习和掌握，最终将这些小的动作单元组合成一个完整的动作。以下是背向滑步推铅球的动作分解练习方法。

（一）预摆练习

预摆是背向滑步推铅球的第一步，是整个动作的起点。在预摆练习中，可以直立，将铅球置于颈部，然后进行左脚的向后蹬摆和左手臂的前摆，直至手臂伸直，同时注意正确的姿势和保持身体的稳定平衡。

（二）团身练习

团身是背向滑步推铅球的第二步，是将预摆的力量转化为铅球的推力的重要步骤。在团身练习中，可以将身体向前倾斜，重心后移下沉，拉紧腰部和下肢的肌肉，以便将预摆的力量转化为前进动力。

（三）滑步练习

滑步是背向滑步推铅球的第三步，是整个动作的核心之一。在滑步练习中，可以将右脚向投掷方向蹬地，左脚向投掷方向摆动，迅速收拉右脚、落左脚，完成滑步结束的团身动作，用正确的发力顺序，将球从颈部推出，直到手臂伸直，球离开手掌，飞向目标区域。在练习滑步时，需要注意身体的稳定和平衡，以及手臂的位置和出手的力度。

（四）转体练习

转体是背向滑步推铅球的第四步，是将滑步的动力转化为铅球飞行力量的关键步骤。在转体练习中，可以将身体向滑步脚的方向转移，同时将持球手向前推出，将球从颈部推出并随之旋转，最终将球推向目标区域。在练习转体时，需要注意身体的稳定和平衡，以及手臂的位置和力度，同时注意转体的速度和角度的掌握。

（五）出手练习

出手是背向滑步推铅球的最后一步，是整个推铅球动作的结束和铅球飞行的开始。在出手练习中，可以将持球手向前推出，将球从头部前方推出并随之旋转，最终将球推向目标区域。在练习出手时，需要注意手臂的位置和出手的力度，以及铅球的出手方向和高度的掌握。

四、对抗练习方法

对抗练习是一种背向滑步推铅球训练的有效方法，可以帮助学生在真实的比赛环境中锻炼技能和提高表现力。以下是背向滑步推铅球的对抗练习方法。

（一）单人对抗练习

单人对抗练习是一种简单而有效的训练方法，可以帮助学生在没有其他人的情况下进行对抗性练习。在单人对抗练习中，可以在场地上设置多个目标区域，然后进行多次推铅球练习，尽可能多地将球推进目标区域内。这种练习可以帮助学生提高自身的技能和表现水平，以便在比赛中取得更好的成绩。

（二）双人对抗练习

双人对抗练习是一种更具挑战性和真实性的训练方法，可以帮助学生在真实的比赛环境中进行对抗性练习。在双人对抗练习中，可以请一位同学或教师共同进行比赛，尽可能多地将球推进目标区域内。这种练习可以帮助学生更好地适应比赛环境和压力，以便在真实的比赛中表现更好。

第四节　背向滑步推铅球视频分析教学训练

背向滑步推铅球训练可以利用视频分析的方法，对动作进行分析和评估。比如，可以录制学生推铅球动作的过程视频，然后对其进行分析，找出其存在的问题，从而帮助学生进行改进。视频分析教学训练整个过程需要录制视频、观看和分析视频、根据视频分析结果制订改进计划、根据改进计划进行实践练习四个步骤。

一、背向滑步推铅球动作视频录制

在录制视频之前，建议与教师或教练进行沟通，确保他们理解拍摄的目的，并在合适的时间和场地进行拍摄。另外，记得保证安全，并遵循相关的体育活动规则和指导。录制背向滑步推铅球动作视频，可以按照以下步骤进行。

第一步：准备录制设备。需要一台高像素摄像机或者智能手机，以及一个三脚架或者支架，确保摄像机或智能手机可以稳定地放置在一个固定的位置上。

第二步：选择合适的录制场地。需要一个平坦的场地，如田径场、运动场或者草坪，确保场地没有任何障碍物或者杂物。

第三步：调整摄像机或智能手机的位置。将摄像机或智能手机放置在离进行推铅球训练的大学生约10米远的位置上，并将其调整到与推铅球动作平行的位置上。

第四步：调整录制角度。将摄像机或智能手机的角度调整到拍摄范围内，包括进行推铅球训练的学生的整个身体，也包括推铅球的起点和终点。

第五步：进行录制。开始进行推铅球动作，并请一位同学或者教师、教练帮助控制摄像机或智能手机的录制。

第六步：检查录制效果。将录制好的视频文件下载到电脑上，观看视频并检查动作是否符合技术要求，是否存在需要改进的地方。

第七步：调整和改进。如果发现自己的动作有不足之处，可以根据录制的视频进行调整和改进，直到达到理想的效果。

二、背向滑步推铅球动作视频观看与分析

观看和分析背向滑步推铅球动作视频时，要保持专注和耐心，并将观察到的内容与理论知识相结合。这样可以提高对该动作的理解，并为自己之后的练习和技术改进提供有价值的参考。具体来说，观看和分析背向滑步推铅球动作视频需要注意多个方面，可以按照以下步骤进行。

第一步：观看视频。需要观看录制好的视频，观察自己的动作是否符合技术要求，是否存在需要改进的地方。

第二步：分析起点和终点。观察视频中的起点和终点，看自己的动作是

否符合要求。起点是指站在投掷圈内准备起跑的姿势，终点是指推铅球落地的位置。起点和终点的位置和姿势都需要符合规定。

第三步：观察步伐和动作。观察自己的步伐和动作是否流畅、协调。需要注意的是，背向滑步推铅球是一个相对复杂的动作，需要注意步伐、腰腿协调、手臂动作等多个方面。

第四步：检查力量和速度。观察自己推铅球的力量和速度是否达到要求。这需要结合实际推球的情况进行评估，如果力量和速度不足，需要进行相应的训练和改进。

第五步：分析和总结。观看和分析背向滑步推铅球动作视频后，需要对自己的表现进行总结和分析，找出自己的不足之处，并进行改进。

三、根据视频分析结果，制订改进计划

根据背向滑步推铅球动作视频的分析结果制订改进计划，需要找出关键问题、确定改进目标、制订具体的改进计划，并确保调整计划可以有效实施。

（一）找出关键问题

在观看和分析背向滑步推铅球动作视频后，学生需要找出自己的关键问题，比如姿势不正确、步伐不稳、力量不足等可能存在的问题。

（二）确定改进目标

根据关键问题，确定自己的改进目标。学生需要将改进目标具体化，比如提高姿势的稳定性、加强腰腿的协调等。

（三）制订改进计划

教师和学生应根据改进目标，共同制订具体的改进计划。改进计划可以包括以下内容：一是训练计划。根据改进目标，制订相应的训练计划，比如增加腰腿协调的训练量、加强核心肌肉的训练等。二是技术指导。如果发现学生的动作存在明显的问题，可以寻求教练或者其他专业人士的技术指导，帮助学生纠正错误动作。三是视频反馈。可以录制学生的训练视频，并请教练或者其他专业人士进行反馈和指导，帮助学生及时发现和纠正问题。

四、根据改进计划，进行实践练习

将改进计划的内容付诸实施需要制订详细的计划、安排合理时间、坚持训练和监督反馈等。只有不断地实践和改进，才能提高学生的技术和动作水平。

（一）制订详细计划

将改进计划中的目标和具体措施转化为详细的计划，包括训练内容、训练时间、训练强度等方面。并将计划记录在纸上或者手机上，以便随时查看和根据实际情况进行调整。

（二）安排合理时间

根据自身的工作和学习安排，合理安排训练时间。可以将训练时间固定在每天的某个时间段，或者根据具体情况进行调整。

（三）坚持训练

坚持按照计划进行训练，不要因为一时的疲劳或者其他原因而放弃训练。可以找到一些适合自己的训练方式和习惯，保持训练的连贯性和稳定性。

（四）监督和反馈

在实施改进计划的过程中，可以通过记录训练情况和结果，并请教师或者教练进行监督和反馈，以及时发现学生的问题和不足，帮助学生进行及时的调整和改进。

第十章　大学生铅球教学与铅球训练中存在的问题与对策

投掷项目是《国家体育锻炼标准》中重要的一类。对高校来说，推铅球是体育教学的一个重要组成部分，也是每个大学生必须掌握的基本运动项目。但从大学生铅球教学和训练的实际情况来看，目前存在一定的问题，需要采取相应的对策。

第一节　大学生铅球教学中存在的问题及原因分析

从大学生铅球教学的实际情况来看，目前存在以下几个问题：一是教学方法不当，部分教师只是简单地传授技巧而缺乏系统的指导和训练；二是教学内容单一，缺乏多样化的训练方式和培养学生综合能力的教育内容；三是大学生容易疲劳和受伤，由于长时间的练习、缺乏适当的休息和饮食，学生容易出现疲劳和受伤；四是大学生自主性不足，缺乏自我管理和训练的主动性和积极性；五是教师队伍建设有所欠缺，高水平的专业教师不足，教师之间的交流与合作不够紧密。

一、教学方法不当的表现与原因分析

大学生铅球教学的"教学方法不当"这个问题是一个存在已久的教育问题，它的表现和原因都非常复杂。下面本书将从表现和原因两个方面，探讨这个问题的本质。

（一）教学方法不当的表现

教学方法不当的表现主要是教学目标不明确或模糊、教学过程枯燥乏味、基础训练不足，以及未充分考虑学生个体差异。

教学目标是教学过程中最为核心和重要的一环，它直接关系到学生的学习效果和教师最终的教学质量。然而，在大学生铅球教学中，教学目标往往不够明确或模糊，导致学生不知道如何去学习和训练，也无法正确地评估自己的学习效果和进展情况。这也会给教师的教学评估和教学改进带来极大的困难。教学过程的趣味性和互动性对学生的学习和训练至关重要。然而，在大学生铅球教学中，教学过程往往枯燥乏味，缺乏趣味性和互动性。教师的讲解和指导可能过于枯燥和单调，这使学生感到枯燥无味，缺乏学习的动力和兴趣。推铅球是一项技术性很强的运动项目，在学习和训练过程中，基础训练的重要性不可忽视。然而，在大学生铅球教学中，教师往往过于注重技巧和动作的讲解，而忽略了基础训练的重要性。这使学生的动作不稳定，无法达到预期目标。学生的个体差异是教学过程中必须考虑的因素之一，每个学生的学习接受度和训练需求都是不同的。然而，在大学生铅球教学中，教师往往缺乏针对不同类型的学生进行教学的策略，采用的教学方法单一，无法满足不同学生的需求和兴趣。

（二）教学方法不当的原因

教学方法不当的原因主要是教师教学经验不足或缺乏教学方法的培训和指导、教师过于注重技术和动作的传授而忽略了学生的兴趣和需求、学校教学体制不完善及教学资源不足、缺乏实践和实验教学、教师缺乏教学资源的支持等。

教师的教学经验和水平直接关系到教学的质量和效果。然而，在大学生铅球教学中，教师教学经验不足或缺乏教学方法的培训和指导，无法掌握有效的教学方法，影响了教学效果。教师在教学过程中往往过于注重技术和动作的传授，而忽略了学生的兴趣和需求，这使学生对教学内容缺乏兴趣和热情，导致学习效果不佳。同时，教师也需要关注学生的身体状况和能力水平，根据学生的个体差异，采用不同的教学方法和策略，提高教学效果。高校教学体制和资源的完善程度直接影响到教师教学的质量和水平。然而，在大学生铅球教学中，学校教学体制不完善，教学资源不足，教师无法选择和运用有效的教学方法，影响了教学效果。推铅球是一项实践性很强的运动项目，学生需要通过实践和实验来掌握技巧和知识。然而，在大学生铅球教学中，缺乏实践和实验教学，教师往往过于注重理论和知识的传授，而忽略了实践和实验的重要性，这使学生推铅球的技能水平不足。大学生铅球教学需要有丰富的教学资源，如器械、场地、教材等，但在实际教学中，教学资源存在一定的欠缺。这使教师在教学过程中受到了很大的限制，无法满足学生的实际需求和完成教学目标。

二、教学内容较为单一的表现与原因分析

在一些高校的铅球教学中，教师可能只注重传授一些基本的技术动作和技巧，而忽略了其他方面的内容。这样单一的教学内容往往会限制学生的技

能发展和全面素养的提升，导致学生无法掌握更加全面和高级的推铅球技术。下面将从表现和原因两个方面来探讨这个问题。

(一)教学内容较为单一的表现

教学内容较为单一的表现主要是策略内容单一、体能训练内容单一、知识传授内容单一、教学内容缺乏趣味和实用性。

从策略内容来看，有的教师可能过分注重推铅球的技术层面，而忽略了战术和策略的教学。这样的教学方法会使学生难以在实际比赛中根据不同情况制订适当的策略，从而影响其比赛表现。从体能训练内容来看，有的教师可能会将教学的重点放在体能训练上，而忽略了技能训练和心理素质的培养。这样的教学方法可能会导致学生在技术层面虽然得到了提高，但在实际比赛中无法充分发挥，同时也会影响学生的心理素质和比赛心态。从知识传授内容来看，有的教师可能过分注重传授推铅球的理论知识，而忽略了实践操作的重要性。这样的教学方法往往会使学生缺乏实际操作经验，难以将理论知识转化为实际技能。从教学内容来看，在教学过程中，教师往往只注重技术训练，而忽略了学生的学习兴趣和学习热情。这会影响学生的学习积极性和参与度，从而使教学效果不理想。教学内容缺乏实用性也是大学生铅球教学中"教学内容较为单一"的表现之一。在教学过程中，教师往往只注重基本技术的训练，而忽略了实际比赛中的应用和实用技术。这使学生无法将所学技术运用于实际比赛中，并且难以应对不同的比赛场景。

(二)教学内容较为单一的原因

教学内容较为单一的原因主要是教师教学理念和方法陈旧、教师教学经验不足、教师专业素质不高、教学资源条件较差、教学目标不明确、忽略大学生特点、教学评价方式单一。

　　从教学理念和方法来看，一些教师的教学理念和方法较为陈旧，只注重传统的技术训练，而忽略了现代推铅球的新技术和新趋势。这使教学内容相对单一，缺乏多样性和趣味性。从教学经验来看，一些高校的推铅球教师可能缺乏教学经验，难以为学生提供丰富和多样化的教学内容。这样的教师往往会将教学重点放在技术层面，而忽略了其他方面的内容。从教师专业素质来看，一些教师的专业素质不够高，缺乏对教学内容的深入理解和教学方法的掌握，无法为学生提供丰富多样的教学内容。这使教学内容相对单一，缺乏实用性和专业性。从教学资源条件来看，大学生铅球教学需要丰富的教学资源，如器械、场地、教材等，但在实际教学中，教师往往缺乏教学资源的支持。这使教学内容相对单一，无法满足学生的实际需求和教学目标。从教学目标来看，部分教师的教学目标不够明确，往往只注重技术训练，而忽略了对学生的心理素质、战术战略、应变能力等方面的培养。这使教学内容相对单一，缺乏全面性和灵活性。从对待学生特点来看，对于不同类型的学生，需要采用不同的教学方法和策略。然而，在一些高校的教学中，教师可能忽略了学生的个性化需求和特点，而采用了统一的教学内容和方法。这样的教学方法会使学生难以发挥自己的优势和特长，也会影响学生的个体能动性的发展。从教学评价方式来看，大学生铅球教学过程中，教师的评价方式采用结果导向，只注重学生的成绩，而忽略了学生课堂表现中的进步和成长。这使教学反馈相对单一，无法激发学生的学习兴趣和动力，从而影响学生的学习效果。

三、大学生疲劳和受伤的表现与原因分析

体育教学是培养学生全面素质和专业技能的重要途径。然而，在大学生铅球教学中，学生疲劳和受伤的问题时常出现，这给学生的身体健康和学习带来了不利影响。

（一）大学生疲劳和受伤的表现

大学生疲劳和受伤的表现主要是身心疲劳、肌肉损伤、关节损伤、腰椎损伤。身心疲劳表现为身体乏力、精神不振、注意力不集中等，这些症状会影响学生的学习和表现。有的学生可能会因为长时间的训练和比赛而出现疲劳的症状。有的学生可能会因为动作不正确或过度训练而出现肌肉损伤的情况。肌肉损伤表现为肌肉酸痛、僵硬、肿胀等，这些症状会影响学生的正常生活和训练状态。有的学生可能会因为过度使用关节或动作不正确而出现关节损伤的情况。关节损伤表现为疼痛、肿胀、活动受限等，这些症状会影响学生的日常生活和训练比赛的表现。有的学生可能会因为错误的姿势或过度训练而出现腰椎损伤的情况。腰椎损伤表现为腰部疼痛、僵硬、活动受限等，这些症状也会影响到学生的日常生活和训练。

（二）大学生疲劳和受伤的原因

大学生疲劳和受伤的原因主要是训练量过大、训练方法不合理、训练质量不高、缺乏专业知识和技能、学校的教学资源和条件不足、学生自我保护意识不足以及忽略学生的个体差异等。

有的教师会过分追求训练量的增加，导致学生训练过度，从而出现疲劳和受伤的情况。有的教师会采用不合理的训练方法，例如过度使用器械、错

误的姿势等，从而导致学生出现肌肉损伤、关节损伤、腰椎损伤等情况。有的教师会忽视训练的质量，只关注训练的数量，从而导致学生技能水平提高不明显，反而出现疲劳和受伤的情况。有的教师可能缺乏专业知识和技能，无法为学生提供正确的训练指导和监督，从而导致学生出现疲劳和受伤的情况。有的高校教学资源和条件不足，如缺乏足够的器械、场地等，使学生的训练受到限制，从而影响训练效果和学生的身体健康。有的教师、学生可能因为缺乏自我保护意识，过度追求比赛成绩，从而忽视了身体的疲劳和不适，继续进行训练和比赛，导致加剧了疲劳和受伤情况的发生。另外，不同学生的身体素质和技能水平存在差异，一些学生可能更容易出现疲劳和受伤的情况，这需要教练进行个性化的训练和指导，避免出现不良后果。

四、大学生自主性不足的表现与原因分析

在大学生铅球教学中，学生自主性不足的问题时常出现，以至于影响了学生学习推铅球的效果，也影响了学生个体的身心成长。

（一）大学生自主性不足的表现

大学生自主性不足的表现主要是缺乏主动性、缺乏独立思考能力、缺乏决策能力、缺乏自我管理能力、缺乏积极性和自我激励、缺乏自我评价和反思、缺乏自主学习能力、缺乏自我挑战精神。

有的学生缺乏主动性，不愿意积极参与推铅球的训练和比赛，只是被动地接受教师的指导和安排。有的学生缺乏独立思考能力，只会机械地模仿教师的动作，而无法创新和发挥自己的特点和优势。有的学生缺乏决策能力，不会根据比赛的情况和自己的特点来调整应对的战术和策略，而只是照搬教师的指导。有的学生缺乏自我管理能力，不会制订自己的训练计划和目标，

也不会及时调整和改进训练计划和方法,从而影响自己的学习效果和成长。有的学生缺乏积极性和自我激励,不能主动参与训练和比赛。他们缺乏热情,对推铅球运动的兴趣不高,不能主动参与训练和比赛,影响了学习效果。有的学生缺乏自我评价和反思能力,不能及时发现自身存在的问题和不足,因此不能及时纠正自己存在的问题,影响训练效果和个人进步。有的学生缺乏自主学习能力,不能自主掌握知识和技能。他们只是被动接受教师的讲解和指导,不能主动去学习相关知识和技能,影响了学习效果。有的学生缺乏自我挑战精神,不愿意追求和尝试新的技术和方法。他们对自己的能力没有足够的信心,害怕尝试新的技术和方法,容易陷入舒适区,影响了进步。

(二)大学生自主性不足的原因

大学生自主性不足的原因主要是教育体制、教学方法、个体差异、学习动机、认知水平、心理状态以及环境因素等。

高校教育体制中注重知识传授和理论研究,而忽略了对学生实践能力和自主性的培养,这导致学生在铅球教学中缺乏自主性。有的教师可能采用传统的"教育者—被教育者"教学模式,只注重知识的传授而忽略大学生的自主性和创造性,从而导致学生缺乏自主性。不同学生的学习能力存在差异,一些学生可能天生缺乏自主性和创造性,这需要教师进行个性化的指导和培养,以提高学生的自主性和创造性。有的学生的学习动机不足,缺乏对推铅球的兴趣和热情,不能主动参与训练和比赛,影响了学习效果。有的学生的认知水平和技能水平不足,不能有效地掌握相关知识和技能,缺乏自主学习能力,影响了学习效果。有的学生心理状态不佳,缺乏自我挑战精神和自我激励能力,对自己的能力没有足够的信心,害怕尝试新的技术和方法,容易陷入舒适区,影响了进步。学生的家庭背景、社会环境等因素也会影响学生的自主性和创造性,一些学生可能受到家庭和社会的约束和影响,从而缺乏自主性。

五、教师队伍建设不足的表现与原因分析

(一)教师队伍建设不足的表现

教师队伍建设不足的表现主要是教师水平不够高、教师队伍缺乏稳定性、教师队伍规模不足、教师队伍缺乏多样性、教师队伍缺乏实践经验及缺乏教学创新能力。

有的教师专业水平不够高,不能有效地指导大学生的训练和比赛,影响了学生的学习效果的专业性。有的高校其教师队伍缺乏稳定性,经常更换教师,使教师与学生之间缺乏稳定的信任和沟通,影响了学生的学习效果的稳定性。有的高校其教师队伍规模不足,不能满足学生的训练需求,影响了学生的学习效果的全面性。有的高校其教师队伍缺乏多样性,没有涵盖不同的教师类型和教学风格,不能满足学生不同的学习需求和兴趣爱好,影响了学生的学习效果的多样性。有的教师缺乏实践经验,不能有效地指导学生的实际训练和比赛,缺乏对学生实际情况的了解和判断,从而影响学生的训练效果。有的教师可能缺乏教学创新能力,只是机械地按照传统的教学方法进行指导,不能创新和发挥自己的教学特点和优势。

(二)教师队伍建设不足的原因

教师队伍建设不足的原因主要是教师队伍培养不足和管理不规范、教育理念没有及时更新、教学研究不足、缺乏评价机制以及薪资待遇不足等。

有的高校没有足够资金的投入和支持，不能有效地培养和发掘教师人才，导致教师队伍规模不足、专业水平不高，间接影响了学生的学习效果的专业性和全面性。有的高校的教师队伍管理不规范，缺乏有效的考核和激励机制，不能有效地激发教师的积极性和热情，影响了教师的教学水平和工作积极性。在大学生铅球教学中，投入不足、待遇不佳、社会认可度不高等因素使教师队伍的建设和发展面临挑战，影响了教师队伍的规模、质量和稳定性。有的高校的教育理念没有及时更新，过于强调考试成绩和学术成果的考核标准，忽视了教师队伍的建设和发展，影响了教师队伍的教学积极性。大学生铅球教学中一些教师可能缺乏教学研究的意识和能力，不能深入研究教学理论和方法，没有意识到需要提高自己的教学水平和能力。有的大学生铅球教学中缺乏有效的教学评价机制，不能及时评价教师的工作表现和教学效果，不能激励教师不断提高自己的教学水平和能力。部分高校教师的薪资待遇相对较低，不能吸引更多从事大学生铅球教学工作的优秀人才，也不能激励现有教师不断提高自己的教学水平和能力。

第二节 大学生铅球训练中存在的问题及原因分析

从大学生铅球训练的实际情况来看，目前存在以下几个问题：一是训练负荷不合理，这会导致大学生受伤或者训练效果不佳；二是训练计划不科学，这将导致训练内容和强度不匹配，无法达到预期的训练效果；三是训练设备和场地不足，这将限制学生的训练时间和训练效果；四是训练方式单一，这将导致学生的技能不够全面和实用，影响将来比赛的表现。下面将针对不同的问题进行具体分析。

一、训练负荷不合理的表现与原因分析

铅球训练负荷的合理性对于大学生的身体健康和训练效果至关重要。如果铅球训练负荷不合理，例如过度训练或训练量过大，可能导致运动损伤、过度疲劳和训练效果不佳。因此，确保适当的休息时间、逐渐增加训练负荷、科学评估和调整训练计划，是保持铅球训练负荷合理的关键措施。为了避免这种情况的发生，需要根据大学生的个人情况和训练目标制订科学的训练计划，注重个性化的训练安排和适当的休息和恢复，同时保证训练方式的多样性和全面性。

（一）训练负荷不合理的表现

训练负荷不合理是大学生铅球训练中常见的问题之一。具体表现为训练强度过大、训练频率过高、训练时间过长、训练内容不匹配等。不合理的训练负荷可能超过了学生的身体承受能力，导致受伤或训练效果不佳。

有的教师将训练强度设置得过高，导致学生承受不了过重的负荷，出现疲劳、受伤等问题。有的教师将训练频率设置得过高，导致学生身体无法得到充分的休息和恢复，出现疲劳、压力过大等问题。有的教师将训练时间设置得过长，导致学生在长时间的训练中无法保持高度的注意力和良好的状态，出现疲劳、缺乏动力等问题。训练内容不匹配也是训练负荷不合理的表现之一，即学生的训练内容和目标不符合其实际能力和技能水平，导致训练效果不佳。

（二）训练负荷不合理的原因

训练负荷不合理的原因主要是缺乏科学指导、教师水平不足、训练方法不当、训练计划不合理、训练内容不科学、训练环境不佳、缺乏恢复训练。此外，还有大学生自身的问题。

训练负荷不合理的主要原因之一是缺乏科学指导。有的大学体育教师缺乏科学的训练理论和指导经验，不能制订合理的训练计划和训练方案，导致训练负荷不合理。有的教师缺乏专业知识和经验，不能有效地制订科学合理的训练计划和安排合理的训练强度、频率和时间，导致训练负荷不合理。有的教师的训练方法单一，或者不够科学、合理，不能满足学生的训练需求和实际情况，导致训练负荷不合理。有的教师制订的训练计划过于单一或缺乏个性化，不能满足不同学生的训练需求和实际情况，导致训练负荷不合理。有的教师将训练内容设置得不够科学和系统化，导致学生缺乏全面的训练，技术水平无法得到有效提高，难以达到比赛的要求和期望。有的高校可能缺乏合适的训练场地和设备，不能提供良好的训练环境和条件，导致训练负荷不合理。有的教师和学生忽视了恢复训练的重要性，不能及时地进行恢复训练，导致身体无法得到充分的休息和修复，出现疲劳、受伤等问题。有的学生缺乏训练的自律性和规律性，不能按照教师的要求进行训练，导致训练负荷不合理。还有的学生可能面临着较大的比赛压力和较高的期望，导致在自主训练过程中出现过度训练和负荷不合理的情况。

二、训练计划不科学的表现与原因分析

训练计划不科学是大学生铅球训练中的一个比较普遍的问题，不科学的训练计划不仅会影响到大学生的训练效果和比赛成绩，还会对学生的身体健

康造成潜在的威胁。一个科学的训练计划应该包括适当的力量训练、核心肌群训练、爆发力训练和技术训练，并根据个人的能力和目标进行合理的安排。大学生铅球训练需要依靠专业教练的指导，确保训练计划的科学性和个性化。

（一）训练计划不科学的表现

训练计划不科学的表现主要是训练目标不明确、缺少个性化。有的教师使用的训练计划过于标准化，不能满足不同学生的训练需求和实际情况，导致训练内容单一、训练强度不匹配、训练周期不合理、训练量不合理、训练效果不佳、训练计划不具备可行性和可持续性。因此，只有确保推铅球训练计划的科学性，才能最大限度地发挥运动员的潜力，并取得优异的竞技成绩。

训练计划没有清晰地确定训练的目标和计划，导致训练无法有效地达到预期目标。有的教师使用的训练计划过于通用，不能满足不同学生的训练需求和实际情况，导致训练效果不佳。有的教师在制订训练计划时过于强调某些方面的训练，而忽略了其他方面的训练，导致学生的技能不够全面和实用。有的教师在制订训练计划时过于追求快速提高学生水平，将训练强度设置过高，导致学生难以承受或者出现受伤等问题。有的教师在制订训练计划时忽略了训练的周期性，导致学生无法得到充分的恢复和调整。有的教师在制订训练计划时过于追求训练量的增加，而忽略了学生的身体和技能水平，导致学生难以承受过大的训练量。有的教师将训练计划设置得不具备可行性和可持续性，导致学生无法按照计划进行训练，出现训练中断、中途放弃等情况，影响到学生的训练效果和比赛成绩。

（二）训练计划不科学的原因

训练计划不科学的原因主要是缺乏科学指导、训练目标不明确、缺少对个体差异的考虑、缺少科学的训练理论支持、受时间和经验限制、盲目制订训练计划以及大学生自身的问题。

有的教师由于缺乏科学的训练理论和指导经验，不能制订合理的训练计划和训练方案，导致训练计划不科学。有的教师在制订训练计划时没有清晰地确定训练的目标和计划，不能制订系统的训练方案和训练计划。有的教师忽视了不同学生的身体和技能水平差异，没有针对性地制订训练计划，导致训练效果不佳。有的教师缺乏对运动生理学、运动心理学、运动营养学等方面的深入了解和应用，不能科学地指导训练，导致训练计划不科学。有的教师在制订训练计划时受时间和经验限制，无法获得足够的信息和指导，导致训练计划不够科学。有的教师可能受到自己的偏见和经验的影响，忽略了科学的训练理论和方法，导致训练计划过于传统和不科学。有的学生缺乏训练的自律性和规律性，不能按照教练的要求进行训练，导致训练计划无法实施。

三、训练设备和场地不足的表现与原因分析

在大学生铅球训练中，训练设备和场地不足的问题一直存在。这种情况影响了学生的训练和比赛成绩，也制约了大学生铅球运动的发展。解决这个问题的方法，包括与学校或相关机构合作，争取获得更好的训练设备和场地，并制订合理的训练时间表，以确保训练的顺利进行。

（一）训练设备和场地不足的表现

铅球训练设备和场地不足可能对训练产生负面影响。缺乏适当的训练设备，例如合适重量的铅球、训练用的投掷圈、落地区等，可能限制了学生技术水平的提高和力量提升。同时，场地的不足也可能导致训练受限，如缺乏足够的空间进行滑步推铅球或不平整的场地影响动作的稳定性。另外，训练设备和场地不足也会产生安全问题。

高校的运动场地一般都会被多个项目共享，训练场地不足是铅球训练中常见的问题之一。由于铅球是一项需要使用大面积场地的运动项目，因此不足的训练场地会严重限制训练内容和技术水平的发展。部分高校的运动场地的条件也不尽如人意，例如场地硬度不够、球道不规范等问题，这些都会对学生的训练和比赛造成不良影响。铅球训练需要使用各种器材，例如铅球、投掷架等。但是在高校内，由于经费和管理等原因，许多训练设备的数量和质量都无法满足学生训练的需求。例如，有些高校仅拥有一两个投掷架，学生只能轮流使用，从而影响了他们的训练效果。同时，由于器械的质量不足，例如铅球的质量达不到标准，也会对学生的训练和比赛造成负面影响。铅球是一项危险性较高的运动项目，如果训练设备和场地不足，会增加学生受伤的风险。例如，如果训练场地不够宽敞，或者没有足够的安全设施，如护栏、安全网等，学生在训练或比赛中可能会受到伤害，这不仅会影响学生的身体健康，也会降低他们的训练和比赛水平。

（二）训练设备和场地不足的原因

训练设备和场地不足的原因主要是经费、管理、意识方面的问题，此外，还有学生人数增加及缺乏专业指导。

高校的经费分配通常是由学校领导和财务部门负责，训练设备和场地的建设和维护需要耗费大量的资金。但是在一些高校中，由于各种原因，经费分配并不充足，这就限制了训练设备和场地的建设和维护。高校内的运动场地和器械通常需要由校内体育部门进行管理和维护。但是在一些高校中，由于管理部门的人员不足或管理体制不够健全，训练设备和场地的维护和更新工作没有及时得到处理，从而导致器械老化和场地损坏。有的学校领导和管理人员对于学生推铅球运动的重要性认识不足，他们可能更关注其他项目的发展，或者认为铅球项目的市场价值不高。这就导致了训练设备和场地的建设和维护没有得到足够的重视和支持。有的大学生铅球队伍的人数快速增加，而训练设备和场地无法快速跟进和扩大，导致训练设备和场地不足。大学生铅球训练由于缺乏专业的指导和管理，无法合理规划训练计划和资源，导致训练设备和场地不足。

四、训练方式单一的表现与原因分析

训练方式单一是大学生铅球训练中的一个常见问题。单一的训练方式可能导致学生的技能不够全面和实用，影响将来比赛的表现。铅球训练应该包括多样化的练习，如推铅球、滑步、转体和出手动作的练习，以及综合力量和爆发力的训练。通过多样化的训练方式，可以提高技能的全面性和赛场的适应性，为比赛做好充分准备。

（一）训练方式单一的表现

训练方式单一主要表现在单一的训练项目、单一的训练内容和缺乏个性化的训练方案等方面。例如只进行传统的滑步推铅球训练，可能无法全面发

展运动员的技术和身体素质。

许多大学生在推铅球训练过程中存在着训练项目单一的问题，例如重复性的投掷训练、模拟比赛的训练等，这些训练项目无法满足学生的多样化训练需求，也无法提高学生的综合能力和竞技水平。在推铅球训练中，训练内容包含着多种不同的训练项目和训练方法，例如力量训练、灵敏度训练、技术训练等。然而，在高校内，由于场地、器械等方面的限制，训练内容单一，无法满足学生的多样化训练需求。每个学生的身体素质、技术水平和训练需求都是不同的，因此，训练方案也应该根据个体差异进行个性化设计。然而，在一些大学校园内，由于缺乏专业的教师队伍或者受训练条件的限制，训练方案缺乏个性化设计，无法满足每个学生的训练需求和训练目标。

（二）训练方式单一的原因

训练方式单一的原因比较复杂，涉及教师队伍、训练条件和学生自身等方面的因素。此外，缺乏多样化的训练内容也可能使训练过程变得单调乏味，降低学生学习的积极性和动力。

高校教师队伍相对匮乏，而推铅球运动的技术要求高、基本功要求扎实，需要专业的教师队伍进行指导和训练。但是在一些高校中，由于教师队伍不足，或者教师队伍素质不高，训练质量难以保证，这导致了训练方式单一的问题。高校的训练条件通常受到场地、器械等方面的限制，导致训练不够充分。例如，许多高校仅设有一两个投掷架，或者训练场地受到其他项目的占用，这就限制了训练内容的多样化和个性化设计的实现。大学生推铅球运动的参与人数相对较少，有些学生对于推铅球运动项目的重要性认识不足，或者缺乏足够的热情和投入。这些因素都会影响学生的训练态度和学习效果，从而导致产生训练方式单一的问题。

第三节 大学生铅球教学与铅球训练问题的解决对策

针对大学生铅球教学与训练中存在的问题,需要采取一系列的解决对策。第一,可以通过改进教学方法,如教学方法应基于科学的理论和实践,以及根据学生的个体差异进行个性化设计,注重实践和反馈,同时具有启发性和趣味性,不断提高自身的教学水平和专业素养,以此来提高大学生的学习兴趣和参与度。第二,需要丰富训练内容,通过引入多样化的训练内容、推广新颖的训练方法、加强科学化管理、注重个性化教学、加强设备和场地建设等全面提高学生的能力。第三,需要注重学生的健康管理,例如定期体检、饮食指导和休息调整等,以确保学生身体健康。第四,需要加强教师队伍的建设,提高教师的专业水平和教学能力,创新教学方法、加强师德建设,为学生提供更好的教学和指导。第五,与校队加强联系和合作,可以为学生提供更为广阔的发展平台和机会,也可以促进高校铅球项目的发展。通过采取多种解决对策,可以有效提高学生铅球教学与训练的水平和质量,为学生的综合素质的培养和校园体育事业的发展作出贡献。

一、改进教学方法

针对大学生推铅球教学与铅球训练中存在的问题,教学方法的改进是有效的解决之道。教师应该根据科学理论和实践,对教学方法进行科学设计和个性化调整,注重实践和反馈,同时具有启发性和趣味性,不断提高自身的教学水平和专业素养。只有通过不断改进教学方法,才能够有效地提高学生的学习效果和技术水平,推动大学生推铅球教学与铅球训练的发展。

（一）根据理论和实践采取教学方法

教学方法应该基于科学的理论和实践。教师要掌握科学的理论知识，如运动生理学、运动生态学、运动心理学等，将这些理论应用到教学实践中，提高教学的科学性和针对性。下面分别从三个方面展开讨论。

第一，在教学方法中应用运动生理学理论。运动生理学是研究运动及其影响机理的科学，包括运动对人体各系统的影响，如心血管系统、呼吸系统、肌肉系统等。在铅球教学中，教师应该根据运动生理学的理论，科学地设计训练计划，合理安排训练强度和训练量，保证学生的身体素质和状态不断提高。例如，在铅球训练中，教师可以根据学生的身体状况和训练目标，制订不同强度和不同周期的训练计划，充分利用身体适应性原理，达到训练效果的最优化。

第二，在教学方法中应用运动生态学理论。运动生态学是研究运动与环境相互作用的科学，包括运动对环境的影响和环境对运动的影响。在铅球教学中，教师应该根据运动生态学的理论，为学生创造良好的教学环境，提高学生的学习积极性和参与度。例如，在铅球训练中，教师可以安排适合训练场地的环境，如空气质量、气温、光照等，创造一个良好的训练环境，提高学生的训练效果和体验感受。

第三，在教学方法中应用运动心理学理论。运动心理学是研究运动员的心理状态、行为和体验的科学，包括运动员的情绪、动机、注意力、自信心等。在铅球教学中，教师应该根据运动心理学的理论，了解学生的心理状态和心理需求，通过适当的心理干预，帮助学生克服心理障碍，提高学生的学习效果和技术水平。例如，在铅球训练中，教师可以通过心理调控的方式，调整学生的情绪状态和自信心，增强学生的训练意愿和积极性，提高训练效果。

（二）根据大学生的个体差异进行个性化设计

教学方法应该根据学生的个体差异进行个性化设计。因为每个学生的身体素质、技术水平和训练需求都是不同的，所以教学方法也应该因人而异。

第一，个性化设计训练计划。在铅球教学中，不同的学生有不同的身体素质和技术水平，因此，教师应该根据学生的个体差异，制订不同的训练计划。例如，对于技术水平较高的学生，教师可以采用更为复杂的技术训练，如细节训练、变化训练等，提高其技术水平；对于身体素质较弱的学生，教师则可以从力量训练和灵敏度训练入手，逐步提高其身体素质和技术水平。

第二，个性化设计教学方法。在铅球教学中，教师应该根据学生的个体差异，采用不同的教学方法。例如，对于学习能力较强的学生，教师可以采用探究式教学、案例教学等方法，激发其自主学习能力和思维能力；对于学习能力较弱的学生，教师则可以采用示范教学、讲解教学等方法，提高其学习效果。

第三，个性化设计反馈和指导。在铅球教学中，教师应该根据学生的个体差异，采用不同的反馈和指导方式。例如，对于技术水平较高的学生，教师可以采用视频分析、实时反馈等方式，对其技术进行精细化指导；对于技术水平较低的学生，教师则应该采用常规反馈和指导方式，如讲解、演示等，帮助其逐步提高技术水平。

（三）注重实践和反馈

实践和反馈是教学的重要环节，可以帮助学生巩固知识、提高技能，同时也可以让教师及时调整教学方法和计划，提高教学效果。

第一，注重实践。铅球是一项技术性较强的体育项目，需要学生在实践中不断掌握技巧和技能。因此，教学方法应该注重实践，让学生在实践中不断加深对技术的理解和应用。例如，在推铅球教学中，教师可以结合实际比赛场景，设计不同的训练项目和训练模拟，让学生在实践中掌握技术和技能，逐步提高其比赛水平。

第二，注重反馈。反馈是教学过程中的重要环节，可以帮助学生发现自身的不足和问题，及时调整训练计划和方法。在铅球教学中，教师应该注重反馈，及时发现学生推铅球过程中的技术问题和不足，为学生提供精准的指导和建议。例如，教师可以通过录像回放、实时观察等方式，及时发现学生的问题和不足，针对性地给出反馈和指导，让其及时调整训练方法和计划，提高学习效果和技术水平。

（四）教学方法应该具有启发性和趣味性

启发性的教学方法可以帮助大学生自主探索、独立思考，培养学生的创新能力和实践能力；趣味性的教学方法可以激发学生的学习兴趣和积极性，提高其学习效果。

第一，注重启发性。教学方法应该具有启发性，引导学生自主探索、独立思考，培养学生的创新能力和实践能力。在铅球教学中，教师可以采用启发式教学、探究式教学等方法，让学生自己探索规律和技巧，发现问题并寻找解决方法，培养其创新能力和实践能力。例如，在技术训练过程中，教师可以引导学生分析自己的动作，思考每个动作的关键点和技巧，从而提高学生的技术水平和实践能力。

第二，注重趣味性。教学方法应该具有趣味性，激发学生的学习兴趣和积极性，提高其学习效果。在推铅球教学中，教师可以采用趣味化教学、游戏化教学等方法，让学生在轻松愉快的氛围中学习，提高学生的学习效果。

例如，在训练中可以设置比赛、挑战等游戏元素，让学生在竞争中提高自己的技术水平，同时也有助于增强学生的学习兴趣和积极性。

（五）教师队伍应该不断提高教学水平

教师队伍应该不断提高教学水平，提高铅球教学质量和大学生综合素质，以适应不断变化的教育需求和学生需求。下面从不断提高教学能力和加强教师队伍建设两个方面展开讨论。

第一，不断提高教学能力。教师队伍应该不断提高教学能力，包括技能水平、教育理论、教学方法等方面，让自己的教学水平与时俱进，适应不断变化的教育需求和学生需求。在铅球教学中，教师可以通过参加各种教育培训、研讨会等活动，不断提高自己的教育理论和技能水平，同时也可以积极探索、研究铅球教学方法，不断优化教学方案和方法，提高铅球教学质量和学生综合素质。

第二，加强教师队伍建设。教师队伍建设是提高教学水平的重要保障，应该加强队伍建设，培养和选拔优秀教师人员，建立健全教师人员培训机制和评价机制，提升整个教师队伍的教学水平。在铅球教学中，教师队伍应该建立健全教师人员培训机制，通过培训和考核，选拔出一批技术过硬、教学经验丰富、具有创新能力和实践能力的教师人员，提高整个教师队伍的教学水平。

二、丰富训练内容

训练内容丰富化是大学生推铅球教学与铅球训练中一个非常重要的方面，它可以为学生提供全面发展和提升综合素质的机会。通过内容丰富的训练，学生可以在铅球训练中获得更广泛的技术、力量和身体素质的发展。丰富的训练内容可以涵盖不同的技术要素、训练方法和器械运用，从而促进学生的技术进步和综合能力的提升。此外，丰富的训练内容还可以增加训练的趣味性和激情，激发学生的兴趣和热情，持续促进他们在铅球运动中的投入和进步。

（一）引入多样化的训练内容

除了传统的铅球技术基础训练，可以引入一些其他方面的内容。引入多样化的训练内容对大学生的训练至关重要。它可以实现全面发展、维持兴趣和动力、避免适应性降低以及预防伤害和避免过度训练。因此，在设计训练计划时，应重视引入多样化的训练内容，以促进他们的全面发展和健康训练。

第一，引入体能训练。体能训练是铅球训练中不可或缺的一部分，它可以帮助学生提高身体素质和体能水平，从而更好地完成推铅球动作。体能训练可以包括有氧运动、爆发力训练、耐力训练等。例如，可以在训练计划中加入一些有氧运动，如慢跑、游泳、跳绳等，以提高学生的耐力和心肺功能；同时也可以加入一些爆发力训练，如跳跃训练、冲刺训练等，以提高大学生的爆发力和速度。

第二，引入协调性训练。协调性训练是铅球训练中一个相对较为陌生的方面，但它同样重要。协调性训练可以帮助学生提高身体协调性和动作协调性，从而更好地完成推铅球动作。协调性训练可以包括平衡训练、手眼协调训练等。例如，在训练计划中可以加入一些平衡训练，如单脚站立、单脚跳跃等，以提高学生的身体平衡性和稳定性；同时也可以加入一些手眼协调训练，如抛接球训练、接力训练等，以提高学生的手眼协调能力和反应速度。

第三，引入柔韧性训练。柔韧性训练可以帮助学生增强身体柔韧性和协调性，从而更好地完成推铅球动作。柔韧性训练可以包括拉伸训练、瑜伽等。例如，在训练计划中可以加入一些拉伸训练，如腿部伸展、肩部拉伸等，以提高学生的柔韧性和身体协调性；同时也可以加入一些瑜伽训练，如瑜伽体式中的"倒立式""平衡式"等，以提高学生的身体平衡性和稳定性。

第四，引入技术变化训练。技术变化训练是铅球训练中一个相对较为高级的方面，它可以帮助学生提高技术水平和技术应用能力，从而更好地完成铅球动作。技术变化训练可以包括变化投掷、灵活应变等。例如，在训练计划中可以加入一些变化投掷练习，如跳投、转体投等，以提高学生的技术水平和技术应用能力；同时也可以加入一些灵活应变训练，如不同距离、不同角度的投掷练习，在不同地形、不同环境下进行投掷训练等，以提高学生的应变能力和适应能力。

（二）推广新颖的训练方法

为了激发学生的兴趣和增强训练效果，可以引入新颖的训练方法并加以推广。推广新颖的训练方法对于提高技术水平、增加动作多样性、刺激身体适应以及提升竞技优势都至关重要。这样的训练方法有助于激发学生的兴趣，增加训练的乐趣，并为他们的运动生涯带来长期的进步和成功。

第一，VR（虚拟现实）技术训练。VR技术是近年来比较流行的一种新颖的训练方法，它可以通过模拟真实的铅球场地和场景，让大学生在虚拟环境中进行推铅球的练习。VR技术训练可以帮助学生更好地感受推铅球的动作、姿势和力度，同时也能够提高学生的反应速度和协调能力，有助于提高学生的技术水平。

第二，轻松愉快的游戏化训练。游戏化训练是一种轻松愉快的训练方式，它可以通过将训练内容转化为游戏形式，增加学生的兴趣和参与度，提高学生的积极性和动力。例如，在铅球训练中可以设计一些类似"投掷比赛"等游戏形式的训练活动，让学生在游戏中体验到推铅球的趣味和挑战，从而更好地掌握技术和提高技能水平。

第三，智能化训练。智能化训练是一种基于人工智能（AI）技术的训练方式，它可以通过智能化设备和系统，监测和分析学生的训练数据和表现，提供针对性的训练建议和方案，帮助学生更好地改进和提升自己的训练效果和水平。例如，可以使用智能化设备和系统来监测大学生推铅球的姿势和力度等数据，并通过分析和反馈，提供针对性的训练建议和方案，以帮助学生更好地改进和提升自己的技能水平。

第四，群体化训练。群体化训练是一种集体训练方式，它可以通过组织学生进行群体化的训练活动，增加学生的互动和交流，增强学生的竞争意识。例如，在铅球训练中可以组织大学生进行跑步、热身、技术训练等群体化的训练活动，让学生在互相观摩、交流和竞争中提高自己的技能水平。

（三）加强科学化管理

大学生铅球教学与训练中加强科学化管理的重要性在于确保他们能够获得系统、有效和安全的培训，以实现他们的潜力最大化。科学化管理包括制订合理的训练计划、使用科技手段进行监测和评估、建立科学化的评估体系等。通过科学化管理，可以帮助教师和学生更好地管理训练过程，提高训练效果和水平。

第一，制订科学合理的训练计划。科学合理的训练计划可以帮助教师和学生更好地掌握训练目标和方向，规范训练过程和内容，提高训练效果和水平。制订科学合理的训练计划应该考虑到学生的身体状况、训练需求、能力水平等因素，结合实际情况进行适当的调整和改进，并及时跟踪和评估训练效果和进展。

第二，使用科技手段进行监测和评估。科技手段可以帮助教师和学生更好地监测和评估训练过程和效果，提供科学化的数据支持和指导。例如，可以使用运动监测设备、心率监测设备等科技手段来监测学生的训练数据和表现，从而提供针对性的训练建议和方案，帮助学生更好地改进和提升自己的技能水平。

第三，建立科学化的评估体系。科学化的评估体系是铅球训练中的重要方面，它可以帮助教师和学生更好地评估训练效果和水平，发现问题和改进训练方向。教师应该建立科学化的评估体系，包括训练记录、训练反馈、技能评估等方面的内容，及时跟进和调整训练计划和方案，提高训练效果和水平。

（四）注重个性化教学

大学生铅球教学中，注重个性化教学的重要性不可忽视。因为每个学生的体能、技术水平和学习方式都不同，个性化教学能够根据学生的需求和特点提供量身定制的教学方法和指导。通过了解学生的优势和特点，教练可以针对性地调整训练计划、技术指导和反馈，帮助学生充分发展潜力，提高技术水平，并增强学生的自信心和动力。个性化教学还能够激发大学生的学习兴趣，增加参与度和投入度，使他们更加积极主动地参与铅球训练，从而取得更好的教学效果。

第一，了解每个学生的个体差异和特点。了解每个学生的个体差异和特点是个性化教学的前提，教师应该通过观察、交流、测试等方式，尽可能地了解学生的身体状况、技能水平、学习方式、兴趣爱好等方面的信息，从而制订个性化的教学和训练方案。

第二，采用多样化的教学方法和手段。多样化的教学方法和手段是个性化教学的关键，教师应该根据学生的个体差异和特点，采用不同的教学方法和手段，例如，口头指导、示范演示、视频教学、实践操作等，以满足不同学生的学习需求和特点。

第三，制订个性化的训练计划和方案。个性化的训练计划和方案是个性化教学的核心，教师应该针对学生的个体差异和特点，制订个性化的训练计划和方案，包括训练内容、训练强度、训练时间、训练方式等方面的内容，以满足不同学生的训练需求和特点。

第四，注重个性化的反馈和指导。个性化的反馈和指导是个性化教学的重要方面，教师应该针对每个学生的表现和进展，提供个性化的反馈和指导，帮助学生及时发现和纠正问题，提高训练效果和水平。

（五）加强设备和场地建设

加强设备和场地建设在大学生铅球教学中具有重要性。优质的设备和场地可以提供良好的训练环境，对大学生的技术发展和训练效果起到关键作用。适当的铅球训练设备，如标准铅球、训练器材和辅助工具，能够帮助学生进行正确的动作练习和力量训练，提高技术水平。同时，合适的训练场地，如室内或室外的铅球场地，提供了足够的空间和安全性，让学生能够进行全面的训练和比赛。强化设备和场地建设不仅为学生创造了良好的训练条件，也为他们提供了更多的机会去发展和展示自己的潜力，有助于推动大学生铅球运动的持续发展。

第一，提高器械设备的质量和数量。铅球训练需要使用到器械设备，例如铅球、投掷圈、训练台等。教师应该加强器械设备的质量和数量，确保器械设备的安全性和可靠性，满足学生的训练需求和要求。

第二，保证训练场地的质量和空间。训练场地是铅球训练不可或缺的一部分，教师应该保证训练场地的平整度、硬度、摩擦力等方面的质量，以确保学生的训练安全和效果。同时，教师应该保证训练场地的空间足够大，以满足学生的训练需求和要求。

第三，加强安全设施和防护措施。安全设施和防护措施是铅球训练中必不可少的一部分，教师应该加强安全设施和防护措施的建设和维护，例如，安装安全网、设置警示标识、提供防护用具等，以确保大学生的训练安全和健康。

第四，定期维护和更新设备和场地。设备、场地的维护和更新是保证铅球训练质量和效果的重要保障，教师应该定期检查和维护设备和场地，及时发现和处理问题，确保其正常使用。同时，教师应该根据训练需求和要求，适时更新设备和场地，以保持其与时俱进。

三、大学生健康管理

大学生铅球教学与训练中的健康管理问题需要引起足够的重视。只有通过加强健康管理和采取有力措施，才能确保大学生的身体健康和训练效果。

（一）加强健康管理和监测

推铅球运动需要大量的肌肉力量和耐力，如果进行不恰当的训练，可能会导致一些健康问题，例如肌肉拉伤、韧带撕裂、脊柱问题等。为了解决这些问题，教师应该加强大学生的健康管理和监测。

第一，身体检查和健康评估。在学生入学时，应该进行身体检查和健康评估，以了解学生的身体状况和健康状态。这些检查和评估可以包括以下内容：医学检查包括身体测量、体重、血压、心率、肺功能、视力、听力、血液检查等。运动测试包括柔韧性、力量、速度、耐力等测试，以了解学生的运动水平和潜力。通过健康调查了解学生的健康状况、家族史、过敏史、手术史、疾病史等。在身体检查和健康评估的基础上，教师可以制订相应的训练计划和健康管理方案，帮助学生提高身体素质和预防健康问题。

第二，定期进行身体检查和运动测试。在训练过程中，教师应该定期进行身体检查和运动测试，及时发现和处理问题。例如，每个训练周期结束时进行身体检查，包括肌肉状况、关节状况、身体疲劳程度等；定期进行运动测试，评估学生的运动水平和潜力，以及训练效果是否达到预期目标；根据检查和测试结果，及时调整训练计划，避免过度训练和身体疲劳。

第三，建立大学生的健康档案。教师应该建立学生的健康档案，记录学生的身体状况和健康状态，以便及时跟踪和处理问题。这些档案可以包括以下内容：身体检查和健康评估报告；运动测试结果和训练计划；学生的身体状况和健康问题记录；学生的训练记录和训练反馈。建立学生健康档案可以帮助教师更好地了解学生的身体状况和健康状态，及时处理问题，同时也可以为学生提供参考和指导。

第四，使用健康管理工具和技术。现代科技的应用为健康管理提供了更多的手段和工具。教师可以使用一些健康管理工具和技术，例如：使用身体传感器来监测学生的运动数据，例如心率、步数、运动时间等，以便更好地了解学生的运动状态和健康状况；使用健康应用程序来记录学生的运动量、饮食习惯、睡眠质量等健康数据，以便更好地跟踪和管理学生的健康状况；建立云健康管理平台，将学生的健康数据集中管理，方便教师和医生随时查看和监控大学生的健康状况。这些健康管理工具和技术可以帮助教师更好地了解学生的健康状况，及时处理问题，同时也可以为学生提供更加精准的健康管理和指导。

（二）制订个性化的训练计划

制订个性化的训练计划是大学生铅球教学与训练中非常重要的一环，因为学生的身体素质、运动水平、体型、年龄等因素都会影响其训练效果。为了最大限度发挥学生的潜力，教师需要根据学生的个性化特点制订相应的训练计划。

第一，了解大学生的身体素质和运动水平。在制订训练计划之前，教师应该了解学生的身体素质和运动水平，以便制订符合学生实际情况的训练计划。可以通过身体检查和健康评估，了解学生的身体状况、体型、肌肉力量、耐力等；可以通过运动测试，了解学生的柔韧性、力量、速度、耐力等，以及学生的运动潜力和瓶颈；可以通过和学生的交流和观察，了解学生的运动喜好、运动习惯、心理状态等，以便更好地制订训练计划。

第二，制订个性化的训练目标和计划。根据学生的身体素质和运动水平，教师可以制订个性化的训练目标和计划。训练目标应该具有可行性和可量化性，例如提高肌肉力量、提高速度、提高爆发力等。训练计划应该包括以下内容：要根据学生的训练目标和需要，制订相应的训练内容和方法。例如，针对肌肉力量训练可以包括举重、深蹲、硬拉等；针对速度训练可以包括短跑、爆发力训练等。要根据学生的身体素质和运动水平，制订相应的训练强度和频率。训练强度和频率应该逐步递增，避免出现过度训练和身体疲劳。要根据学生的训练目标和需要，制订相应的训练周期和计划。训练周期应该合理安排，避免过于紧张和疲劳。训练计划应该具有可操作性和可跟踪性，以便及时调整和改进。

第三，个性化的技术指导和训练反馈。在训练过程中，教师需要根据学生的个性化特点，提供相应的技术指导和训练反馈。具体来说，可以针对学生的技术问题和弱点，提供相应的技术指导和训练方法，帮助学生更好地掌握技术要领；可以定期对学生的训练成果进行评估和反馈，及时发现问题和提出改进建议。

第四，综合考虑大学生的个性化特点和需求。在制订个性化的训练计划时，教师需要综合考虑学生的个性化特点和需求。可以考虑以下因素：①不同年龄和性别的学生身体状况和运动水平不同，教师需要根据具体情况制订相应的训练计划；②学生的身体素质和健康状况也会影响训练计划的制订，教师需要根据学生的具体情况调整训练计划；③不同学生的训练目标和需求也不同，教师需要根据学生的具体需求制订相应的训练计划；④训练环境和设备的不同也会影响训练计划的制订，教师需要根据实际情况进行调整和改进。

（三）提供健康饮食建议和营养指导

合理的饮食和营养计划对于大学生的训练效果、身体素质和健康状况都至关重要。通过提供专业的营养指导，教练可以帮助学生了解合理的营养需求，包括碳水化合物、蛋白质、脂肪、维生素和矿物质等的摄入量和比例。健康饮食建议可以帮助学生选择适当的食物和饮品，提供足够的能量和营养物质来支持他们的训练和恢复。此外，教练还可以教授学生关于饮食时间、水分摄入和补充剂的正确使用方法，以帮助他们最大限度地发挥潜力，预防运动损伤，并保持良好的身体健康。通过健康饮食建议和营养指导，学生可以养成良好的饮食习惯，提升身体素质，增强体能表现，并为长期的运动发展奠定坚实的基础。

第一，了解大学生的饮食习惯和营养需求。在提供健康饮食建议和营养指导之前，教师需要了解学生的饮食习惯和营养需求。可以通过调查问卷了解学生的饮食习惯、饮食偏好、营养摄入和消耗情况。

第二，提供健康饮食建议和营养指导。根据学生的饮食习惯和营养需求，教师可以提供相应的健康饮食建议和营养指导。要根据学生的营养需求，合理搭配饮食，保证蛋白质、碳水化合物、脂肪、维生素、矿物质等的摄入量，避免单一的营养素过多或不足；要根据学生的身体状况和运动强度，控制饮食热量，避免过度摄入或不足；要合理分配饮食时间，保证足够的能量和营养素供应，有助于提高训练效果；要根据学生的身体状况和个人情况，提供相应的饮食禁忌，避免对身体健康造成不良影响。

第三，提供营养补充建议。在铅球训练中，学生需要消耗大量的能量和营养素，因此教师还可以提供相应的营养补充建议，以帮助学生保持良好的身体状态和提高训练效果。蛋白质是铅球训练中必不可少的营养素，可以通过摄入鸡蛋、牛奶、肉类等食品来补充；碳水化合物是铅球训练中能量的主要来源，可以通过摄入米饭、面包、蔬菜等食品来补充；维生素和矿物质对于身体健康和训练效果都非常重要，可以通过摄入水果、蔬菜、坚果等食品来补充；在训练过程中，学生需要大量的水分来保持身体水分平衡，避免脱水。因此，教师可以提醒大学生在训练前、训练过程中、训练后及时补充水分，以保证身体状态良好。值得注意的是，教师在提供健康饮食建议和营养指导时，应该根据学生的个体差异和身体状况，量身定制营养方案。此外，应该鼓励学生养成良好的饮食习惯，避免过度摄入高糖、高盐、高脂等不健康的食品，以维护身体健康。

（四）加强身体保健和康复训练

铅球训练对身体素质的要求较高，因此，保持良好的身体状态和进行适当的康复训练至关重要。通过加强身体保健，包括定期进行身体检查、保持良好的体态和姿势、进行适度的有氧运动和柔韧性训练，可以预防运动损伤和提高身体的适应能力。此外，在受伤或疲劳时，进行恰当合理的康复训练是关键。康复训练可以帮助学生恢复受损的组织，增强肌肉力量和稳定性，提高关节灵活性，并逐步恢复到正常的训练强度。通过加强身体保健和康复训练，学生可以降低发生运动损伤的风险，提高身体的整体素质，保持良好的体能状态，并为长期的铅球训练打下坚实的基础。因此，教师要注重加强学生的身体保健和康复训练，以帮助学生保持身体健康，并提高训练效果。

第一，加强身体保健。加强身体保健可以帮助学生保持良好的身体状态，预防运动损伤和疾病。具体来说，可以采取以下措施：在训练前进行适当的热身和拉伸，可以有效增加肌肉的柔韧性和活动范围，降低运动损伤的风险；合理安排训练计划，避免过度训练和不适当的运动负荷，减少运动损伤的风险；适当地休息和恢复体力是保证身体健康的重要手段。教师可以提醒学生合理安排训练和休息时间，避免过度疲劳和精神压力过大；健康饮食和营养摄入对于身体健康和康复都非常重要。教师可以提供相应的健康饮食建议和营养指导，以帮助学生保持良好的身体状态；注重加强健康教育，让学生了解如何保护身体健康，预防疾病和运动损伤。

第二，康复训练。如果学生出现运动损伤或者疾病，教师需要及时进行康复训练，以帮助学生尽快恢复健康，回到正常的训练状态。具体来说，可以采取以下措施：针对不同的运动损伤或疾病，制订相应的康复计划，包括康复目标、康复阶段、康复措施等；康复训练需要有专业的知识和技能，教师可以加强自身的专业知识和技能，或者与专业的康复师合作，进行康复训练；康复过程中，需要注意安全，避免再次受伤或者恶化原有的伤势；运动损伤和疾病会给学生带来心理上的压力和负担，教师可以提供相应的心理支持，帮助学生调整心态，积极面对康复过程。需要注意的是，康复训练需要结合学生的具体情况和实际需要进行，康复过程中需要有足够的耐心和细心，以确保康复效果的最大化。此外，教师还可以鼓励学生平时训练时注意身体保健，避免运动损伤和疾病的发生。

（五）建立健康管理制度和机制

建立健康管理制度和机制是大学体育教师应该重视的一项工作，它对于确保学生的身体健康和全面发展至关重要。建立健康管理制度和机制可以预防运动损伤，因此应提供必要的康复和护理，关注学生心理健康，并为学生提供个性化的支持和指导，帮助他们在铅球训练中取得更好的成绩。

第一，建立健康档案。建立每个学生的健康档案，包括个人基本信息、身体状况、疾病史、运动情况、营养摄入和消耗情况等。这些信息对于教师制订合理的训练计划和提供健康指导非常重要。

第二，定期体检和评估。定期对学生进行体检和评估，了解学生的身体状况和健康风险，及时发现和处理健康问题。体检和评估可以包括身体检查、运动能力测试、营养评估等。

第三，制订健康管理计划。根据学生的健康档案和评估结果，制订相应的健康管理计划，包括饮食管理、运动管理、心理健康管理等方面的内容，以促进学生的身体健康和训练效果。

第四，建立健康监测机制。建立健康监测机制，对学生的身体状况进行实时监测和跟踪，及时发现和处理身体异常状态。例如，可以采用智能穿戴设备监测学生的运动数据和身体状况，或者建立专业的健康管理团队进行身体监测和管理。

第五，提供健康教育和培训。提供健康教育和培训，让学生了解如何保护身体健康、预防疾病和运动损伤，以及如何合理饮食、恢复训练等方面的知识和技能。这样可以帮助学生形成良好的健康意识和行为习惯。

第六，建立应急处置机制。建立应急处置机制，对于突发的健康问题或意外事件，能够及时采取相应的应急措施，保障学生的身体健康和安全。

四、教师队伍建设

教师队伍建设对于大学生铅球教学与训练来说至关重要。以下将从教师队伍的专业水平、教学方法和师德建设三个方面，分别探讨大学体育教师队伍建设的途径和方法。

（一）提高专业水平

专业水平高的教师能够提供更全面、深入和有效的铅球教学，引导学生掌握正确的技术动作和训练方法，提高他们的技术水平和竞技能力。高水平的教师具备丰富的知识和经验，能够根据学生的特点和需求制订个性化的训练计划，并提供针对性的指导和反馈。他们熟悉最新的训练理论和科学研究，能够将其应用到实际教学中，推动铅球教学不断创新和进步。此外，高水平的教师还能够培养学生的职业素养和道德品质，激发他们的学习兴趣和自信心，为他们的综合发展提供全方位的支持。因此，提高大学体育教师队伍的专业水平是提高教学质量、培养优秀铅球运动员的重要保证。

第一，加强教师专业培训。为了提高教师的铅球运动专业知识和技能，可以采取以下措施：邀请专业教师或铅球运动员进行技能培训，给教师提供更多的学习机会，提高其专业素养；参加相关的培训课程和研修班，包括线上和线下的培训方式，让教师了解最新的教学方法和理论知识；建立教研团队，由专业的教师或一般教师组成，共同研究铅球运动的教学方法和技能训练，提高教师的专业水平。

第二，优化教学方法。为了提高教师的教学效果，可以采取以下措施：

要根据学生的个性化需求和不同的教学阶段，采取针对性的多元化教学方法，如模拟训练、竞赛训练、视频分析等，以提高学生的学习兴趣和效果。要关注实践操作，让学生真正掌握铅球技术要领，通过实践操作来提高大学生的技能水平。可以采用模拟训练、实践演练等方式，帮助学生加深对技术动作的理解和掌握。要加强互动与反馈，建立良好的互动和反馈机制，及时了解学生的学习情况和问题，并给予指导和建议，以帮助学生更好地掌握技能和提高能力。

第三，提高教师实践经验。为了提高教师的实践经验，以下措施建议采纳：为学生提供更多的实践机会，如组织实践训练、参加比赛等，以提高学生的技能水平和实践经验；为教师提供更多的实践机会，让教师能够更好地指导学生的实践操作，并提高教师的实践经验；鼓励教师参加实践活动，如参加比赛、培训等，让教师能够更好地了解实践操作和技能训练的最新动态，提高其实践能力。

（二）创新教学方法

传统的教学方法可能无法满足学生的多样化需求和学习风格，而创新的教学方法可以激发学生的学习兴趣，提高他们的参与度和学习效果。通过引入新颖的教学技术和工具，如虚拟现实、视频分析和数据记录等，教师可以创造出更具互动性和实践性的学习环境，让学生更加主动地参与到学习过程中。创新教学方法还可以促进学生的创造力和批判性思维能力的培养，鼓励他们独立思考和解决问题。此外，创新教学方法还应该与时俱进，紧跟铅球运动和训练领域的最新发展，为学生提供最新的知识和技能，使他们更适应现代化的竞技要求。因此，创新教学方法在大学生铅球教学中是至关重要的，它不仅能够提升学生的学习效果和成绩，还能够培养他们的综合素质和适应能力，为他们未来的发展奠定坚实的基础。

第一，多元化教学方法。铅球是一项技术性较强的体育项目，鉴于大学生的技能水平和体质差异较大，因此在教学时需要采用多元化的教学方法，以满足不同学生的需求。可通过模拟训练，帮助学生掌握铅球运动的技术动作和规律，加深对技术动作的理解和掌握；可通过组织铅球比赛，让学生在实际比赛中锻炼技能和表现能力，激发学生的学习兴趣和动力；可通过观看铅球运动的视频，帮助学生了解铅球运动的技术要领和规律，加深其对技术动作的理解和掌握。

第二，关注实践操作。推铅球是一项需要实践操作的体育项目，大学生需要通过实践操作来掌握推铅球技能，因此在教学时需要关注实践操作。可通过教师的操作示范，帮助学生了解技术动作和技能要领，提高学生的实践能力和技能水平；可通过实践演练，帮助学生巩固技术动作和技能要领，提高学生的实践能力和技能水平；要针对不同学生的技能水平和体质差异，进行个性化指导，帮助学生克服困难，提高学生的实践能力和技能水平。

第三，加强互动与反馈。在教学中，加强互动与反馈，是提高教学效果的重要手段。可通过互动教学，让学生参与到教学中来，提高学生的学习兴趣和动力；要建立良好的反馈机制，及时了解学生的学习情况和问题，并给予指导和建议，以帮助学生更好地掌握技能和提高能力；要建立科学的评价标准，对学生的学习情况和能力进行评价，及时发现问题并加以解决。

（三）加强师德建设

作为教育者，体育教师不仅是知识的传授者，更是学生的榜样和引路人。良好的师德可以塑造大学生成长的道德品质和价值观，建立师生之间的信任和尊重。加强师德建设要求体育教师具备高尚的职业道德，包括爱国守法、爱岗敬业、关爱学生、教书育人、为人师表和终身学习。体育教师应以身作则，以积极的态度和热情投入教学工作中，关注每个学生的发展和需求，给予个性化的指导和关怀。此外，体育教师还应不断提升自己的教育教学能力和专业素养，通过不断学习和反思，完善自己的教学方法和策略。通过加强师德建设，体育教师能够建立良好的教育环境和氛围，激发学生的学习热情和潜力，培养他们提高综合素质和道德品质，为他们的成长和未来作出积极的贡献。

第一，加强职业道德教育。作为一名大学体育教师，必须具备高尚的职业道德，为大学生树立良好的榜样。因此，我们可以通过以下措施来加强职业道德教育：加强教师职业道德教育，引导教师树立正确的职业道德观念，加强职业道德素养的培养；加强学生职业道德教育，引导学生树立正确的职业道德观念，并提高学生的职业道德素养和行为规范；建立职业道德考核机制，对教师和学生的职业道德进行考核评价，确保教师和学生的职业道德符合要求；教师应提高责任心，认真履行职责，对学生教育和管理工作负起责任。应加强对教师的考核和监督，确保教学和管理工作的质量和效果。

第二，注重教师形象塑造。作为一名大学体育教师，必须注重自身形象的塑造，树立良好的形象和风范。因此，可以通过以下措施来注重教师形象塑造：强化教师仪容仪表教育，提高教师的形象素质和仪表修养；加强教师言行规范教育，引导教师言行举止符合职业道德和社会规范；加强教师心理健康教育，帮助教师保持良好的心态和情绪，树立积极向上的形象。

第三，加强教师团队建设。要加强教师团队建设：加强教师交流合作，建立良好的沟通和合作机制，开展教学研讨和经验交流，提高教学水平和质量；强化教师诚信意识，鼓励教师守信用、讲诚信，建立诚信文化和诚信氛围；加强教师自我提升的意识，提高教师的教学水平和职业素质，不断更新教学理念和方法，提高教学效果和质量。

五、加强与校队的联系与合作

通过加强与校队的联系与合作，可以有效地提高大学生铅球教学与训练的水平，促进校内各体育项目的交流与合作，为大学生和校队的发展提供更好的服务。同时，也可以加强校队和教师的联系，促进铅球项目的发展和壮大。

（一）建立联系渠道

联系渠道是与校队建立联系的首要步骤。通过建立联系渠道，与校队加强联系和合作将会更加顺畅，将会为教学和训练提供更多的机会和资源。同时，通过与校队的合作，可以促进校内各体育项目的交流和合作，提高校内体育项目的水平和质量。

第一，教师要主动联系。教师可以主动与校队教师或负责人进行联系，了解校队的情况和需求，以便更好地开展教学与训练工作。教师可以通过电话、邮件、微信等方式与校队教师或负责人进行联系，表达自己的意愿并寻求合作机会。除此之外，教师还可以参加校队会议和活动，了解校队的具体情况和需求，与校队教师和成员进行交流，促进教师和校队之间的联系和合作。

第二，大学生要积极联系。学生自己应主动向校队成员了解相关情况，了解校队的训练和比赛情况，了解校队成员的训练方法和技巧，以便更好地了解校队需求。除此之外，还可以参加校队活动和比赛，了解校队的具体情况和需求，与校队成员进行交流，以促进和校队之间的联系和合作。

第三，社团组织要加强联系。教师和学生可以通过高校体育协会进行联系，了解校内各体育项目的情况和需求，促进校内各体育项目的交流和合作。教师和学生也可以参加校内体育比赛，了解其他体育项目的情况和需求，并与其他体育项目的教师和学生进行交流，以促进校内各体育项目的交流和合作。

（二）共同开展教学与训练活动

通过与校队的合作，可以共同探讨铅球训练中存在的问题和解决方案，提高教学和训练水平，并促进铅球项目的交流和合作。同时，也可以加强校队和教师之间的联系，为学生和校队的发展提供更好的服务。

第一，组织联合训练。教师可以与校队教师一起进行铅球训练，共同探讨铅球训练中存在的问题和解决方案，提高教学和训练水平。教师和校队教师可以共同制订训练计划和训练方案，以便更好地开展训练工作。学生可以和校队成员一起进行铅球训练，了解校队成员的训练方法和技巧，并与校队成员交流，提高自己的训练水平。同时，也可以向校队成员提出问题和建议，促进双方之间的交流和合作。

第二，组织联合比赛。教师可以与校队教师一起组织铅球比赛，促进铅球项目的交流和合作，并提高学生和校队的比赛经验和技术水平。同时，教师和校队教师也可以从比赛中了解铅球训练中存在的问题和不足之处，以便更好地改进教学和训练。学生可以和校队成员一起参加铅球比赛，了解校队成员的比赛经验和技术水平，并与校队成员交流，提高自己的比赛经验和技术水平。同时，也可以向校队成员请教问题和建议，促进双方之间的交流和合作。

第三，建立团队合作机制。教师和校队教师可以共同制订训练计划和训练方案，以便更好地开展训练工作。通过双方的讨论和交流，可以更好地了解铅球训练中存在的问题和不足之处，并提出解决方案和改进措施。教师和校队教师也可以共同开展训练和教学活动，提高教学和训练水平。教师可以向校队教师请教一些教学方面的问题，校队教师也可以向教师请教一些训练方面的问题，促进双方之间的交流和合作。

（三）加强资源共享与共同建设

通过共同建设和资源共享，可以为大学生和校队提供更好的训练条件和环境，促进彼此之间的交流和合作，并提高铅球项目的发展水平。

第一，共同建设训练场地和设施。教师和校队教师可以共同筹集资金，共同建设铅球训练场地和设施，为学生和校队提供更好的训练条件和环境。学生和校队成员也可以共同参与场地和设施的建设，通过共同努力和合作，增强团队意识和凝聚力，并为铅球项目的发展作出贡献。

第二，资源共享与合作。教师和校队教师可以共同策划举办铅球训练和比赛活动，以便更好地服务于学生和校队的发展。教师和校队教师可以共同制订活动方案和流程，共同协调和组织活动。学生和校队成员也可以共同参与活动，通过参加活动，促进彼此之间的交流和合作，增强团队意识和凝聚力，并为铅球项目的发展作出贡献。

第三，知识和经验共享。教师和校队教师可以共同分享铅球训练和比赛的知识和经验，以便更好地开展教学和训练工作。教师们可以相互请教问题和提供建议，共同解决教学和训练中存在的问题。学生和校队成员也可以共同交流经验和技巧，了解彼此的训练方法和技巧，以便更好地提高自己的训练水平。同时，学生和校队成员也可以向教师们请教问题和提供建议，共同解决训练中存在的问题。

参考文献

一、图书专著类

[1]李建臣，阚福林.现代推铅球运动［M］.北京：北京体育大学出版社，2007.

[2]刘晓树.投掷的游戏：铅球、铁饼［M］.北京：二十一世纪出版社，2015.

[3]王仲春，赵燕鹏.大学体育与健康（第二版）［M］.北京：化学工业出版社，2022.

[4]武利华.铅球与铁饼［M］.天津：天津人民美术出版社，2016.

[5]郑富强.中国女子铅球奥运备战科学化训练研究［M］.北京：科学出版社，2019.

[6]中国田径协会.青少年旋转推铅球、掷铁饼项目训练指导手册［M］.北京：人民体育出版社，2021.

二、期刊类

[7]白光斌，龚锐.张榴红背向滑步推铅球技术动作的速度节奏研究［J］.西安体育学院学报，2003（1）：73-76.

［8］白光斌.李玲背向滑步推铅球技术的生物力学分析［J］.山东体育学院学报,2008（3）:66-68.

［9］董海军,张桃臣.我国优秀男子铅球运动员最后用力的运动学研究［J］.西安体育学院学报,2008（6）:95-99.

［10］冯媛媛.头部动作对滑步推铅球完整技术的影响［J］.体育科技文献通报,2011（9）:43-45.

［11］高松山.铅球教学实施心理素质训练方法研究［J］.洛阳师专学报,1998（2）:103-107.

［12］胡永安.铅球投掷中的数学模型［J］.中学生数学,2011（21）:41-42.

［13］焦建军,康利则.影响我国女子铅球运动员运动成绩的主要身体素质及评价标准的研究［J］.中国体育科技,2005（3）:47-52.

［14］阚福林.优秀铅球运动员的力量训练［J］.山东体育学院学报,1999（2）:1-5.

［15］李继辉.我国部分优秀女子铅球运动员最后用力阶段髋与躯干动作的某些运动学因素分析［J］.沈阳体育学院学报,2004（1）:34-37.

［16］李延军,孙有平,隋新梅,等.旋转推铅球过渡阶段肌肉用力特征的sEMG分析［J］.北京体育大学学报,2010,33（5）:50-54.

［17］刘茂辉.优秀铅球运动员推球出手角度探讨［J］.北京体育大学学报,2005（2）:266-267.

［18］吕中战.物理学知识在体育运动中的应用及解读［J］.改革与开放,2011（12）:146.

［19］毛永,郑峰,何明,等.推铅球技术的演变暨旋转式推铅球技术的要点和难点［J］.山东体育科技,2002（1）:1-4.

［20］沈淑娟.原地背向推铅球力量训练的有效方法［J］.运动,2012

（3）：58.

［21］孙有平，隋新梅，钱风雷，等.基于sEMG的男子旋转推铅球运动员单支撑阶段肌肉用力特征研究［J］.体育科学，2010，30（1）：44-50.

［22］王保成，周志雄.再论推铅球的最后用力［J］.中国体育科技，2000（5）：30-32.

［23］王鹏.低角度推铅球的技术分析［J］.才智，2013（24）：303.

［24］王倩，周华锋，刘茂辉，等.对两名不同水平男子铅球选手投掷技术的生物力学分析［J］.北京体育大学学报，2007（3）：404-406.

［25］王志明.我国优秀女子铅球运动员最后用力技术的运动学分析［J］.山东体育学院学报，2007（1）：81-83.

［26］吴小铭.影响掷铅球成绩的因素及技术训练教学方法探析［J］.安徽文学（下半月），2009（9）：264-265.

［27］钟雄.试谈对青少年铅球运动员的训练［J］.科教文汇（下旬刊），2012（6）：154-155.

三、学术论文类

［28］陈利霞.全国第十届运动会男子铅球运动员推铅球技术运动学分析［D］.山西大学，2008.

［29］刘佳.我国男子高水平铅球运动员最后用力阶段主要用力肌群表面肌电分析［D］.首都体育学院，2012.

［30］严海风.我国部分优秀男子铅球运动员背向滑步推铅球技术三维运动学参数分析［D］.苏州大学，2006.

附录　铅球比赛规则

铅球比赛的历史可以追溯到古希腊时期，当时铅球是一种训练士兵身体素质的运动项目。在现代，铅球成了一项正式的田径比赛项目，大学生铅球比赛也随之发展起来。

20世纪初，大学生体育比赛开始在欧洲和美国的大学校园中兴起，铅球也成了其中的一项比赛项目。随着大学教育的普及和田径运动的发展，大学生铅球比赛开始在各个国家的大学校园中广泛开展。20世纪中叶，国际大学生体育联合会（FISU）成立，大学生铅球比赛也开始在国际大学生体育比赛中得到正式认可。自此以后，大学生铅球比赛逐渐成了大学生田径比赛项目的重要组成部分。

目前，大学生铅球比赛已经成了世界各地大学校园中的重要体育赛事之一，也为铅球项目的发展作出了重要贡献。同时，大学生铅球比赛也为大学生提供了一个展示自己体育才华的平台，促进了大学生体育和田径运动的发展。

大学生铅球比赛的规则与一般的铅球比赛规则类似，但是需要注意的是，比赛需要遵守国际标准，同时也需要有专业的裁判员进行监督，以确保比赛的公平性和规范性。除此之外，大学生铅球比赛的规则可能因管理机构和比赛级别而异。因此，参赛者必须熟悉比赛的具体规则，以及了解注意事项和具体比赛细节等，以确保他们遵守规定并避免被取消资格。以下内容来自

"百度文库:《大学生田径运动会铅球规则》"。

1. 应抽签决定运动员试掷顺序。

2. 运动员超过 8 人,应允许每人试掷 3 次,有效成绩最好的前 8 名运动员可再试掷 3 次,试掷顺序与前 3 次试掷后的排名相反。如果在第 3 次试掷结束后出现第 8 名成绩相等,按规则第 146 条 3 处理。当比赛人数只有 8 人或少于 8 人时,每人均可试掷 6 次。

3. 比赛开始前,运动员可在比赛场地练习试掷,练习时应按抽签排定的顺序进行,始终处于裁判员的监督之下。

4. 一旦比赛开始,运动员不得持器械进行练习,无论持器械与否,均不得使用投掷圈或落地区以内地面练习试掷。

5. 应从投掷圈内将铅球推出。运动员必须从静止姿势开始进行试掷。允许运动员触及铁圈和抵趾板的内侧。

6. 应用手从肩部将铅球推出。当运动员进入圈内开始试掷时,铅球应抵住或靠近颈部或下颌,在推球过程中持球手不得降到此部位以下。不得将铅球置于肩轴线后方。

7. 不允许使用任何装置对投掷时的运动员进行任何帮助,例如使用带子将两个或更多的手指捆在一起。除了开放性损伤需要包扎以外,不得在手上使用绷带或胶布;不允许使用手套;为了能更好地持握铅球,运动员可使用某种适宜物质,但仅限于双手;为了防止手腕受伤,运动员可在手腕处缠绕绷带;为防止脊柱受伤,运动员可系一条皮带或其他适宜材料制成的带子;不允许运动员向圈内或鞋底喷洒任何物质。

8. 运动员进入圈内开始投掷后,如果运动员身体的任何部位触及圈外地面,或触及铁圈和抵趾板上面,或以不符合规定的方式将铅球推出,均判为一次试掷失败。

9. 如果在试掷中未违反上述规定,运动员可中止已开始的试掷,可将器械放在圈内或圈外，在遵守本条第 12 款的前提下，可以离开投掷圈，然后返回圈内从静止姿势重新开始试掷。

注：本款中允许的所有行动应包括在规则第 142 条 4 中规定的一次试掷的时限之内。

10. 铅球必须完全落在落地区角度线内沿以内，试掷方为有效。

11. 每次有效试掷后，应立即测量成绩。从铅球落地痕迹的最近点取直线量至投掷圈内沿，测量线应通过投掷圈圆心。

12. 运动员在器械落地后方可离开投掷圈。离开投掷圈时首先触及的铁圈上沿或圈外地面必须完全在圈外白线的后面，白线后沿的延长线应能通过投掷圈圆心。

13. 应将器械运回投掷圈，不许掷回。

14. 应以每名运动员最好的一次试掷成绩，包括因第一名成绩相等而进行的决名次赛的试掷成绩，作为其最后的决定成绩。

铅球投掷圈

15. 结构：投掷圈应用铁、钢板或其他适宜材料制成，其上沿应与圈外地面齐平。圈内地面应用混凝土、沥青或其他坚硬而不滑的材料修建。圈内地面应保持水平，低于铁圈上沿 14～26 毫米也可使用符合上述规定的活动投掷圈。

16. 规格：投掷圈内沿直径应为 2.135 米（±5 毫米）。铁圈边沿至少应厚 6 毫米，漆成白色。

17. 从金属圈顶两侧向外各画一条宽 5 厘米、长至少为 75 厘米的白线。此线可以画出，也可用木料或其他适宜材料制成。白线后沿的延长线应能通过圆心，并与落地区中心线垂直。

抵趾板

18.结构：抵趾板应用木料或其他适宜材料制成，漆成白色，其形状应为弧形，以便使其内沿与铁圈内沿重合。应将抵趾板安装在两条落地区标志线之间的正中位置，并固定于地面。

注：可以使用国际田联以前规定的抵趾板。

19.规格：抵趾板宽度为11.2～30厘米，内沿弧长1.22米（±1厘米），高出圈内地面10厘米（±2毫米）。

铅球

20.结构：铅球应用固体的铁、铜或其他硬度不低于铜的金属制成，或由此类金属制成外壳，中心灌以铅或其他金属。铅球的外形必须为球形，表面不得粗糙，结点处应光滑。

21.铅球应符合下列规格：允许比赛使用和承认纪录的最小重量。铅球的直径在规定的规格内有大有小，通常运动员根据自己的喜好和习惯来选择器械。

铅球落地区

22.应用煤渣或草皮以及其他适宜材料铺设落地区，铅球落地时应能留下痕迹。

23.落地区在投掷方向上的向下倾斜度不得超过1∶1000。

24.应用宽5厘米的白线标出落地区，其延长线应能通过投掷圈圆心，圆心角为40度。

注：可用下列方法精确设置40度扇形落地区：在离投掷圈圆心20米处，

二条落地区角度线相距 13.68 米,即每离开圆心 1 米,落地区角度线的横距增加 68.4 厘米。

25. 可用醒目的旗帜或标志物标出每个运动员的最好成绩,安放标志物时,应沿落地区标志线方向放置在标志线外侧。可用醒目的旗帜或标志物标出现行的世界纪录,在合适场合可标出最新的洲际或国家纪录。